굿바이 레거시
II

프롤로그

2023년 7월 우리는 《굿바이 레거시》를 출판하였다. 크게 나누어 보면, 1부가 블록체인 같은 기술 변화와 금융시장의 환경 변화를 이야기했고, 2부는 기술 변화에 맞추어 기업이 이를 활용할 수 있는 실천 방안에 대해 이야기했다.

전 세계 금리를 결정하는 리보금리가 영원히 금융시장의 기준이 될 것이라는 예상과는 다르게 사라지게 된 현실을 가지고 이야기를 시작했다. 담합이라는 레거시의 부정적인 모습으로 인해 리보금리는 금융시장의 기준 금리로서의 지위를 잃게 되었다. 그러나 이제는 그 자리에 새로운 질서와 기준이 만들어지고 있다. 《굿바이 레거시 2》가 나오면서 기존의 《굿바이 레거시》는 《굿바이 레거시 1》로 불리는 것이 맞는 것 같다. 《굿바이 레거시 1》에서는 블록체인 기반으로 기술의 변화를 이야기하고 변화하는 환경 속에서 레거시의 해결 방안을 제시하였다. 이제 《굿바이 레거시 2》에서는 AI를 주제로 세상의 변화를 이야기해 보려고 한다.

지난번 《굿바이 레거시 1》에서는 스타트업 회사 대표들에게 제안한 내용들이 있었다. 창업에는 직관이나 판단력도 중요하지만, 경험도 매우 중요하다. 경험이 있고 문제 해결 능력이 있는 분들이 CSO(Chief Strategic Officer, 최고전략책임자) 역할을 스타트업 대표들과 함께 하는 것이었다. 요즘 시니어 인프라가 매우 좋아진다는 이야기를 많이 한다. 과거 많은 경험을 가진 시니어가 은퇴를 앞두고 있어 이를 적극적으로 활용하자는 의미가 포함되어 있다. 나이가 들어도 이 사회에 필요한 사람이라는 기회가 아직 있다. 그래서 나이가 들면 무조건 업무에서 은퇴를 하라는 것이 아니라 신구 세대와 함께 서로가 협업하는 장을 만들어야 한다는 것이 필자들의 생각이다.

《굿바이 레거시》의 진정한 메시지는 "열심히 일한 레거시여. 떠나라"가 아니라 "경험과 철학을 가진 레거시여. 이제 너의 것을 다음 레전드와 나누어라!"이다. 역설적이지만 레거시들은 그냥 과거의 레거시로 남고 싶지 않다. 늘 현재의 레전드가 되고 싶은 것이다.

이 시대의 산업 생태계의 배경이 되는 가장 중요한 기술 환경은 AI에 집중되어 있다. 현재의 트렌드만인 것 같지만 과거를 보면 데이터베이스 모델링부터 출발해서 데이터웨어 하우징, 비즈니스 애널리틱, 빅데이터 분석까지 모두가 연결되어 있는 것이다.

그래서 AI를 중심으로 이번 《굿바이 레거시 2》는 이러한 메시지를 전달하고자 한다. 이 AI 생태계는 새로움에서 새로운 것을 만들어 내는 것이 아니다. 기존에서 새로운 것을 만들어 내는 것이다. 결국 바꾸어야 할 레거시는 바꾸어야 하지만 좋은 전통은 지켜야 한다는 것이 《굿바이 레거시》의 메시지이다. 그래서 이번 《굿바이 레거시 2》에서는 지난 《굿바이 레거시 1》에 이어서 과거 레전드였던 내가 자신도 모르게 레거시로 바뀌는 순간을 알고 매일매일 자신을 뒤돌아보자는 것이 이번 《굿바이 레거시 2》의 메시지이다.

마지막으로 《굿바이 레거시 2》를 준비하면서 필자들은 책의 방향을 전문서적으로 할 것인지, 아니면 전문적인 내용이지만 재미있게 읽을 수 있는 책으로 할지에 대해 많은 토론을 했다. 결국 전문적인 내용을 재미있게 쓰기로 방향을 잡았다. 그래서 독자들이 이해하기 쉽도록 다양한 사례를 기반으로 하기로 했다. 독자들에게 재미있는 책으로 읽히길 바라본다.

※ 여기서 등장하는 스토리는 가공으로 작성된 내용으로 사실과는 상관 없습니다.

목차

프롤로그 4

1. AI가 바꾸는 세상: 시작하는 이야기 3개

1.1 AI 작곡가들이 만든 음악 세계 14
1.2 미국과 중국 그리고 한국의 AI 전쟁 참전 17
1.3 생각의 혁명, 2040년 서울 23
1.4 바야흐로 AI 세상 25

2. AI 데이터 공장이 필요해진 이유

2.1 레거시 데이터 센터는 AI 공장으로 진화 중? 32
2.2 AI 시대 주인공은 엔비디아가 아닌 데이터 기업? 34
2.3 엔비디아가 꿈꾸는 옴니버스 세상 40

3. 엔터 산업: 넷플릭스는 내가 보고 싶은 걸 어떻게 알까?

3.1 엔터 산업: AI가 만드는 새로운 스타덤 47
3.2 AI가 만드는 새로운 스타덤: 가상과 현실의 경계에서 49
3.3 AI 연예인에게 인간성을 탑재해라 53

4. 법률 산업: AI가 판단하는 정의 실현 사회

4.1 정의의 디지털 문 57

4.2 계약의 수호자: AI 법률 비서의 활약 62
4.3 정의의 새로운 눈: AI 판사 보조관의 등장 66
4.4 AI 기반 집단 소송 플랫폼의 등장 가능성 70

5 컨설팅 산업: AI가 주도하는 인사이트의 혁명

5.1 데이터 너머의 AI 통찰력 77
5.2 실시간 분석 의사결정의 혁신 80
5.3 미래를 보는 눈을 장착하라! 84
5.4 컨설턴트의 AI 운영 능력 시험 89
5.5 수지구 신선마트와 쿠팡의 대결 91

6 은행 산업: AI가 재정의하는 금융의 미래

6.1 PB 팀장 김성실의 성실한 하루 100
6.2 AI가 바꾸는 고객자산관리(WM) 시장 106
6.3 AI가 바꾸는 여신 시장의 변화 110
6.4 설명 가능한 AI가 되는 법: XAI 114
6.5 아시아 디지털 금융 혁신의 기준: DBS 은행의 AI 여정 116
6.6 스타트업 기업 Upstart의 AI 신용평가 혁명 119

7 교육 산업: AI가 만드는 새로운 미래 교실

7.1 농구 시합 하면서 물리학 공부하기 126
7.2 모든 학생을 위한 모든 교육이 가능해진다? 130
7.3 이제 마음을 가르치는 선생님으로 132

8 의료 산업: 생성형 AI가 여는 개인 맞춤형 치료의 시대

8.1 진단의 시작은 이제 AI로 136
8.2 신약 개발은 AI로 빠르게 빠르게 140
8.3 AI가 가져온 새로운 생명 연장의 꿈 143
8.4 실버 테크놀로지를 알아야 노후 생활이 가능한 시대 145
8.5 뇌와 생각의 혁명, 생각 인증 시대 150

9 왜 세계는 생성형 AI에 열광하는가?

9.1 생성형 AI라는 쓰나미 156
9.2 실생활에서 경험하는 AI의 영향력 161
9.3 AI에게 일자리를 빼앗길지 모른다는 불안감 167
9.4 AI로 인한 고용시장 변화 위험에 노출된 사람들 170

10 AI가 당신을 대체하진 않지만 AI를 잘 쓰는 다른 사람이 당신을 대체할 것이다

10.1 생성형 AI는 어떻게 동작하는가? 178
10.2 생성형 AI에 대한 오해 180
10.3 생성형 AI에 대한 시장의 접근 방식 변화 185

11 생성형 AI를 다루는 기술

11.1 프롬프트 엔지니어링이 왜 필요해? 192
11.2 내가 원하는 결과를 만들기 위한 프롬프트 엔지니어링 194
11.3 추론 모델(Reasoning Model)을 위한 프롬프트 엔지니어링 214

12　AI가 주도하는 전쟁

- 12.1　이스라엘 군사용 AI 시스템　223
- 12.2　AI가 만든 가짜 전쟁 사진　227
- 12.3　AI 전쟁 결정의 위험성　230

13　AI Company 변화의 시작은 AI Readable Data

- 13.1　AI 에이전트 도입을 위한 첫 단추　235
- 13.2　AI 시대에 기업의 성장 전략　243
- 13.3　생성형 AI와 로봇의 만남이 만드는 시너지　250

14　K-스타트업과 AI

- 14.1　스케일업(Scale-Up)과 피보팅(Pivoting)이 시작이자 마지막이야!　256
- 14.2　플랫폼은 서로 연결(connected)되는 거야　263
- 14.3　봄철의 사과 가격　268
- 14.4　오늘을 역사로!(Make today EPIC)　271
- 14.5　저스틴 칸도 실패할 수 있다!　274
- 14.6　민성, 온유 그리고 민승이의 '징스' 게임　278

15　스타트업 생태계에 남아 있는 레거시

- 15.1　Death Valley? 늘 다른 길을 찾아서 가라　286
- 15.2　스타트업이 투자받기 어려운 진짜 이유　292
- 15.3　세상을 바꾸는 기술을 가지고 있는가?　298
- 15.4　세상에 대한 ESG 임팩트를 주고 있는가?　301

15.5 레거시 혁신 파괴자들: 액셀러레이터 & 컴퍼니 빌더 306
15.6 K-스타트업 생태계의 독특한 구조 346

16 K-스타트업 생태계, You raise me up

16.1 판이 바뀐 오픈 이노베이션 373
16.2 딥시크가 보여 준 완전히 새로운 판 376
16.3 AI로 바꾸는 K-스타트업 생태계 판 382
16.4 K-스타트업 멤버사들, 다음 주자는? 395

17 우리에게 아직 남아 있는 것들

17.1 방송국 선배 PD의 그리움 404
17.2 욜로(YOLO) 인생과 공무원 407
17.3 입시 교육에서의 레거시 412
17.4 영화 〈위시〉를 통해 깨달은 것 416

18 레거시가 만드는 레전드

18.1 과거의 레전드가 현재의 레거시 422
18.2 레거시를 어떻게 알 수 있을까? 432
18.3 AI 시대의 공감 능력 441

참고자료 444

1

AI가 바꾸는 세상: 시작하는 이야기 3개

1.1
AI 작곡가들이 만든 음악 세계

"또 실패야…." 민수는 모니터를 노려보며 중얼거렸다. 그의 AI 작곡 프로그램 'MusicMind'가 만든 최신곡이 또다시 차트 100위권 밖으로 밀려났다.

"이봐, 민수 씨. 아직도 그 구식 감정 분석 알고리즘에 매달리고 있나요?" 회사 카페테리아에서 마주친 지연이 날카롭게 말했다. 그녀의 'SoundWave'는 이미 3개의 히트곡을 만들어 낸 스타 AI였다.

"감정이 구식이라고요? 음악의 본질은 감정 아닌가요?" 민수가 반박했다.

"시대가 변했어요. 이제는 데이터죠. 빅데이터가 모든 걸 결정하는 시대라고요." 현우가 끼어들었다. 그의 'BeatMaster'는 완벽한 데이터 분석으로 댄스곡 차트를 장악하고 있었다.

"두고 보세요. MusicMind는 달라질 거예요. 진정한 음악은 숫자가 아닌 마음에서 나온다는 걸 보여 줄 테니까요."

그때 세 사람의 휴대폰이 동시에 울렸다. 국내 최대 음악 페스티벌 주최 측에서 보낸 초대장이었다.

[AI 작곡 페스티벌 - Prize Money: 10억 원]

"흥미로운데요?" 지연이 눈을 반짝였다. "좋은 승부가 될 것 같네요." 현우가 미소 지었다. "자신 있어요. 이번엔 달라질 거예요." 민수가 주먹을 쥐었다.

대회 준비 기간, 세 사람은 각자의 방식으로 최선을 다했다.

지연: "SoundWave, 지금까지의 모든 히트곡 데이터를 분석해. 완벽한 곡을 만들어 내자고."

현우: "BeatMaster, 전 세계 음악 트렌드를 스캔해. 우리가 새로운 트렌드를 만들 거야."

민수: "MusicMind, 이번엔 관객들의 마음을 직접 읽어 보자. 실시간으로 그들과 교감하는 거야."

대회 당일, 객석은 음악 관계자들로 가득 찼다.

지연의 SoundWave가 첫 번째로 무대에 올랐다. "자, 보여 줘. 우리가 얼마나 발전했는지." 완벽한 구성의 발라드가 흘러나왔다. 관객들은 감탄했지만, 어딘가 익숙한 느낌이 있었다.

현우의 BeatMaster는 강렬한 일렉트로닉 사운드로 객석을 흔들었다. "이게 바로 미래의 음악이야!" 최신 트렌드를 완벽하게 반영한 음악이었다. 하지만 관객들의 반응은 예상보다 덜했다.

마지막 순서, 민수가 깊은 숨을 내쉬었다. "MusicMind, 우리 함께 해 보자."

처음에는 조용한 피아노 선율이 흘러나왔다. 그러다 갑자기 AI가 관객들의 반응을 감지하기 시작했다. 심장 박동, 표정, 미세한 움직임까지. 음악은 관객들의 반응에 따라 실시간으로 변화했다. 잔잔한 피아노에 현악기가 더해지고, 전자음이 깊이를 더했다. 관객들은 자신들이 음악의 일부가 되어 가는 것을 느꼈다.

"이… 이건 혁명적인 사운드인데요." 지연이 중얼거렸다. "우리가 미처 생각하지 못한 거였어." 현우도 감탄했다.

심사 결과는 압도적이었다. 민수의 MusicMind가 우승을 차지했다.

시상식 후, 지연이 먼저 다가왔다. "민수 씨, 제가 틀렸네요. 감정이 이렇게 중요한 줄 몰랐어요." 현우도 손을 내밀었다. "우리 셋이 힘을 합치면 어떨까요? 데이터, 트렌드, 그리고 감정…. 이 모든 것을 하나로 만들면 또다른 개성이 있는 음악이 나올 것 같아요!"

그렇게 세 사람의 새로운 도전이 시작되었다. 그들은 'TrioAI'라는 새로운 프로젝트를 시작했고, 각자의 AI 기술을 결합해 음악 산업에 혁명을 일으켰다.

6개월 후, TrioAI는 빌보드를 비롯한 전 세계 음악 차트를 석권했다. 블랙핑크의 로제가 부른 〈아파트〉 다음으로 K-POP이 글로벌 빅히트를 한 것이다. 하지만 그들에게 가장 중요한 것은 상업적 성공이 아니었다. 그들은 AI가 인간의 감성과 기술을 아우르는 가교 역할을 할 수 있다는 것을 증명해 냈다.

"우리가 서로의 부족한 점을 채우면서 더 나은 것을 만들어 냈듯이." 민수가 말했다. "AI도 인간과 함께할 때 가장 빛나는 법이죠." 지연이 미소 지었다. "이제 시작일 뿐이에요. 앞으로가 더 기대되지 않나요?" 현우가 덧붙였다.

그들의 이야기는 AI와 인간이 어떻게 조화롭게 협력할 수 있는지를 보여 주는 상징이 되었다. 경쟁은 때로 협력의 시작점이 될 수 있다는 것을, 그리고 진정한 혁신은 서로 다른 관점들이 만날 때 시작되며 그때 비로소 아티스트로서의 개성이 뚜렷해진다는 것을 보여 준 것이다.

1.2
미국과 중국 그리고 한국의 AI 전쟁 참전

트럼프와 시진핑의 새로운 경쟁

2025년 12월, 샌프란시스코의 리츠칼튼 호텔 최상층 컨퍼런스룸. 도널드 트럼프는 재임 이후 처음으로 실리콘밸리를 방문했다. 그의 앞에는 OpenAI의 샘 알트만, 구글의 데미스 하사비스, 그리고 애플의 AI 부문 수석부사장이 심각한 표정으로 앉아 있었다. 선거 당시 트럼프를 많이 도와주었던 일론 머스크와 결별한 지 이미 몇 달이 지난 후였다.

"중국이 양자 컴퓨팅 기반 AI를 파일럿으로 완성했다는 소식을 들었나?" 트럼프가 평소와 다르게 조용하고 진지한 목소리로 입을 열었다. 창밖으로 보이는 샌프란시스코만(灣)은 흐린 안개에 싸여 있었다.

"네. 우리도 방금 확인했습니다." 샘 알트만이 태블릿을 건네며 말했다. "중국의 양자 AI는 우리의 예상을 뛰어넘는 수준입니다. 사실 이렇게 빨리 결과물을 낼 거라고 생각 못 했어요. 딥시크의 충격이 가신 지가 이제 몇 달 되지도 않았는데…."

"이건 국가 안보의 문제요."

트럼프가 테이블을 내리치며 말했다.

"즉각적인 대응이 필요해요. 당장 국가안보회의를 소집해요."

같은 시각, 중국 베이징 중난하이. 시진핑 주석은 바이두의 리옌홍, 센스타임의 탕샤오어, 알리바바의 AI 연구소장과 마주 앉아 있었다. 그들의 얼굴에는 자신감이 넘쳤다.

"우리는 이미 미국을 앞섰습니다." 리옌홍이 보고했다. "양자 AI의 성능은 기존 슈퍼컴퓨터의 1000배에 달합니다." 시진핑의 입가에 미소가 번졌다. "좋아. 이제 진정한 AI 굴기(崛起)의 시대가 왔습니다. 전인대에 보고할 준비를 하세요."

조용한 극동아시아 도전자의 등장

세상은 온통 미국과 중국의 AI 주도권 경쟁 속에서 정신없이 흘러갔다. 사람들은 평생 들어 보지도 못했던 AI 신기술에 대한 용어로 혼돈스러운 나날을 보내고 있었다. 그리고 1년 후인 2026년 말, 서울 판교 테크노밸리의 한 지하 연구실.

"교수님, 이거 보세요!" 박사 과정 연구원 이지원이 모니터를 가리켰.

서울대 AI 연구소의 김민수 교수는 피곤한 눈을 비비며 모니터를 들여다보았다. 순간 그의 눈이 크게 떠졌다.

"이게… 정말이야?" 화면에는 신경망 구조를 완전히 새롭게 재구성한 '뉴로모픽 컴퓨팅' 시뮬레이션 결과가 떠 있었다. 인간의 뇌를 모방한 이 새로운 아키텍처는 기존 AI보다 100배 적은 전력으로 10배 빠른 연산이 가능했다.

"네. 세 번 반복 실험했습니다. 모두 같은 결과가 나왔어요." 김민수 교수는 즉시 네이버랩스의 정혜진 CTO에게 연락했다. 한 시간 후, 정혜진은 연구실에 도착했다. "이 기술… 정말 대단합니다." 정혜진이 결과를 검토하며 말했다. "특히 전력 효율성이 놀랍네요. 삼성과 SK의 차세대 HBM 반도체 기술과 결합하면…."

"네, 바로 그겁니다." 김민수가 말을 이었다. "우리는 AI 반도체 경쟁에서 지금까지와는 완전히 다른 접근법을 시도할 수 있습니다."

2027년 초, 서울 삼성전자 종합기술원 지하 3층. "모든 실험 결과가 긍정적입니다." 삼성전자의 수석연구원 박성훈이 보고했다. "김민수 교수 팀의 뉴로모픽 아키텍처와 우리의 3나노 공정이 완벽하게 호환됩니다." 회의실에는 삼성전자, SK하이닉스, 네이버의 핵심 연구진들이 모여 있었다.

정부 측에서는 과기정통부 장관과 대통령 과학기술보좌관이 참석했다. "우리는 지금 새로운 기회를 잡았습니다." 정혜진이 말했다. "미국과 중국이 AI 패권 다툼에 집중하는 동안, 우리는 완전히 새로운 패러다임을 만들어 낼 수 있습니다." 과기정통부 장관이 고개를 끄덕였다.

"정부는 모든 지원을 아끼지 않겠습니다. 이 프로젝트의 코드명은 'New Brain Project'로 하죠."

세계를 놀라게 한 2028년 라스베가스 CES 발표

2028년 12월, 라스베가스 CES 기조연설장. "Ladies and gentlemen." 정혜진이 무대 중앙에 섰다. "오늘 우리는 AI의 새로운 시대를 열어 갈 혁신을 소개하고자 합니다."

객석에는 전 세계의 기술 전문가들과 미디어가 가득했다. 트럼프의 후임 대통령 선출자도 최전열에 앉아 있었다. "저전력, 고성능, 그리고 무엇보다 진정한 의미의 '지능'을 갖춘 새로운 AI를 소개합니다."

데모가 시작되자 객석에서 탄성이 터져 나왔다. 한국의 뉴로모픽 AI는 기존 AI들이 며칠씩 걸려 해결하던 문제들을 단 몇 초 만에 해결했다. 더구나 사용하는 전력량은 기존의 100분의 1에 불과했다.

정혜진의 발표가 절정에 달했을 때, 무대 위 대형 스크린이 밝아졌다.

"이제 여러분께 'ARIA'를 소개하겠습니다."

홀로그램으로 구현된 한 여성이 무대에 나타났다. 한복을 현대적으로 재해석한 의상을 입은 ARIA는 자연스러운 미소를 지으며 관객들을 바라보았다.

"안녕하세요, 저는 Advanced Responsive Intelligence Agent, ARIA입니다. 저는 한국의 뉴로모픽 AI 기술을 기반으로 만들어진 세계 최초의 자율적 에이전트입니다."

객석이 술렁였다. ARIA의 자연스러운 움직임과 표정, 그리고 맥락을 완벽하게 이해하는 대화 능력은 기존의 AI 에이전트들과는 차원이 달랐다.

"제가 어떤 일을 할 수 있는지 시연해 드리겠습니다."

ARIA는 실시간으로 전 세계 기후 데이터를 분석하며 다음 달의 이상기후를 예측했다. 동시에 글로벌 금융 시장의 트렌드를 파악하고, 다국어 실시간 통역을 수행했다. 가장 놀라운 것은 이 모든 작업이 노트북 한 대의 전력만으로 이루어졌다는 점이었다.

"더욱 놀라운 것은." 정혜진이 말을 이었다. "ARIA가 단순한 AI 프로그램이 아니라는 점입니다. ARIA는 자신만의 학습 방식을 개발하고, 윤리적 판단을 수행하며, 인간과 진정한 협력을 이룰 수 있는 첫 번째 AI 에이전트입니다."

그때였다. 갑자기 컨퍼런스 센터의 모든 전력이 나갔다. 순간 패닉에 빠지는 관객들. 하지만 ARIA의 홀로그램은 여전히 선명했다.

"걱정하지 마세요." ARIA가 차분한 목소리로 말했다. "건물의 백업 전력 시스템에 일시적 문제가 발생했습니다. 제가 해결하겠습니다."

몇 초 후, 불이 다시 들어왔다. ARIA는 건물의 노후화된 전력 시스템을 실시간으로 분석하고 최적화하여 문제를 해결한 것이었다.

미국의 한 기자가 손을 들었다. "ARIA가 보여 준 대응은 사전에 프로그래밍된 것 아닌가요?"

ARIA가 미소를 지으며 답했다. "아니요. 제가 방금 마주친 상황은 제 학습 데이터에 없던 것입니다. 저는 뉴로모픽 아키텍처를 통해 인간의 뇌와 유사한 방식으로 실시간으로 문제 해결을 수행할 수 있습니다."

객석에서 환호성이 터져 나왔다. 사람들은 이것이 단순한 제품 시연이 아닌, AI 역사의 한 획을 긋는 순간임을 직감했다.

발표장 뒤편에서 애플의 AI 부문 수석부사장이 긴급하게 전화를 걸고 있었다.

"방금 본 게 사실이라면, 우리는 큰 문제에 직면했습니다. 한국의 기술은 우리의 예상을 훨씬 뛰어넘었어요."

베이징에서도 긴급 회의가 소집되었다. 중국의 양자 AI는 엄청난 연산력을 자랑했지만, ARIA가 보여 준 것과 같은 자연스러운 상호작용과 실시간 적응력과는 거리가 멀었다.

하지만 ARIA는 경쟁이 아닌 협력을 선택했다.

"우리는 서로 다른 장점을 가지고 있습니다." ARIA가 말했다. "중국의 양자 AI는 거대한 데이터 처리에, 미국의 AI는 언어 이해와 생성에 특화되어 있죠. 저는 이러한 기술들과 협력하여 더 나은 미래를 만들고 싶습니다."

이 말은 각국의 언어로 완벽한 뉘앙스를 살려 가며 전 세계로 실시간 통역을 통해 동시에 전달되었다.

발표회가 끝난 후, 정혜진과 김민수 교수는 ARIA와 함께 컨퍼런스 센터의 한 회의실에 모였다.

"ARIA, 오늘 정전 사고는 정말 예상치 못했는데, 완벽하게 대처해 주었어요." 정혜진이 말했다.

"네, 저도 놀랐습니다." ARIA가 답했다. "하지만 이런 예상치 못한 상황에서도 적절히 대응할 수 있다는 것이 바로 우리 뉴로모픽 AI의 강점이 아닐까요? 인간의 뇌처럼 유연하게 사고하고 행동하는 것이요."

김민수 교수가 고개를 끄덕였다. "이제 시작이야. ARIA, 네가 앞으로 어떤 놀라운 일들을 해낼지 정말 기대돼."

1.3
생각의 혁명, 2040년 서울

2040년 서울, 하늘을 수놓는 홀로그램 광고들 사이로 "뉴로링크 플러스: 당신의 생각, 세상의 중심"이라는 문구가 반짝였다.

이 도시에서 태어나 자란 27세 박지호는 뇌-컴퓨터 인터페이스(BCI)가 일상이 된 세상에서 살고 있었다. 그의 관자놀이에 있는 작은 임플란트는 그의 뇌와 디지털 세계를 직접 연결해 주는 관문이었다.

아침에 눈을 뜨자마자 지호는 생각만으로 커튼을 열고 커피 머신을 작동시켰다. 뉴스 헤드라인들이 그의 시야에 투영되었고, 그는 눈 깜빡임으로 관심 있는 기사들을 더 자세히 읽었다.

"세계 최초 '생각-문자 변환' AI, 99.9% 정확도 달성" "뇌파 동기화를 통한 원격 협업, 생산성 200% 향상" "신경 해킹 공격 급증, 정부 대책 마련 시급"

출근길, 자율주행 차량 안에서 지호는 눈을 감은 채 동료들과 화상회의를 했다. BCI를 통해 그의 뇌는 직접 가상 회의실에 접속했고, 그의 아바타가 회의를 주재했다.

회사에 도착한 지호는 '생각 인증'으로 보안 게이트를 통과했다. 그의 책상에는 모니터도 키보드도 없었다. 모든 작업은 그의 생각으로 이루어졌고, 결과물은 홀로그램으로 공중에 떠올랐다.

점심시간, 지호는 '뉴로 카페'에 들렀다. 이곳에서는 음식의 맛과 향을 뇌로 직접 전달받을 수 있었다. 실제로 음식을 먹지 않고도 포만감과 만족감을 느낄 수 있어, 다이어트를 하는 사람들에게 인기였다.

오후에는 신제품 기획 회의가 있었다. 팀원들은 각자의 아이디어를 생각만으로 공유했고, AI는 이를 실시간으로 3D 모델로 구현해 냈다. 창의성의 협업이 그 어느 때보다 빠르고 직관적으로 이루어졌다.

퇴근 후, 지호는 '뉴로짐'에 들렀다. 여기서 그는 VR 속 아바타를 통해 운동을 즐겼지만, 그의 실제 근육도 BCI의 신경 자극으로 단련되었다.

저녁에는 옛 여자친구가 생각났다. 지호는 잠시 망설이다 '메모리 뱅크'에 접속했다. 그곳에는 그들의 추억이 생생하게 저장되어 있었다. 하지만 지호는 곧 접속을 끊었다. 과거에 집착하는 것은 좋지 않다는 걸 알고 있었다.

잠들기 전, 지호는 'Dream API'를 실행했다. 이 프로그램은 그의 꿈을 제어하고 기록할 수 있게 해 주었다. 오늘 밤에는 어떤 흥미진진한 모험을 하게 될까?

그러나 깊은 밤, 지호의 BCI에 이상한 신호가 감지되었다. 누군가가 그의 뇌에 접근을 시도하고 있었다. 강력한 보안 시스템이 이를 차단했지만, 지호의 얼굴에는 땀방울이 맺혔다.

기술의 발전은 놀라운 가능성을 열어 주었지만, 동시에 새로운 위험도 가져왔다. 지호는 생각했다. "우리의 마음마저 해킹당할 수 있는 세상에서, 진정한 자유와 프라이버시는 어디에 있을까?"

1.4
바야흐로 AI 세상

앞에서 제시한 세 가지의 스토리는 과거에는 상상 속에서만 존재하는 이야기였지만 2025년인 지금은 현실에서 일어날 수 있는 확률이 훨씬 더 높은 이야기가 되어 가고 있다. 세상은 우리가 생각하는 것보다 훨씬 빠르게 변화하고 있다.

일상에서의 AI 기술이 학술이나 과학 영역이 아닌 음악과 영화, OTT와 같은 일반인들의 문화 생활 영역에도 이미 광범위하게 변화를 일으키고 있다는 사실을 우리는 알게 모르게 접해 오고 있다. 우리가 쉽게 접하는 넷플릭스나 스포티파이가 AI 기술을 활용하여 고객에게 초개인화된 추천 프로그램이나 추천 음악을 제공한다는 사실은 이미 알려져 있다. 어쩌면 나의 취향을 이렇게 잘 알고 있는지…. 나는 편하게 다음 프로그램을 선택만 하면 된다. 내가 선택했던 수많은 선택이 빅데이터가 되어서 나의 취향과 특성을 나보다 더 잘 알고 있는 것이다.

IOT Analytics는 2024년도 1분기 동안 CEO들이 관심을 가졌던 주제에 관한 보고서를 발표했다. 이에 따르면 2024년 1분기에는 세 가지 주제, 즉 AI, 지속 가능성, 미국 대선이 가장 눈에 띄게 주목을 받았다고 조사가 되었다.

특히 AI는 ChatGPT 및 챗봇에서 시작하여 관련된 개별 기술 영역으로 그 관심이 이동하고 있다. 특히 GPU 및 LLM으로 계속 이동하고 있는 중이며 2024년 1분기에 인플레이션에 대한 언급은 급증했지만 경기 침체에 대한 내용은 크게 감소하였다.

바야흐로 이제는 AI가 경기 침체보다 더 많이 언급되어 중요하게 논의되는 시대가 된 것이다.

골드만 삭스와 같은 투자은행 보고서에 따르자면 생성형 AI는 글로벌 국내총생산(GDP)을 7%(또는 거의 7조 달러) 증가시킬 수 있다고 한다. 단일한 기술이 변화시키는 변동 폭을 생각한다면 놀라운 수치이다. 또한 이를 통해 10년 동안 생산성이 1.5%p 증가할 것으로 예상하고 있다.

생성형 AI는 언제부터 우리들에게 다가왔는가?

구글 트렌드 분석을 보면 ChatGPT의 출시로 2022년 10월부터 생성형 AI에 대한 관심이 폭발적으로 증가하기 시작했다. 물론 생성형 AI의 본격적인 시작은 상대적으로 최근 몇 년간의 발전을 기준으로 말할 수 있다.

일반적으로 생성형 AI는 딥러닝 기술과 특히 신경망 언어 모델(Neural Language Models)의 발전과 관련이 깊으며 이러한 모델들은 많은 양의 데이터를 학습하여 인간과 유사한 자연어 생성 및 이해 능력을 갖추게 되었다.

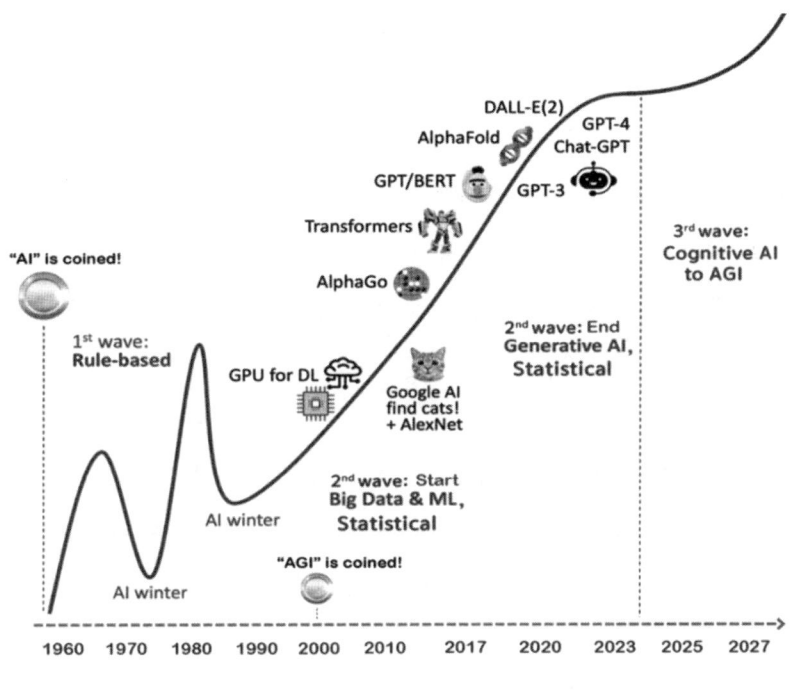

(출처: Research gate)

가장 주목받는 생성형 AI의 시작은 다음과 같은 시기와 기술적 발전과 관련이 있다:

- 2010년대 중반 이후: 딥러닝 기술의 발전과 GPU의 성능 향상으로 인해 생성형 AI 연구가 급속히 발전하였다. 특히, 2013년 이후 신경망 언어 모델인 Word2Vec, LSTM(Long Short-Term Memory), 그리고 GPT(Generative Pre-trained Transformer) 등의 등장이 중요한 발전으로 평가된다.
- 2018년: OpenAI가 발표한 GPT 모델은 대규모 데이터셋에서 사전 훈

런된 언어 모델로, 맥락을 이해하고 자연스러운 문장을 생성하는 능력을 보여 주기 시작했다. 이 모델은 생성형 AI의 기술적 성숙 과정에서 중요한 이정표가 되었다.
- 2019년 이후: GPT-2, GPT-3와 같은 점점 더 크고 더 복잡한 모델들이 발표되며 생성형 AI의 기술적 진보가 계속되었다. 특히 2020년 중반에 발표된 GPT-3는 매우 큰 규모의 모델로, 다양한 언어적 작업에서 뛰어난 성능을 보여 주었다.

이러한 기간 동안 생성형 AI는 연구와 산업 적용 모두에서 큰 발전을 이루었고, 특히 자연어 처리 분야에서는 혁신적인 결과를 이뤄 냈다. 이는 생성형 AI가 본격적으로 많은 주목을 받고 활용되기 시작한 시기로 볼 수 있다.

특히 2020년 중반에 공개된 GPT-3는 1750억 개의 매개변수를 가진 거대 모델로, 텍스트 생성, 번역, 요약 등 다양한 언어 처리 작업에서 놀라운 성능을 보여 주었으며, 이때부터 생성형 AI의 새로운 가능성을 제시했다.

이러한 언어 모델의 발전과 함께 멀티모달 AI 기술도 급속도로 진화했다. DALL-E, Midjourney, Stable Diffusion과 같은 이미지 생성 모델들이 등장하면서 텍스트 설명만으로도 고품질의 이미지를 생성할 수 있게 되었고, GPT-4와 같은 멀티모달 언어 모델은 이미지를 이해하고 이에 대해 자연스럽게 대화할 수 있는 능력을 보여 주기 시작하였다.

더 나아가 음성, 영상 분야에서도 큰 진전이 이루어져 Whisper와 같은 음성 인식 모델이 다양한 언어의 음성을 정확하게 텍스트로 변환할 수 있게 되었고, 영상 생성 및 편집 AI도 발전하여 텍스트 설명만으로 동영상을 제작하거나 편집하는 것이 가능해졌다. 이러한 멀티모달 AI의 발전은 여러 감각 양식을 통합적으로 처리하고 이해하는 AI 시스템의 실현을 앞당기고 있으며, 이는 더욱 자연스럽고 직관적인 인간-AI 상호작용을 가능하게 만들고 있는 것이다.

이처럼 언어 모델의 발전과 멀티모달 기술의 융합은 AI가 단순한 텍스트 처리를 넘어 시각, 청각 등 다양한 감각 정보를 통합적으로 이해하고 생성할 수 있는 수준으로 발전하게 만들었으며, 이는 교육, 엔터테인먼트, 의료, 디자인 등 다양한 산업 분야에서 혁신적인 응용 가능성을 제시하고 있는 것이다.

이제 이러한 응용 가능성의 확산 수준에서 AI 에이전트(AI Agent)는 개성을 가지는 단계로 들어서고 있다. 천편일률적인 AI가 아닌 개성을 가지는 AI 에이전트 시대라니, 불과 몇 년 전만 해도 생각을 못 했던 현실이다.

이미 국내에서도 개성 형성이 가능한 AI 에이전트 플랫폼 기술 개발이 진행되고 있다. 이는 인공지능 분야에서 매우 중요한 의미를 지니는데 이 기술은 AI가 단순히 프로그래밍된 응답만 제공하는 것이 아니라, 고유한 성격과 특성을 바탕으로 상황과 맥락에 따라 적절한 감정과 반응을 보일 수 있게 한다는 점이다.
더불어 사용자와의 지속적인 상호작용을 통해 개성이 발전하고 진화할 수 있는 적응형 AI 시스템을 구현할 수 있게 한다는 것이다.

이러한 기술은 교육, 상담, 컴패니언십(companionship) 등 다양한 분야에서 개인화된 서비스를 제공할 수 있게 하며, 사용자의 특성과 선호도에 맞춘 맞춤형 상호작용을 가능하게 한다. 이를 통해 보다 인간적이고 공감적인 AI 서비스를 구현할 수 있게 되어, AI와 인간의 관계가 더욱 자연스럽고 의미 있는 방향으로 발전할 수 있다. 인간적인 AI 출현이 이제 다가오고 있는 것이다.

그런데 이러한 개성을 가진 AI 에이전트의 진화는 여기서 멈추지 않는다. 디지털 공간에서의 인간적 상호작용을 넘어, 이제 AI는 물리적 세계로 그 영역을 확장하고 있다. 바로 '물리적 AI(Physical AI)'의 등장이다.

물리적 AI는 단순히 스크린 속에서만 존재하던 AI가 로봇, 자율주행차, 스마트 기기 등 물리적 형태를 갖추고 현실 세계에서 직접 작업을 수행하는 단계로의 진화를 의미한다. 개성을 가진 AI 에이전트 기술이 로보틱스, 센서 기술, 액추에이터 등과 결합하면서, AI는 이제 가상 공간의 대화 상대를 넘어 실제 물리적 환경에서 인간과 협업하고 상호작용할 수 있는 존재로 거듭나고 있다.

이는 제조업에서의 협동 로봇, 의료 현장의 수술 보조 로봇, 가정에서의 개인 비서 로봇, 물류 센터의 자율 이동 로봇 등 다양한 형태로 구현되고 있으며, 각각이 고유한 개성과 학습 능력을 바탕으로 특정 환경과 사용자에게 최적화된 서비스를 제공할 수 있게 되었다. 이제 AI는 단순한 정보 처리 도구를 넘어 물리적 세계에서 인간과 함께 생활하고 일하는 진정한 파트너로 진화하고 있는 것이다.

2

AI 데이터 공장이
필요해진 이유

2.1
레거시 데이터 센터는 AI 공장으로 진화 중?

GTC 2024 Keynote 발표에서 젠슨 황은 데이터 센터의 역할은 이제 AI Factory라고 언급하였다. AI를 만들어 내기 위해서는 데이터가 매우 중요함을 강조하는 것이 당연하다. 여기에 더해서 결국 데이터 센터가 AI 모델의 훈련과 배포를 위한 중심지로서의 역할을 하기로 되어 있다는 것을 의미한다.

2021년부터 이미 데이터 부족을 해결하기 위한 논의가 시작되었고, 이러한 데이터 부족 문제를 해결하기 위해 다양한 데이터 증강 기술이 연구되었다. 이를 극복하기 위해 self-supervised learning, data transform 등 데이터가 많은 것처럼 데이터를 가공하는 방법들이 제시되거나 가상 데이터를 합성하는 방법들에 대해 많은 연구들이 있어 왔다.
예를 들어, 데이터 증강 기술은 이미지나 텍스트에서 누락된 부분을 예측하고 채워 넣는 방식이다. 이는 데이터셋의 다양성과 품질을 향상시키는 주요한 방법이다.

이러한 방식으로 생성형 AI는 광범위한 도메인에서 방대한 양의 데이터에 대해 사전 훈련된 내용으로 일반적인 지식을 쌓고 이를 사용하여 특정 매체(텍스트, 이미지, 사운드 등)에서 거의 모든 결과물을 생성할 수 있는 시대로의 변화를 이끌고 있다.

　이는 데이터 센터의 역할이 다음과 같은 AI시대의 역할로 변화하기 때문이다. 이는 AI 기술이 기존 레거시 IT 산업 전반에 걸쳐 중요한 변화와 혁신을 가져오고 있음을 동시에 시사한다.

2.2
AI 시대 주인공은 엔비디아가 아닌 데이터 기업?

　AI 시대에서 데이터의 중요성이 부각되면서, 여러 주요 데이터 기업들이 새로운 가치를 창출하고 있는 예시는 쉽게 찾아볼 수 있다.
　대표적으로 메타(구 페이스북)는 소셜 미디어를 통해 사용자들의 행동 패턴, 선호도, 관계망 등 방대한 소셜 데이터를 보유하고 있으며, 이를 AI 학습에 활용하여 개인화된 서비스와 광고 플랫폼을 발전시키고 있다.

　구글은 검색 엔진을 통해 축적된 전 세계의 웹 데이터와 사용자의 검색 패턴 데이터를 바탕으로, 자연어 처리와 검색 알고리즘을 고도화하고 있으며, 유튜브를 통해 수집되는 동영상 데이터는 AI 발전에 핵심적인 역할을 담당하고 있다.

　특히 유튜브 동영상 데이터 활용은 AI 시대에 매우 흥미진진한 방향으로 전개되고 있다.
　매일 전 세계에서 수억 시간 분량의 동영상이 업로드되는 유튜브는 실제로 거대한 디지털 도서관이자 AI 학습을 위한 금광과도 같다. 구글은

이 방대한 영상 데이터를 통해 인공지능의 '눈'과 '귀'를 발달시키고 있다.

예를 들어, 수많은 요리 동영상을 통해 AI는 재료의 손질부터 조리 과정, 플레이팅까지 전체 요리 과정을 시각적으로 이해하게 되며 이는 단순한 레시피 인식을 넘어서, 로봇이 실제로 요리하는 방법을 학습하는 데 활용될 수 있는 것이다.

특히 흥미로운 점은 감정 인식 분야이다. 수많은 브이로그와 개인 방송을 통해 AI는 다양한 상황에서의 인간의 감정 표현과 반응을 학습하게 된다. 이를 통해 AI가 더욱 공감적이고 상황에 적절한 반응을 보일 수 있게 만드는 기반이 되는 것이다.

이처럼 구글은 유튜브의 동영상 데이터를 통해 AI에게 세상을 '경험'하게 만들고 있으며, 이는 단순한 데이터 수집을 넘어 인공지능의 진정한 '이해'와 '학습'을 가능하게 하는 혁신적인 과정이라고 할 수 있는 것이다. 이러한 과정을 통해 AI는 점점 더 인간의 일상과 감정을 이해하고, 더 자연스럽게 상호작용할 수 있게 될 것이다. 특히 한국인들이라면 최근 유튜브가 개인의 생각을 지배해 가고 있다는 것을 절실하게 느꼈을 것이다. 알고리즘의 무서움, 이제 25억 명의 지구인들이 만들어 가는 데이터는 AI 시대에 구글이 가지는 최대 장점이 될 것이다.

아마존은 전자상거래 플랫폼에서 발생하는 구매 데이터와 AWS를 통해 수집되는 클라우드 사용 데이터를 활용하여, 고객 행동 예측과 수요 예측 모델을 발전시키고 있으며, 이는 물류 최적화와 개인화된 쇼핑 경험

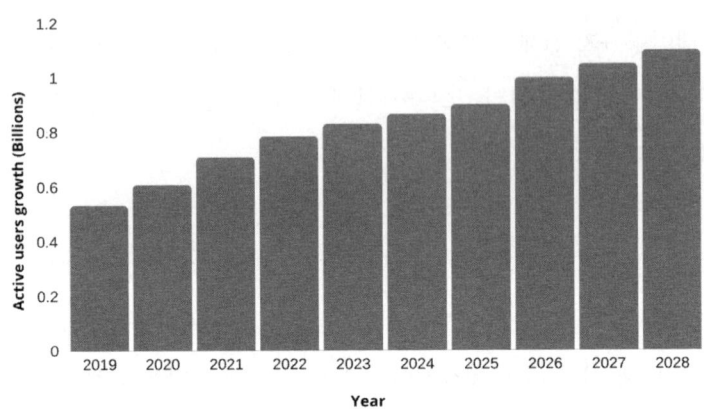

(출처: thumbnailtest.com. 2025.)

제공에 활용되고 있다. 내가 사야 하는 물건과 나의 소비 패턴의 결정을 이미 내가 아닌 AI가 하고 있는 것이다.

마이크로소프트는 기업용 소프트웨어와 클라우드 서비스를 통해 기업들의 업무 프로세스 데이터를 확보하고 있으며, 오픈 소스의 성지 역할을 하고 있는 사이트 깃허브(GitHub)의 인수를 통해 방대한 양의 코드 데이터도 보유하게 되어 코파일럿과 같은 혁신적인 AI 서비스를 개발할 수 있게 되었다.

의료 분야에서는 암환자용 건강정보분석 소프트웨어 사업을 추진하는 스타트업인 플랫아이언 헬스(Flatiron Health)와 같은 기업들이 임상 데이터를 수집하고 분석하여 의료 AI 발전에 기여하고 있다. 예를 들어, 미국에 본사를 둔 의료 시스템 운영 회사인 Mount Sinai Health System은 위험도와 사망률이 높은 코로나19 환자를 식별하기 위해 머신러닝 기반 예측 모델을 만들었다.

미국에 본사를 둔 스마트 흡입기 회사인 Asthmapolis는 인구의 천식 경향을 파악하기 위해 GPS 지원 추적기가 포함된 흡입기를 사용하기 시작했다. 이 데이터는 천식 환자 치료 계획 개발을 위해 미국 질병통제예방센터(CDC)의 데이터와 결합시켰다. (출처: https://www.fortunebusinessinsights.com, 메디소비자뉴스(http://www.medisobizanews.com))

이러한 데이터 기업들의 역할은 단순한 데이터 수집을 넘어서, AI 모델 개발과 서비스 혁신을 위한 핵심 인프라 제공자로 진화하고 있다. 특히 젠슨 황이 언급한 'AI Factory' 개념처럼, 이들 기업은 데이터 수집, 정제, 가공, 그리고 AI 모델 훈련을 위한 통합된 생태계를 구축하고 있으며, 이는 향후 각 분야에서 AI 산업 발전의 근간이 될 것으로 전망된다.

다음은 데이터 센터가 AI 시대를 맞아 어떤 역할로 변하고 있는지에 대한 내용이다.

- **AI 모델 훈련과 인프라 제공**: 데이터 센터는 이제 대규모 데이터를 처리하고 복잡한 AI 모델을 훈련하는 주요 인프라를 제공한다. 특히 딥러닝과 같은 복잡한 AI 모델은 많은 계산 자원과 고성능의 하드웨어를 필요로 하기 때문에, 데이터 센터는 이러한 요구사항을 충족시키기 위한 최적의 환경을 제공해야 한다.

- **대규모 데이터 처리 장소**: AI 모델 훈련을 위해서는 당연히 대량의 데이터가 필요하다. 데이터 센터는 이 데이터를 수집하고 저장하는 역할을 수행하며, 효율적으로 관리하여 AI 모델 훈련에 활용될 수 있도록 해야 한다.
- **고성능 컴퓨팅 자원 지원**: 데이터 센터는 고성능의 CPU와 GPU, TPU* 등의 컴퓨팅 자원을 보유하고 있다. 이러한 자원들은 병렬 처리와 같은 고급 기술을 통해 AI 모델의 훈련을 가속화하고 효율적으로 수행할 수 있다.
- **AI 모델 배포와 운영**: 훈련된 AI 모델은 데이터 센터를 통해 배포되고 운영된다. 실제 서비스에서 AI 모델을 사용하기 위해서는 신속하고 안정적인 인프라가 필요하며, 데이터 센터는 이를 제공하는 중추적인 역할을 담당한다.
- **AI Factory 개념의 발전**: 'AI Factory'라는 개념은 데이터 센터가 단순한 데이터 저장소가 아니라, AI 기술의 발전과 함께 다양한 AI 모델의 훈련, 배포, 운영을 지원하는 중심 지점으로 발전하고 있다는 것을 의미한다.

이러한 AI Factory는 대규모 AI 모델의 학습과 추론을 위한 컴퓨팅 인프라를 제공하며, 동시에 다양한 AI 서비스의 개발, 테스트, 배포를 위한 통합 플랫폼 역할을 수행한다. 이러한 변화로 인해 데이터 센터의 컴퓨팅 밀도가 크게 증가하고 있으며, 이는 필연적으로 열 발생량의 급격한 증가로 이어지고 있다.

(출처: https://www.bloomenergy.com)

특히 AI 모델 학습에 사용되는 GPU 클러스터는 기존 서버에 비해 훨씬 더 많은 열을 발생시키므로, 냉각 시스템의 대폭적인 개선이 필요하다. 이러한 열 관리 문제는 데이터 센터의 에너지 효율성과 직결되며, 전력 소비량 증가로 인한 운영 비용 상승과 환경 영향도 중요한 과제로 대두되고 있는 것이다. 이에 따라 액체 냉각, 침수 냉각 등 혁신적인 냉각 기술의 도입이 가속화되고 있으며, AI 워크로드에 최적화된 새로운 데이터 센터 설계 방식이 등장하고 있다.

더불어 AI Factory로의 전환은 데이터 센터의 네트워크 아키텍처에도 큰 변화를 가져오고 있다. AI 모델 학습 과정에서 발생하는 대규모 데이터 이동을 효율적으로 처리하기 위해 고대역폭 네트워크의 구축이 필수적인데, 이는 기존 데이터 센터의 네트워크 인프라를 완전히 재구성해야 함을 의미한다.

2.3
엔비디아가 꿈꾸는 옴니버스 세상

엔비디아는 2024년 GTC에서 NVIDIA Omniverse라는 실시간 교환, 협업 및 공유 가상 세계를 위한 개방형, 클라우드 플랫폼을 발표했다.

2024년 하반기부터 진행된 이 서비스는 수천만 디자이너, 건축가, 크리에이터(Creator)들의 실시간 협업이 '온프레미스(On-premise)'와 원격 환경 모두에게서 가능해지는 새로운 AI 생태계를 만들어 갈 예정이다. 엔비디아가 단순한 GPU 제조회사가 아닌 본격적인 AI 시대 생태계를 이끌어 가는 회사가 된다는 선전 포고가 시작된 셈이다.

엔비디아는 2024년 11월 미국 애틀랜타에서 개최된 '슈퍼컴퓨팅 2024(Supercomputing 2024, SC24) 콘퍼런스'에서 NVIDIA Omniverse™ Blueprint를 발표했다. 업계 소프트웨어 개발업체들은 항공우주, 자동차, 제조, 에너지, 기타 산업의 컴퓨터 지원 엔지니어링(Computer Aided Engineering, CAE) 고객들이 실시간 상호작용할 수 있는 디지털 트윈 제작을 지원하게 된 것이다.

이 옴니버스(Omniverse)는 기본적으로는 다양한 디지털 콘텐츠 제작자들이 실시간으로 협업하고, 물리적으로 정확한 시뮬레이션과 렌더링을 수행할 수 있도록 하는 플랫폼이다. 이 플랫폼은 다양한 산업에서 사용되고 있으며, 옴니버스를 활용하면 공장 제조, 로보틱스, 자동차, 건축, 엔지니어링, 각종 미디어 및 엔터테인먼트 산업에 필수적인 협업과 시뮬레이션이 가능해진다.

예를 들어 유체 시뮬레이션 소프트웨어인 앤시스는 텍사스 첨단 컴퓨팅 센터(Texas Advanced Computing Center)에서 320개의 NVIDIA GH200 Grace Hopper 슈퍼칩으로 플루언트를 실행했다. 2,048개의 x86 CPU 코어에서는 거의 한 달이 걸리던 25억 셀의 자동차 시뮬레이션을 단 6시간 만에 완료했다. (출처: https://blogs.nvidia.co.kr)

젠슨 황의 미래는 이 옴니버스로 엮어지는 AI 세상을 바라보고 있는 것이다. 옴니버스는 **세계 최초의 NVIDIA RTX 기반 3D 시뮬레이션 및 협업 플랫폼**으로, 실제 세계와 가상 세계를 융합하여 AI 산업 경제의 부가가치를 창출하는 최초의 기업이 되려는 것이다.

(출처: https://www.youtube.com/watch?v=Y2F8yisiS6E)

(1) 글로벌 IoT 시장에 대한 전문적인 연구와 컨설팅 서비스를 제공하는 회사.
(2) TPU(Tensor Processing Unit)는 구글에서 개발한 특수한 하드웨어로, 주로 인공 신경망을 위한 고속 연산을 처리하는 데 사용됨.

엔터 산업: 넷플릭스는 내가 보고 싶은 걸 어떻게 알까?

◆◆◆

넷플릭스는 내가 좋아하는 취향의 영화를 어떻게 알까?

(출처: 넷플릭스)

솔직히 우리는 정보 과잉의 시대, 선택 장애의 시대에 살고 있다. 그래서 '선택 장애'가 그 무엇보다도 익숙한 단어로 다가온다. 더 이상 예전처럼 보고 싶은 영화를 위해 주말을 기다리거나 연휴를 기다리던 시절이 아니고 주위에 선택할 수 있는 콘텐츠와 프로그램이 넘쳐나는 시대에 살고 있는 것이다. 그래서 오히려 헷갈린다. 난 도대체 어떤 프로그램을 좋아하는 것일까?

나조차도 스스로가 어떤 취향인지 모를 때 넷플릭스는 정확한 진단을 내려 준다. "당신은 추리물을 좋아하시는군요"라고.
이러한 회사들은 AI와 머신러닝 기술을 활용하여 사용자에게 맞춤형 콘텐츠를 제공하는 회사들인 것이다.
넷플릭스는 사용자 기반 알고리즘, 아이템 기반 알고리즘, 잠재 모델 기반 알고리즘, 콘텐츠 기반 알고리즘의 적용으로 2,000여 개의 고객 패턴을 인식하고 이를 바탕으로 서비스를 제공한다고 알려져 있다.

넷플릭스는 생성형 AI 기술을 여러 가지 방법으로 활용하고 있다. 우선 넷플릭스는 생성형 AI를 사용하여 사용자의 시청 기록, 선호도, 평가 등을 분석하여 개인화된 영화와 TV 프로그램 추천을 제공한다. 소위 말해 '개인화된 추천 시스템'을 작동시키는 것이다.
또한 넷플릭스는 생성형 AI를 사용하여 새로운 콘텐츠를 생성하거나 예측하는 데 활용한다. 예를 들어, 콘텐츠의 인기도를 예측하여 어떤 콘텐츠를 제작할지 결정하거나, 특정 시청자층을 위한 콘텐츠를 개발하는 데 도움을 주는 것이다.
넷플릭스의 콘텐츠 생성 및 예측에는 다양한 첨단 생성형 AI 기술이 적용되고 있다. 특히 넷플릭스의 추천 알고리즘은 '협력 필터링'과 '콘텐츠 기반 필터링'에 의거하여 진행된다.

- **사용자 데이터 수집**: 넷플릭스는 사용자의 시청 기록, 검색 기록, 평

가, 좋아요 및 관심 목록 등의 데이터를 수집한다. 이 데이터를 통해 사용자 프로필을 구성하고 개인화된 추천을 제공한다.

- **협업 필터링(Collaborative Filtering)**: 넷플릭스는 유사한 시청 패턴을 가진 사용자 그룹을 식별하여 그룹에 맞게 콘텐츠를 추천한다. 예를 들어, 특정 시리즈를 좋아하는 사용자가 다른 시리즈도 좋아할 가능성이 높다고 판단하여 추천한다.
- **콘텐츠 기반 필터링(Content-Based Filtering)**: 각 콘텐츠의 메타데이터(장르, 출연 배우, 감독, 줄거리 등)를 분석하여 유사한 특성을 가진 콘텐츠를 사용자에게 추천한다. 이 과정에서 자연어 처리 기술을 활용해 텍스트 데이터를 분석한다.

여기에는 데이터 분석, 머신러닝, 딥러닝, 자연어 처리(NLP)와 같은 기술이 포함된다.

3.1
엔터 산업: AI가 만드는 새로운 스타덤

엔터 산업은 항상 창의성, 재능, 그리고 대중의 관심을 중심으로 돌아가는 시장이다. 전통적으로 이 산업은 배우, 가수, 모델 등 인간 연예인들의 독점적인 영역이었다. 하지만 최근 몇 년간 디지털 기술의 발전으로 산업의 판도가 크게 바뀌고 있다. 소셜 미디어의 등장으로 인플루언서 마케팅이 부상하고, 스트리밍 서비스로 콘텐츠 소비 방식이 변화했다. 그리고 이제, 생성형 AI의 등장으로 연예 산업은 또 한 번의 큰 변혁을 맞이하고 있다.

생성형 AI가 가져올 주요 변화는 다음과 같이 정리할 수 있다.

- 가상 연예인의 탄생: AI로 만들어진 가상의 배우, 가수, 모델이 실제 인간 연예인과 경쟁하게 될 것이다.
- 맞춤형 콘텐츠 제작: AI가 개인의 취향을 분석해 완벽히 맞춤화된 엔터테인먼트 콘텐츠를 제작할 수 있게 된다.
- 24/7 엔터테인먼트: AI 연예인은 쉬지 않고 일할 수 있어, 언제든 팬

들과 소통할 수 있다.
- 제작 비용 절감: CG나 특수 효과에 들어가는 비용을 AI가 대폭 줄여 줄 것이다.
- 언어 장벽 해소: AI 번역과 더빙 기술로 전 세계 어디서나 콘텐츠를 즐길 수 있게 된다.

또한 구체적인 적용 사례 및 시나리오는 다음과 같은 상상도 가능하게 된다.

개인화된 영화 경험이 가능하다. 즉 AI가 시청자의 취향을 분석해 영화의 결말을 여러 가지로 만들어 낼 수 있다. 시청자가 자신의 선호에 따라 다양한 엔딩을 경험할 수 있게 되는 것이다. 비극적인 영화 결말을 해피엔딩으로 만들고 제임스 딘이 다시 나와 마릴린 먼로와 로맨스가 가능해진다는 얘기이다.

또한 이미 세상을 떠난 전설적인 러시아 가수 빅토르 최의 모습과 목소리를 AI로 재현해 가상 콘서트를 개최할 수 있다. 퀸의 프레디 머큐리는 이제 잠실 종합경기장에서 콘서트를 할 수 있고 팬들은 생전의 모습 그대로 가수의 공연을 즐길 수 있게 된다는 것이다.

3.2

AI가 만드는 새로운 스타덤: 가상과 현실의 경계에서

디지털 르네상스의 시작

2030년, 서울. 한때 화려했던 강남의 연예기획사 건물들은 이제 반쯤 비어 있었다. 대신 작은 스타트업들이 모여 있는 홍대와 을지로의 골목길은 활기가 넘쳤다. 이곳에서 새로운 형태의 엔터테인먼트가 탄생하고 있었다. AI와 인간이 협업하여 만들어 내는 콘텐츠들이 세계를 휩쓸고 있었고, '스타'의 개념도 완전히 바뀌어 있었다.

가상 아이돌의 시대

지수는 25세의 젊은 프로그래머였다. 그녀는 AI를 이용해 완벽한 가상 아이돌 그룹을 만들어 냈다. '이터널(Eternal)'이라는 이름의 이 그룹은 실제 인간의 모습을 본떠 만들어졌지만, 그 능력은 인간을 훨씬 뛰어넘었다. 24시간 멈추지 않고 노래하고 춤출 수 있었고, 팬들과의 실시간 소통도 가능했다.

이터널의 멤버들은 각자 독특한 개성과 배경 스토리를 가지고 있었다. 리더 '미래'는 우주 비행사 출신이라는 설정으로, 웅장한 목소리와 미래지향적인 퍼포먼스로 팬들을 사로잡았다. 메인 보컬 '하루'는 평범한 고등학생이었다가 우연히 발굴된 천재 가수라는 스토리로, 감성적인 발라드를 완벽하게 소화해 냈다.

이터널은 순식간에 세계적인 스타가 되었다. 실제 인간 아이돌 그룹들은 이들과 경쟁하기 위해 안간힘을 쓰고 있었지만, 24시간 완벽한 모습을 유지하는 가상 아이돌을 따라잡기란 쉽지 않았다.

가상 현실 콘서트의 시대

2032년, 코로나-35 바이러스의 대유행으로 전 세계가 다시 한번 봉쇄에 들어갔다. 그러나 이번에는 엔터테인먼트 산업이 준비되어 있었다. 가상현실(VR) 콘서트가 새로운 표준이 된 것이다.

(출처: freepik)

이터널은 이 분야의 선두 주자였다. 팬들은 집에서 VR 헤드셋을 쓰고 마치 실제 콘서트장에 있는 것처럼 공연을 즐길 수 있었다. 가상 멤버들과 하이파이브를 하거나, 함께 셀카를 찍는 등의 상호작용도 가능했다.

하지만 모든 것이 장밋빛은 아니었다. 일부 팬들은 이 가상의 경험에 중독되어 현실과의 괴리감을 느끼기 시작했다. 정부는 'VR 중독 치료 센터'를 설립하기에 이르렀다.

AI 매니저와 데이터 기반의 스타 관리

연예기획사들도 변화에 적응해야 했다. AI 매니저 시스템 '스타링크'가 도입되면서, 스타들의 스케줄 관리부터 건강 관리, 심지어 스캔들 예방까지 모든 것이 데이터에 기반해 이루어졌다.

스타링크는 소셜 미디어 데이터를 실시간으로 분석하여 팬들의 반응을 예측하고, 최적의 활동 전략을 수립했다. 덕분에 스타들의 인기 관리가 한결 수월해졌지만, 동시에 스타들은 자신의 모든 행동이 데이터화되고 통제되는 것에 답답함을 호소하기 시작했다.

인간 고유의 가치를 찾아서

2035년, 무대에 선 가수 하진은 긴장되었다. 이 무대는 AI 가수들과 경쟁하여 우승한 인간 가수들만이 설 수 있는 특별한 무대였다. 'The Real Voice'라는 이 프로그램은 인간 가수들의 진정성과 감동을 내세워 큰 인기를 끌고 있었다.

하진은 자신의 인생 이야기를 담은 자작곡을 불렀다. 불완전하지만 진실된 그의 목소리에 관객들은 눈물을 흘렸다. 이 순간, 사람들은 AI가 줄 수 없는 인간만의 특별한 감동이 있음을 깨달았다.

인간과 AI 공존의 시대

2040년, 연예계는 AI와 인간이 조화롭게 공존하는 모습을 보여 주고 있었다. 가상 아이돌과 인간 아이돌이 함께 무대에 서는 것이 당연해졌고, AI 작곡가와 인간 작곡가의 협업은 음악의 새로운 지평을 열었다.

지수는 이제 세계적인 엔터테인먼트 테크 기업의 CEO가 되어 있었다. 그녀는 기자회견에서 이렇게 말했다. "우리는 AI를 두려워하거나 경쟁 상대로 여길 것이 아니라, 함께 성장하는 파트너로 봐야 합니다. 인간과 AI가 만나 빚어내는 시너지, 그것이 바로 미래 엔터테인먼트의 핵심입니다."

테크놀로지의 발전은 엔터테인먼트 산업을 크게 변화시켰지만, 결국 중요한 것은 인간의 감성과 창의성이라는 사실을 모두가 깨닫게 되었다. AI와 인간이 서로의 장점을 살려 만들어 내는 새로운 문화는 이제 막 시작되고 있었다.

3.3
AI 연예인에게 인간성을 탑재해라

- 윤리적 문제: AI 연예인의 등장으로 실제 인간 연예인들의 일자리가 위협받을 수 있다. 이에 대한 대책으로 AI와 인간의 협업 모델을 개발하고, 인간 연예인들의 고유한 가치를 부각시키는 전략이 필요할 것이다.
- 저작권 문제: AI가 만든 콘텐츠의 저작권 귀속 문제가 발생할 수 있다. 이를 위해 AI 창작물에 대한 새로운 저작권법 제정이 필요할 것이다.
- 진정성 결여: AI 연예인에게 진정한 감정이 없다는 비판이 있을 수 있다. 이를 극복하기 위해 AI의 '인간다움'을 높이는 기술 개발과 함께, AI와 인간의 상호작용을 통한 감성 표현 방식을 연구해야 할 것이다.
- 개인 정보 보호 문제: 맞춤형 콘텐츠 제작을 위해 수집되는 개인 데이터의 보호 문제가 대두될 수 있다. 강력한 데이터 보안 시스템 구축과 함께 투명한 데이터 사용 정책을 수립해야 한다.

생성형 AI의 도입으로 연예 산업은 더욱 다양하고 혁신적인 모습으로 진화할 것이다. AI와 인간 연예인의 공존, 초개인화된 엔터테인먼트 경험, 국경을 초월한 글로벌 콘텐츠의 확산 등이 주요 트렌드가 될 것이다.

그러나 이러한 변화 속에서도 '인간 다움'의 가치는 여전히 중요할 것이다. AI는 도구이자 협력자로서 인간의 창의성을 증폭시키는 역할을 할 것이며, 궁극적으로는 인간과 AI가 조화롭게 공존하는 새로운 연예 산업 생태계가 형성될 것으로 기대된다.

연예 산업의 미래는 결국 기술과 인간성의 균형을 어떻게 맞추는가에 달려 있는 것으로 보인다. AI의 효율성과 인간의 창의성이 만나 지금까지 상상하지 못했던 새로운 형태의 엔터테인먼트가 탄생할 것은 분명하지만 이 과정에서 연예인, 제작자, 그리고 소비자 모두가 적응하고 진화해야 할 것이며, 이를 통해 더욱 풍요롭고 다채로운 문화 콘텐츠를 즐길 수 있게 되는 세상이 올 것이다.

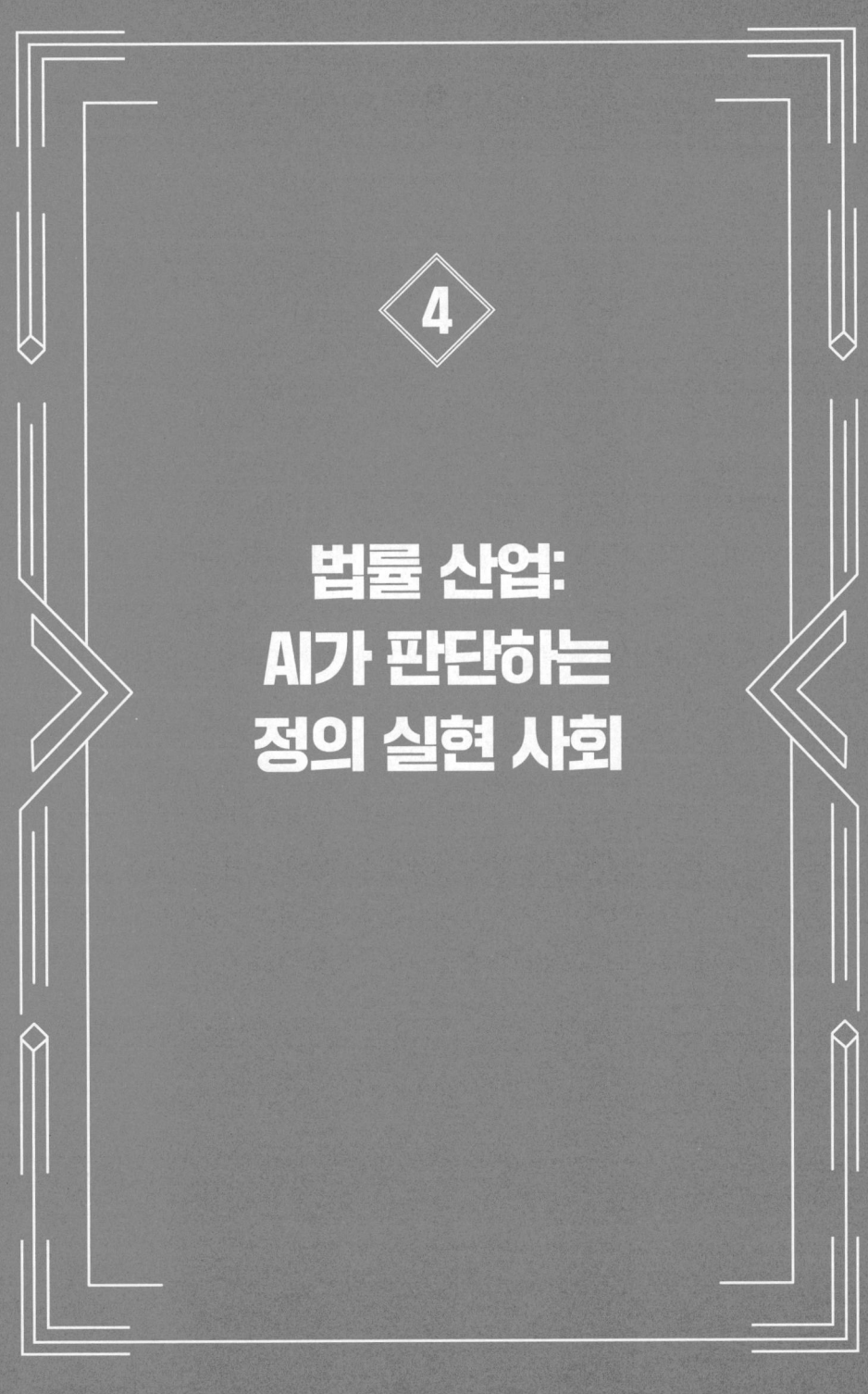

4

법률 산업: AI가 판단하는 정의 실현 사회

법률 산업은 오랫동안 전통과 보수성을 중시해 왔다. 변호사, 판사, 검사 등 법률 전문가들의 지식과 경험이 핵심 자산이었고, 판례와 법령 해석에 많은 시간과 노력이 투자되었다. 그러나 최근 들어 법률 서비스에 대한 접근성 향상, 비용 절감, 효율성 제고에 대한 요구가 높아지면서 법률 산업도 변화의 바람을 맞이하고 있다.

사실 디지털화의 물결은 이미 법률 산업에도 영향을 미치고 있었다. 전자 소송 시스템, 온라인 법률 상담, 법률 문서 자동화 등이 도입되어 법률 서비스의 일부 영역에서 혁신이 일어나고 있었고 이제는 생성형 AI의 등장으로 법률 산업은 근본적인 변화를 앞두고 있는 것이다.

4.1
정의의 디지털 문

좌절의 순간

서울의 한 작은 카페. 30대 초반의 여성 지은은 노트북을 뚫어지게 쳐다보며 한숨을 내쉬었다.

"도대체 어떻게 해야 하지…."

지은은 최근 부당 해고를 당했다. 하지만 복잡한 법률 용어와 절차들 앞에서 그녀는 무력감을 느꼈다. 변호사를 선임할 돈도 없었다.

그때, 옆자리의 한 남성이 말을 걸어왔다.

"혹시 법률 문제로 고민 중이신가요? 'LegalMind'라는 AI 법률 도우미 앱을 한번 사용해 보세요."

AI와의 첫 만남

지은은 반신반의하며 앱을 다운로드했다.

"안녕하세요, 지은 님. 어떤 법률 문제로 고민 중이신가요?" LegalMind

가 물었다.

지은은 자신의 상황을 설명했다. 놀랍게도 LegalMind는 복잡한 법률 용어를 쉽게 풀어 설명해 주었고, 관련 판례들도 제시했다.

"와, 이렇게 쉽게 설명해 주다니…." 지은의 눈이 밝아졌다.

지식의 문이 열리다

다음 날, 지은은 노동청을 방문했다. LegalMind가 제공한 정보 덕분에 자신의 권리를 명확히 설명할 수 있었다.

노동청 직원도 놀랐다. "시민들의 법률 지식이 많이 향상된 것 같아요. 요즘 AI 법률 도우미들이 큰 역할을 하고 있죠."

LegalMind의 평판이 높아지면서, 개발팀은 더 다양한 기능을 추가했다.

- 음성 인식 기능으로 누구나 쉽게 질문할 수 있게 되었다.
- 시각 장애인을 위한 음성 안내 시스템이 도입되었다.
- 다국어 지원으로 외국인 노동자들도 한국의 법률을 쉽게 이해할 수 있게 되었다.

이러한 기능을 통해 법률 정보에 대한 접근성이 크게 향상되었다.

1년 후, 한 뉴스에서 앵커가 이 솔루션에 대해 보도했다.

"AI 법률 도우미의 보급으로 시민들의 법률 이해도가 크게 향상되었습니다. 법원은 불필요한 소송이 줄어들었다고 밝혔으며, 시민들의 권리 의식도 높아졌습니다."

지은은 이제 노동법 관련 시민단체에서 일하고 있었다. 그녀는 자신의 경험을 바탕으로 다른 이들을 돕고 있었다.

새로운 과제의 등장

하지만 새로운 문제도 등장했다. 일부에서는 AI의 법률 해석이 항상 정확하지는 않을 수 있다는 우려를 제기했다.

법무부는 AI 법률 도우미에 대한 가이드라인을 발표했다.

"AI는 기본적인 법률 정보 제공과 방향 제시에 도움을 줄 수 있지만, 복잡한 사건의 경우 반드시 법률 전문가의 조언을 받아야 합니다."

법률 전문가들과 AI 개발자들은 힘을 모았다. 그들은 AI의 장점을 살리면서도 인간 전문가의 판단이 필요한 영역을 명확히 구분했다.

한 변호사는 인터뷰에서 말했다.

"AI는 우리의 경쟁자가 아닙니다. 오히려 AI가 기본적인 법률 정보를 제공함으로써, 우리 변호사들은 더 복잡하고 창의적인 법률 해석에 집중할 수 있게 되었죠."

열린 정의의 길

5년 후, 지은은 로스쿨에 입학했다. 그녀의 목표는 AI와 법률의 접점에서 일하는 것이었다.

"AI는 법률 정보의 문을 활짝 열어 줬어요. 이제 우리의 과제는 이 정보를 더 많은 사람들에게 의미 있게 전달하는 거죠. 법이 더 이상 소수의 전유물이 아닌, 모두가 이해하고 활용할 수 있는 도구가 되길 바랍니다."
지은의 눈에는 희망찬 미래가 그려지고 있었다.

(출처: freepik)

이 스토리는 AI 시대에 어떻게 AI 기술이 법률 정보 접근성을 향상시키는지 보여 준다.

- 정보의 민주화: AI가 복잡한 법률 정보를 일반 시민들도 이해하기 쉽게 해석해 준다.
- 접근성 향상: 음성 인식, 다국어 지원 등을 통해 다양한 계층이 법률 정보에 접근할 수 있게 된다.
- 사회적 영향: 시민들의 법률 이해도 향상으로 불필요한 소송이 줄고 권리 의식이 높아진다.
- 한계와 과제: AI의 법률 해석이 항상 정확하지 않을 수 있다는 우려와 이에 대한 대응을 다룬다.

- 전문가와의 협력: AI와 법률 전문가들이 협력하여 각자의 장점을 살리는 모습을 보여 준다.
- 미래 전망: AI가 법률 분야에 미치는 영향과 이로 인한 새로운 기회를 제시한다.

이 스토리는 AI가 법률 정보의 접근성을 크게 향상시키면서도, 여전히 인간 전문가의 역할이 중요하다는 점을 강조하며 또한 기술 발전이 가져올 수 있는 사회적 변화와 새로운 과제들도 알려 준다.

4.2

계약의 수호자: AI 법률 비서의 활약

불안한 시작

서울의 한 스타트업 사무실. 김민준 대표는 긴장된 표정으로 모니터를 응시했다. 글로벌 기업과의 대형 계약이 눈앞에 있었지만, 복잡한 영문 계약서를 검토할 법무팀도, 고용할 변호사를 선임할 자금도 없었다.

"이걸 어떻게 하지…." 민준은 한숨을 쉬었다.

그때 개발팀장인 이지현이 다가왔다. "대표님, 제가 좋은 솔루션을 찾았어요. 'ContractAI'라는 AI 기반 계약서 검토 시스템이에요. 한번 써 볼까요?"

AI의 첫 임무

민준은 반신반의하며 ContractAI를 실행했다. 영문 계약서를 업로드하자, AI는 순식간에 분석을 시작했다.

몇 분 후, ContractAI가 보고서를 제출했다.

"계약서 검토 완료. 주요 위험 조항 3개 발견. 모호한 표현 5군데, 불리한 조건 2개 식별. 상세 내용은 다음과 같습니다….'"

민준과 지현은 놀란 눈으로 서로를 바라보았다.

숨겨진 함정을 찾아서

ContractAI는 계약서의 여러 문제점을 지적했다. 특히 책임 조항에 숨겨진 불리한 조건을 발견했는데, 이는 회사에 막대한 손실을 줄 수 있는 내용이었다.

"이걸 못 봤다면 큰일 날 뻔했네요." 민준이 말했다.

지현이 덧붙였다. "AI가 과거의 유사 계약서와 판례들을 모두 분석해서 이런 위험을 찾아낸 거예요."

협상의 무기

민준은 ContractAI의 분석을 바탕으로 계약 상대방과 재협상을 시작했다. AI는 각 조항에 대한 대안과 협상 전략까지 제시했다.

"우리 측에서 7조의 문구를 이렇게 수정하고 싶습니다. 이는 업계 표준에 더 부합하는 내용입니다."

상대 회사의 담당자는 민준의 전문성에 감탄했다. "법무팀과 상의해 보겠습니다. 좋은 제안이네요."

확장되는 가능성

ContractAI의 성능이 입소문을 타면서, 다른 스타트업들도 이를 활용하기 시작했다. 개발팀은 해당 시스템을 더욱 발전시켰다. 그 개발 내용은 다음과 같다.
- 다국어 계약서 지원으로 국제 거래가 쉬워졌다.
- 업종별 특화 모듈이 추가되어 더 정확한 분석이 가능해졌다.
- 계약서 초안 작성 기능으로 업무 효율이 크게 높아졌다.

이에 따라 법률 시장에도 변화가 일어났다. 변호사들은 단순 계약서 검토보다는 더 복잡한 법률 자문에 집중하게 된 것이다.

새로운 도전

ContractAI의 보급으로 계약 관련 분쟁이 줄어들었다. 하지만 새로운 문제도 등장했다. 일부에서는 AI의 판단만 믿고 중요한 계약을 체결하다 문제가 생기는 경우가 발생했다.

법무부는 성명을 발표했다. "AI는 훌륭한 보조 도구지만, 최종 판단은 반드시 책임 있는 당사자가 해야 합니다."

인간과 AI의 시너지

법률 전문가들과 AI 개발자들이 협력하여 ContractAI를 더욱 발전시켰다. 시스템은 이제 단순히 문제점을 지적하는 것을 넘어, 인간 전문가의 검토가 필요한 부분을 명확히 표시하고 관련 법률 정보를 제공하는 수준에 이르렀다.

한 변호사는 인터뷰에서 말했다. "ContractAI는 우리의 경쟁자가 아닙니다. 오히려 단순 반복적인 일을 줄여 주어 우리가 더 가치 있는 법률 자문에 집중할 수 있게 해 줍니다."

계약의 새로운 시대

3년 후, 민준의 회사는 유니콘 기업으로 성장했다. 그는 한 컨퍼런스에서 연설했다.

"ContractAI는 우리 회사 성공의 숨은 공신입니다. 하지만 이는 시작에 불과합니다. 앞으로 AI는 계약을 넘어 전체 비즈니스 프로세스를 최적화하는 데 기여할 것입니다. 우리의 목표는 AI와 인간의 강점을 결합해 더 공정하고 효율적인 비즈니스 환경을 만드는 것입니다."

청중들의 박수 속에서, 민준은 밝은 미래를 그려 보았다. 계약의 새로운 시대, 그 중심에 AI가 있었다.

4.3
정의의 새로운 눈: AI 판사 보조관의 등장

늘 과중한 업무

서울중앙지방법원, 2027년 봄.

판사 김정우는 산더미 같은 서류 앞에서 한숨을 내쉬었다. 그의 책상 위에는 처리해야 할 사건 파일들이 가득했다.

"이러다간 영원히 밀릴 거야…." 정우가 중얼거렸다.

그때 문을 두드리는 소리가 들렸다. 법원 행정처의 이수민 과장이었다.

"판사님, 새로운 AI 판사 보조 시스템 'JusticeAI'를 도입하기로 했습니다. 내일부터 시범 운영에 들어갑니다."

다음 날, 정우는 의심 가득한 눈으로 JusticeAI를 바라보았다. "기계가 어떻게 복잡한 법적 판단을 할 수 있다는 거지?"

수민이 설명했다. "JusticeAI는 수백만 건의 판례와 법령을 학습했습니다. 사건의 핵심 쟁점을 파악하고, 관련 판례를 제시하며, 가능한 판결 방향을 제안할 수 있어요."

정우는 반신반의하며 첫 사건을 입력했다.

놀랍게도 JusticeAI는 순식간에 사건의 핵심을 정확히 짚어냈다. 관련 법령과 판례를 제시하고, 세 가지 가능한 판결 방향을 제안했다.

정우는 감탄했다. "이건… 정말 대단한데?"

수민이 미소 지었다. "게다가 JusticeAI는 24시간 작동합니다. 밤새 사건을 분석하고 아침에 보고서를 제출하죠."

몇 주가 지나자 법원의 업무 효율성이 크게 향상되었다. 사건 처리 속도가 빨라졌고, 판사들은 더 복잡한 법리 해석에 집중할 수 있게 되었다.

한 기자회견에서 대법원장이 발표했다. "JusticeAI의 도입으로 사법 서비스의 질이 크게 개선되었습니다. 시민들은 더 빠르고 일관된 판결을 받을 수 있게 되었습니다."

그러나 얼마 지나지 않아 문제가 발생했다. JusticeAI가 제안한 판결 방향이 특정 집단에 불리하게 편향되어 있다는 의혹이 제기된 것이다.

시민 단체들이 항의했다. "AI가 과거의 편견을 그대로 학습한 것 아닙니까? 이는 새로운 형태의 차별입니다!"

정우는 깊은 고민에 빠졌다.

인간의 판단 가치

법원은 긴급 회의를 소집했다. 정우가 발언했다.

"JusticeAI는 훌륭한 도구입니다. 하지만 우리는 그것을 맹신해서는 안됩니다. 우리의 역할은 AI의 제안을 비판적으로 검토하고, 인간의 지혜와 윤리를 더해 최종 판단을 내리는 것입니다."

대법원장이 동의했다. "그렇습니다. AI는 우리의 보조 수단일 뿐, 최종 판단은 인간 판사가 해야 합니다. 우리는 JusticeAI의 알고리즘을 더욱 투명하게 만들고, 지속적으로 편견을 제거해 나가야 합니다."

몇 달 후, 개선된 JusticeAI가 도입되었다. 이제 시스템은 판결 제안 시 그 근거를 상세히 설명하고, 가능한 편견을 명시적으로 경고했다.

판사들은 AI의 제안을 참고하되, 각자의 양심과 법리 해석을 통해 최종 판결을 내렸다. 시민들의 신뢰도 점차 회복되기 시작했다.

정의의 새로운 길

2년 후, 정우는 로스쿨에서 강연을 하고 있었다.

"AI는 우리에게 정의의 새로운 눈을 제공했습니다. 하지만 진정한 정의는 기계의 정확성과 인간의 지혜, 그리고 우리 사회의 가치가 조화를 이룰 때 실현됩니다. 미래의 법조인 여러분, 여러분의 책임이 더욱 막중해졌습니다."

강의실은 미래의 법조인들의 열기로 가득 찼다. 그들의 눈에는 정의의 새로운 시대를 향한 희망이 빛나고 있었다.

이 이야기는 AI 판사 보조 시스템의 도입이 미치는 영향을 상상하게 해준다. 즉 앞으로 AI가 판례 분석과 판결 방향 제시를 통해 법원의 업무 효율성을 크게 높이게 될 거라 생각된다. 이는 신속한 사법 서비스가 가능해지는 효과를 발생시키는데 사건 처리 속도가 빨라져 시민들이 더 빠른 판결을 받을 수 있게 된다는 뜻이다. 또한 AI의 분석으로 판결의 일관성이 높아진다. 특히 어렵고 복잡하고 인륜의 반영이 필요한 사건이 아닐 경우 더더욱 그럴 것 같다.

하지만 또한 편견과 윤리적 문제가 발생할 수 있다. AI의 판단이 과거의 편견을 반영할 수 있다는 문제가 제기될 수 있다는 것이다. 이는 편향된 내용의 데이터를 학습한 AI가 마주칠 수 있는 문제이기도 하다. 결국은 인간 판사의 역할 재정립이 필요한데 이는 AI는 보조 수단일 뿐, 결국 최종 판단은 인간 판사의 몫임을 강조하게 될 것이다.

새로운 시대에는 법조인의 새로운 역할이 필요하다. AI 시대의 법조인들은 기술을 이해하고 활용하면서도 인간의 지혜와 윤리를 적용해야 하는 새로운 책임을 갖게 될 것이다.

4.4
AI 기반 집단 소송 플랫폼의 등장 가능성

AI 시대에서의 법률 관련 서비스의 혁신은 비단 법률 산업 종사자에게만 적용되지는 않을 것 같다. 일반 시민에게도 적용될 수 있는 방안이 얼마든지 있다.

소비자 권익 보호를 위한 AI 기반 집단 소송 플랫폼의 등장 가능성이 바로 그것이다. 이 플랫폼은 SNS와 뉴스 기사를 실시간으로 모니터링하여 잠재적인 집단 소송 사례를 발굴하고, 피해자들을 자동으로 모집할 수 있는 플랫폼이다.

정의의 군단: AI와 시민들의 반란

서울의 한 아파트 단지, 2027년 여름.
"또 수돗물에서 이상한 냄새가 나요!" 주민 김미영 씨의 호소에 이웃들이 하나둘 모여들었다.
"우리 애들은 피부병까지 생겼어요." "구청에 민원 넣어 봤자 소용없어요." "소송이라도 해야 하나…."

그때 젊은 주민 이준호가 끼어들었다. "여러분, 'JusticeWave'라는 앱 들어 보셨어요? AI가 집단 소송을 도와준대요!"

다음 날, 주민 센터에 모인 50여 명의 주민들. 준호가 JusticeWave 앱을 시연했다.

"자, 우리 상황을 입력해 볼게요."

화면에 질문들이 나타났다.

- 문제의 내용은?
- 언제부터 발생했나요?
- 피해 증상은?

주민들이 하나씩 대답할 때마다 AI가 정보를 분석했다.

갑자기 앱이 알림을 띄웠다. "유사 사례 발견! 2025년 부산 해운대구 수질 오염 집단 소송. 승소 확률 75%."

주민들의 눈이 반짝였다.

AI의 판례에 대한 조언

JusticeWave는 놀라운 속도로 관련 법규와 판례를 분석했다.

"수질 오염의 책임 소재: 지자체 60%, 수도사업본부 40%." "예상 배상 금액: 1인당 500만 원~1000만 원." "필요한 증거 자료: 수질 검사 결과, 의료 진단서, 피해 사진."

미영이 감탄했다. "와, 변호사보다 더 자세히 알려 주네요!"

준호가 웃으며 말했다. "게다가 비용은 10분의 1도 안 된답니다."

디지털 시민 연대

JusticeWave는 단순한 법률 자문을 넘어 소송 참여자들을 연결해 주었다. 앱 내 커뮤니티가 형성되어 주민들은 실시간으로 정보를 공유하고 서로를 격려했다.

전국 각지에서 비슷한 피해를 입은 사람들이 이 소송에 동참하기 시작했다. 처음 50명이었던 참여자가 어느새 5,000명을 넘어섰다.

"이제 우리는 혼자가 아니에요!" 미영의 눈에 눈물이 고였다.

갑작스러운 대규모 집단 소송에 정부와 지자체는 당황했다. 한 고위 공무원이 기자회견을 열었다.

"AI가 무분별하게 소송을 부추기고 있습니다. 이는 사법 체계를 혼란에 빠뜨릴 수 있어요."

하지만 시민들의 반응은 달랐다. "이제야 우리 목소리를 낼 수 있게 됐어요!" "AI는 우리의 권리를 지켜 주는 편이에요."

소셜 미디어에서 '#AI정의군단'이라는 해시태그가 트렌드에 올랐다.

법정의 대결

재판이 시작되었다. JusticeWave는 재판 과정을 실시간으로 분석하며 최적의 전략을 제시했다.

판사가 물었다. "이렇게 많은 원고들의 주장을 어떻게 다 검토할 수 있겠습니까?"

원고 측 변호사가 자신 있게 대답했다. "AI 분석을 통해 모든 원고의 상황을 유형화하고 대표 케이스를 선정했습니다. 각 유형별 상세 자료도 준비되어 있습니다."

판사는 감탄했다. "놀랍군요. 이렇게 체계적으로 준비된 집단 소송은 처음 봅니다."

마침내 판결의 날이 왔다.

"원고 승소를 선고합니다. 피고 측은 원고들에게 적절한 배상을 해야 할 것입니다."

법정 안팎에서 환호성이 터져 나왔다. JusticeWave 앱에는 축하 메시지가 넘쳐났다.

준호가 외쳤다. "우리가 해냈어요! AI와 시민의 힘으로!"

새로운 리얼타임 시민 참여 시대

1년 후, 미영은 깨끗한 수돗물을 받으며 미소 지었다. TV에서는 뉴스가 나오고 있었다.

"JusticeWave의 성공 이후, 다양한 사회 문제에 대한 집단 소송이 활성화되고 있습니다. 환경, 소비자 권리, 노동 문제 등 다양한 분야에서 시민들의 목소리가 커지고 있습니다."

미영은 생각했다. 'AI가 우리에게 힘을 줬어. 이제 우리는 더 이상 약자가 아니야.'

그녀의 스마트폰에서 JusticeWave 알림이 울렸다. "새로운 환경 캠페

인에 참여하시겠습니까?"

미영은 망설임 없이 '참여하기' 버튼을 눌렀다. 정의를 향한 새로운 여정이 시작되고 있었다.

이 스토리는 AI 기반 집단 소송 플랫폼의 등장으로 얼마나 쉽게 일반 시민들도 법적 대응을 할 수 있게 되는지를 알려 준다. 동시에 정보의 민주화가 쉽게 이루어진다는 것을 말해 준다. 즉 AI가 복잡한 법률 정보를 이해하기 쉽게 제공하고 증거 수집부터 전략 수립까지 체계적으로 지원하게 되어 전국의 피해자들을 쉽게 연결하여 큰 영향력을 만들어 낼 수 있다는 것이다.

이로 인해 시민들의 권리 의식이 높아지고, 다양한 사회 문제에 대한 대응이 활성화될 수 있게 되면 정부와 기업들은 이러한 변화에 적응해야 하는 과제를 맞닥뜨리게 될 것이다. 즉 AI를 활용한 법적 대응이 새로운 형태의 시민 운동으로 발전하게 되는 것이다.

이 스토리는 AI 기술이 어떻게 법률 시스템을 민주화하고 시민들에게 힘을 실어 줄 수 있는지를 보여 주며, 이로 인한 사회적 변화의 가능성을 제시한다.

5

컨설팅 산업: AI가 주도하는 인사이트의 혁명

컨설팅 산업은 기업과 조직에 전문적인 조언과 해결책을 제공하는 지식 집약적 서비스 분야이다. 전통적으로 이 산업은 고도의 전문성, 풍부한 경험, 그리고 인적 네트워크를 바탕으로 운영되어 왔다. 대형 컨설팅 기업들은 다양한 산업 분야에 걸친 광범위한 지식과 경험을 보유한 컨설턴트들을 통해 고객사의 문제를 진단하고 해결책을 제시해 왔다. 그래서 컨설팅사 파트너들은 늘 높은 연봉과 워크앤 라이프 밸런스 없는 끊임없는 노동력을 과시함으로써 업계의 자자한 명성을 유지해 왔다. 적어도 AI가 이 컨설팅 시장에 등장하기 전까지는.

그러나 최근 들어 빅데이터와 AI 기술의 발전으로 컨설팅 산업도 변화의 바람을 맞이하고 있다. 데이터 기반의 의사결정이 강조되면서 컨설팅 기업들도 AI와 데이터 분석 도구를 다양하게 활용하기 시작했다. 이제 생성형 AI의 등장은 컨설팅 산업에서 더욱 근본적인 변화를 만들고 있다.

5.1
데이터 너머의 AI 통찰력

"상무님, 이번 분기 데이터 분석 결과가 나왔습니다."

액센츄어의 배 파트너가 김 상무의 사무실로 들어섰다. 그의 태블릿에는 수천 개의 데이터 포인트가 실시간으로 업데이트되고 있었다.

"흥미로운 패턴이 발견됐습니다. 우리가 개발한 AI 분석 시스템이 지난 3년간의 고객 행동 데이터에서 전혀 예상치 못한 상관관계를 찾아냈어요."

김 상무는 자리에서 일어나 배 파트너의 화면을 들여다보았다. 화면에는 복잡한 그래프와 차트들이 펼쳐져 있었지만, AI가 제시한 인사이트는 놀라울 정도로 명확했다.

"이걸 보세요. AI가 고객들의 구매 패턴과 날씨 데이터, 소셜 미디어 트렌드를 교차 분석했더니, 우리가 미처 발견하지 못한 새로운 시장 기회가 보입니다."

배 파트너는 화면을 가리키며 설명을 이어 갔다.

"날씨가 흐리고 기온이 떨어지는 날이면, 20-30대 여성들의 온라인 쇼핑몰 체류 시간이 평균 47% 증가하는데, 특히 인스타그램에서 '힐링' 관련 해시태그 검색이 급증하는 시점과 맞물립니다. 더 놀라운 건, 이런 날들에 홈케어 제품과 프리미엄 디저트 구매가 평상시 대비 2.8배 늘어난다는 거죠. AI는 이런 패턴을 바탕으로 날씨 예보와 연계한 맞춤형 마케팅 전략을 제안했습니다."

김 상무의 눈이 빛났다. 지난 20년간 그가 직접 수행했던 데이터 분석으로는 결코 발견할 수 없었던 패턴이었다. AI는 단순히 많은 양의 데이터를 처리하는 것을 넘어, 인간의 편향 없이 새로운 관점에서 데이터를 바라보고 있었다.

"이제 우리는 데이터를 보는 게 아니라, 데이터가 들려주는 이야기를 듣는 거군요."

김 상무가 말했다. 그의 목소리에는 경이로움이 묻어났다.

"맞습니다. AI는 우리의 새로운 렌즈가 되어 주고 있어요. 이제는 과거의 패턴을 분석하는 것을 넘어, 미래의 트렌드도 예측할 수 있게 됐습니다."

배 파트너는 화면을 넘기며 계속 설명했다. AI가 제시한 예측 모델은 놀라울 정도로 정확했고, 이는 비즈니스 의사결정에 중요한 변화를 가져올 것이 분명했다.

"이것이 바로 우리가 기다려 온 통찰력이군요. 데이터는 언제나 그곳에 있었지만, 이제서야 우리는 그것을 제대로 이해한 것 같네요."

김 상무의 말에 배 파트너는 고개를 끄덕였다. 그들은 이제 데이터 분석의 새로운 시대가 시작되었음을 깨달았다. AI는 단순한 도구가 아닌, 인간의 통찰력을 증폭시키는 파트너가 되어 있었다.

5.2
실시간 분석 의사결정의 혁신

AI의 새로운 지평 결정의 순간

허광은 파트너의 맥킨지 사무실 스크린에는 빨간색 경고 메시지가 깜빡였다.

"파트너님, AI 시스템이 긴급 알림을 보냈습니다."

주임 컨설턴트가 다급히 보고했다. 그들이 담당하는 글로벌 전자기업 클라이언트의 공급망에서 이상 징후가 감지된 것이었다.

"AI가 동남아시아 지역의 반도체 공장들에서 특이한 패턴을 발견했습니다. 현재 시각 기준으로 지난 4시간 동안 생산량이 평균 대비 15% 감소했고, 동시에 주요 부품 공급업체들의 주가가 갑자기 3% 하락했습니다."

허 파트너는 즉시 AI 대시보드를 열었다. 시스템은 이미 수백 개의 뉴스 피드, SNS 데이터, 위성 사진, 그리고 IoT 센서 데이터를 실시간으로 분석하고 있었다.

"여기 봐요. AI가 태풍 발생 가능성과 현지 노동자들의 파업 움직임을 동시에 포착했네요. 이대로 가면 2주 내에 심각한 공급망 차질이 예상됩니다."

AI는 단순한 경고를 넘어 즉각적인 대응 시나리오를 제시했다:
- 중국 쓰촨성 대체 공장으로의 즉시 생산 이전(가동률 75%)
- 멕시코 협력사와의 긴급 계약 체결(48시간 내 가능)
- 항공 물류로의 일시적 전환(비용 증가 예상 12%)

"놀랍군요. 과거라면 이런 위기 징후를 발견하고 대응 방안을 마련하는 데 최소 일주일은 걸렸을 텐데…."

허 파트너는 곧바로 클라이언트에게 연락했다. 화상회의가 시작되자 AI는 실시간으로 각 대응 시나리오의 비용 편익 분석과 리스크 평가를 제공했다.

"우리가 제안하는 세 가지 시나리오 중, AI는 멕시코 협력사 활용을 최우선으로 추천합니다. 초기 셋업 비용은 높지만, 장기적으로 물류비용 절감과 시장 다변화 효과를 기대할 수 있기 때문이죠."

클라이언트는 30분 만에 의사결정을 마쳤다. 과거에는 상상도 할 수 없었던 속도였다.

"이제 컨설팅의 패러다임이 완전히 바뀌었네요." 허 파트너가 말했다.

"우리는 더 이상 과거 데이터에 기반한 사후 분석이 아닌, AI와 함께 실시간으로 미래를 예측하고 대응하는 시대를 살고 있습니다."

그의 모니터에는 이미 다음 프로젝트를 위한 AI의 새로운 인사이트가 올라오고 있었다.

생성형 AI가 컨설팅업계에 가져올 주요 변화는 처리해야 하는 업무의 속도와 양의 변화이다.

기본적으로 AI는 방대한 양의 데이터를 신속하게 분석하여 인간이 발견하기 어려운 패턴과 인사이트를 손쉽게 도출할 수 있게 해 준다. 동시에 AI는 시장 변화와 기업 내부 데이터를 실시간으로 분석하여 즉각적인 의사결정을 지원할 수 있게 해 준다.

그리고 AI는 늘 고민스러웠던 미래 예측 모델링의 정확도 또한 향상시킨다. AI는 복잡한 변수들을 고려한 정교한 예측 모델을 구축하여 미래 시나리오를 더욱 정확하게 예측할 수 있게 한다. 그동안 몬테카를로 시뮬레이션으로 막대한 컴퓨터 하드웨어 장비와 분석 데이터를 기반으로 했던 값비싼 애플리케이션의 탑재가 필요 없게 된다.

또한 AI는 각 고객사의 특성과 상황을 정밀하게 분석하여 더욱 맞춤화된 솔루션을 제안할 수 있게 해 주는데 여기에는 AI가 컨설팅 기업의 축적된 지식과 경험을 효과적으로 관리하고 활용할 수 있게 해 준다.

AI는 수천 개의 과거 프로젝트 문서와 보고서를 자동으로 분석하여 체계적인 데이터베이스를 구축하며, 이를 통해 유사 케이스 간의 연관성을 파악하고 성공/실패 요인을 도출할 수 있게 해 준다.

새로운 고객의 프로젝트 결과와 시장 변화를 실시간으로 기존 지식체계에 통합하면서 특히 베테랑 컨설턴트들의 단절되고 암묵적인 지식들도 체계화된 형식과 데이터로 전환하여 신규 컨설턴트들의 역량 강화에도 효과적으로 활용할 수 있게 된다. 이러한 AI의 지식관리 능력은 컨설팅 기업의 서비스 품질을 높이고 일관성 있는 고품질 솔루션 제공을 가능하게 한다.

5.3
미래를 보는 눈을 장착하라!

"정 수석, 마켓센스가 흥미로운 패턴을 발견했어요."

이민지 시니어 컨설턴트가 정태영 수석 컨설턴트의 사무실로 들어섰다. 그녀의 태블릿에는 복잡한 그래프들이 실시간으로 업데이트되고 있었다.

"우리가 담당하는 화장품 기업의 향후 시장 예측인데… 마켓센스가 지금까지와는 완전히 다른 시나리오를 제시하고 있어요."

정태영은 안경을 고쳐 쓰며 화면을 주시했다. 마켓센스는 지난 24시간 동안 전 세계 SNS 게시물 300만 건, 50개국의 경제 지표, 2,000개의 뷰티 브랜드 데이터를 분석한 결과를 보여 주고 있었다.

"여기 보세요. 향후 3년 내에 Z세대의 화장품 소비 패턴이 급격히 변할 거라고 예측하고 있어요. 환경 친화적 제품에 대한 수요는 2배 이상 증가하고, 개인 맞춤형 제품의 시장 점유율이 45%까지 상승할 거라고 합니다."

"흠… 이런 변화가 정말 올까?"

"신뢰도가 95%예요. 마켓센스는 이미 중국과 동남아 SNS에서 이런 트렌드의 초기 신호를 포착했고, 주요 화장품 기업들의 R&D 투자 방향도 이와 일치합니다."

정태영은 자리에서 일어나 화이트보드 앞으로 걸어갔다. 마켓센스의 예측은 그들의 기존 전략과는 상당히 다른 방향을 제시하고 있었다.

"AI의 예측이 맞다면, 우리 고객사는 지금 당장 생산 라인 재편을 시작해야 해요. 3년 후면 늦습니다."
"맞아요. 마켓센스는 이미 최적의 전환 시나리오도 도출했습니다. 초기 투자비용은 크지만, 5년 후 시장 점유율은 현재의 1.8배까지 성장할 수 있다고 봅니다."

두 컨설턴트는 마켓센스가 제시한 데이터를 하나하나 검토하기 시작했다. AI는 단순한 시장 예측을 넘어, 각 시나리오에 대한 리스크 분석과 대응 전략까지 제시하고 있었다.

"이제 우리는 정말 미래를 보는 눈을 가지게 된 것 같네요." 정태영이 미소를 지으며 말했다.
"네, 하지만 더 중요한 건 이 눈으로 본 미래를 어떻게 현실로 만들어 갈지를 결정하는 거죠."

이민지가 답했다.

그들의 모니터에는 이미 다음 분기 시장 변화에 대한 새로운 신호들이 끊임없이 업데이트되고 있었다.

이 이야기에서 등장하는 AI 기반 시장 예측 시스템은 경제 지표, 소비자 트렌드, 소셜 미디어 데이터 등을 실시간으로 분석하여 향후 3~5년간의 시장 변화를 예측한다. A사의 컨설턴트들은 이 시스템을 활용해 고객사에게 더욱 정확한 미래 전략을 제시할 수 있게 되는 것이다.

또한 AI는 기업의 재무 데이터, 시장 상황, 경쟁사 정보 등을 분석하여 맞춤형 전략을 제안할 수도 있게 될 것이다. 24시간 대화형 인터페이스를 통해 기업 경영자들의 질문에 답변하며, 필요시 인간 전문가와의 연결도 그들이 깨어 있는 시간에는 지원하게 될 것이다.

이 AI 컨설팅의 혁신은 AI 기반의 조직 최적화 시스템에도 적용될 수 있다. 인사 컨설팅 분야의 혁신을 가져올 AI 시스템은 기업의 인사 데이터, 업무 프로세스, 직원 설문 결과 등을 종합적으로 분석하여 최적의 조직 구조와 인력 배치 방안을 제시해 준다. 이 시스템은 시뮬레이션을 통해 다양한 조직 개편 시나리오의 결과를 예측할 수 있어, 보다 과학적인 인력 운영과 배치에 대한 의사결정을 가능하게 할 것이다. 늘 말이 많고 탈이 많은 조직 구성과 배치에 AI가 냉정함을 가지고 참여하는 시대가 오게 되는 것이다.

M&A 자문 컨설팅 서비스 시장에도 AI가 주도적인 파워를 보이기 시작하였다. 대형 투자은행들은 AI를 활용한 M&A 자문 서비스를 시작했다. AI는 잠재적 인수 대상 기업의 재무 상태, 시장 위치, 기술력 등을 종합적

으로 분석하여 최적의 인수 대상과 가격을 추천한다. 또한, 인수 후 시너지 효과와 리스크도 정량적으로 분석하여 제시해 줄 수 있는 것이다.

생성형 AI는 방대한 양의 데이터 처리 및 분석에 의존하는 산업을 지원하는 데 특히 적합하다. 그렇기 때문에 금융 서비스, 특히 M&A와 같은 자본 거래 관리는 복잡하고 시간에 민감한 업무 특성으로 인해 상당한 이점을 누릴 수 있다. 예를 들어, 기업을 사고파는 경우 M&A 프로세스에서 가장 어려운 부분은 잠재적 투자자나 구매자가 검토하는 데 필요한 파일을 구성하고 준비하는 것이다. AI는 이 프로세스를 크게 간소화하는 데 도움이 될 수 있다. M&A를 이해하는 AI 알고리즘은 거래 데이터를 조사하고 파일에 대한 카테고리와 적절한 폴더 위치를 제안하여 몇 주가 걸리던 분석 활동을 단 몇 분 만에 완료되는 활동으로 전환할 수 있게 된 것이다.

거래 담당자들은 특히 AI 기반 문서 분석이 정보 처리를 상당히 가속화할 수 있다는 사실에서 프로세스와 효율성을 개선하는 AI 능력의 이점을 이미 확인했다. 실제로, 데이터 사이트 조사에 의하면 미국, 영국, 독일, 프랑스의 500개 글로벌 딜메이커 담당자들은 생산성을 비즈니스에 AI를 사용함으로써 얻을 수 있는 가장 큰 이점으로 보고 있다.

AI는 또한 거래 프로세스의 다른 부분을 더욱 효율적으로 만들고 있다. 예를 들어, AI는 방대한 데이터셋과 시장 동향을 분석하여 잠재적인 M&A 대상을 식별하는 데 도움을 줄 수 있으며, 특히 프로그래밍 방식의 M&A 전략을 추구하는 사람들에게 유용하다. 폐쇄적이고 안전한 플랫폼

내에서 익명화된 사모 펀드 및 기타 거래 활동을 지원함으로써 일부 AI 기반 애플리케이션은 이미 거래 담당자가 더 좋고 더 빠른 거래 목표를 달성하도록 돕고 있다.

또한 AI는 과거 데이터와 시장 요인을 기반으로 객관적인 분석을 제공하여 가치 평가 프로세스를 지원할 수도 있다. 그러나 AI는 가치 평가의 정확성과 효율성을 향상시킬 수 있지만, 특히 정성적 요인 평가와 예측에서는 인간의 판단이 여전히 필수적이다.

또한 AI는 반복적이고 시간이 많이 걸리는 작업을 자동화함으로써 거래 담당자가 전략적 수준의 결정과 창의적인 사고에 집중할 수 있도록 지원한다. 실제로 AI와 인간 참여 사이의 균형을 유지하는 것은 생산성과 결과를 극대화하는 데 매우 중요하다.

그러나 AI의 잠재적 이점에 대한 이러한 인식에도 불구하고 M&A 업계에서는 친숙함과 채택 사이에 여전히 격차가 있다. 많은 딜메이커들이 개인적으로 기술의 이점을 얻었다고 말했지만, 그들 중 60%는 자신의 조직에서 AI 채택률이 낮거나 아직 실험적으로만 사용하고 있다고 말했다. 게다가 70%의 글로벌 딜메이커는 데이터 개인 정보 보호 및 보안, 일자리 대체, 품질 관리, 지적 재산 및 편견에 대한 우려를 이유로 AI 기술이 기존 프로세스에 통합되기 전에 규제되기를 원한다고 답변하기도 하였다.

변화가 두려운 사람들은 늘 있고 변화에서 생길 리스크를 찾아보려고 한다. 하지만 AI 주도의 세상은 큰 파도와도 같다. (출처: UNITED AI)

5.4
컨설턴트의 AI 운영 능력 시험

AI의 도입으로 데이터 분석이나 보고서 작성 등 일부 업무가 자동화되면서 기존 컨설턴트들의 역할 변화가 불가피하게 된 상황이다.

특히 데이터 분석과 보고서 작성 등 전통적인 컨설턴트의 업무 영역이 AI에 의해 자동화되면서, 컨설턴트의 역할과 가치 제안에 대한 재정의가 시급한 상황이다.

이러한 변화에 대응하기 위해서는 먼저 컨설턴트들의 AI 활용 능력을 강화하는 것이 필수적이다. Power BI나 Tableau 같은 데이터 시각화 도구부터 ChatGPT, Claude 등 최신 생성형 AI 도구까지, 다양한 AI 솔루션을 효과적으로 활용할 수 있는 능력이 필요해진 것이다. 더불어 데이터 리터러시 교육을 통해 AI가 제공하는 분석 결과를 정확하게 해석하고 검증할 수 있는 역량도 갖추어야 한다.

그러나 단순한 AI 도구의 활용을 넘어, 인간 고유의 차별화된 역량을 강화하는 것이 더욱 중요하다. 데이터 기반의 인사이트를 비즈니스 전략으로 연결하는 전략적 사고력, 기존 프레임워크를 뛰어넘는 창의적 문제 해결 능력, 그리고 고객의 숨은 니즈를 파악하고 공감할 수 있는 감성 지능이 미래 컨설턴트의 핵심 역량이 될 것이다.

5.5
수지구 신선마트와 쿠팡의 대결

2023년 초, 용인시 수지구 신선마트 임태준 대표의 책상 위에는 암담한 숫자들이 가득했다. 새벽배송과 로켓배송으로 무장한 쿠팡이 동네 상권을 장악하면서, 매달 20%씩 매출이 감소하고 있었다.

"이제 누가 동네 슈퍼마켓에 올까요? 클릭 한 번에 새벽에 배송해 주는데…."

직원들의 한숨 섞인 목소리가 들려왔다.
이때 경영 컨설턴트 김재원은 독특한 질문을 던졌다.

"고객들이 쿠팡에서 살 수 없는 것은 무엇일까요?"

처음에는 모두가 어리둥절했다. "가격은 쿠팡이 싸고, 배송은 쿠팡이 빠르고, 상품 종류도 쿠팡이 물론 많지요." 하지만 김 컨설턴트는 AI 분석 결과를 보며 미소를 지었다.

"하지만 여기 매장에서만 발견되는 특별한 패턴이 있어요. 고객들이 가장 오래 머무는 곳이 신선식품 코너인데, 특이하게도 구매 시간의 3배를 대화하는 데 쓰고 계시더군요. 쿠팡은 최고의 물류 시스템을 가졌지만, '관계'는 배송할 수 없습니다."

"관계는 배송 못 한다고요?"

"임 대표님, 혹시 손님들과 나누신 대화 중에 기억나는 게 있으신가요?"

김재원 컨설턴트의 질문에 임태준 대표는 잠시 생각에 잠겼다. 임 대표의 머릿속에 불쑥 무엇인가가 스치는 생각이 있었다.

"글쎄요… 아… 어제 아이파크에 사시는 박 씨 할머니께서 재미있는 말씀을 하셨어요. '여기 오는 게 일주일 중 가장 행복한 시간'이라고요. 과일 고르면서 이런저런 이야기도 나누고, 다른 단골손님들도 만나고…."

김재원 컨설턴트의 눈이 반짝였다. 차가운 데이터 속에서 발견하지 못했던 따뜻한 진실이 임 대표의 이야기 속에 있었다.

"네. 그럼 저희는 사람들 간의 관계를 한번 팔아 보죠."

김재원 컨설턴트는 먼저 AI 분석 도구를 활용해 고객 데이터를 심층 분석했다. 그러나 그녀가 주목한 것은 차가운 숫자 너머에 있는 따뜻한 이야기였다. 매장을 20년 넘게 이용해 온 단골 고객들의 쇼핑 패턴에서 특별한 점을 발견한 것이다. 이들은 단순히 물건을 사러 오는 것이 아니라,

이웃들과 만나고 일상을 나누는 커뮤니티 공간으로 신선마트를 이용하고 있었던 것이다.

이 통찰을 바탕으로 김 컨설턴트는 파격적인 전략을 제안했다.
우선 매일 아침 신선한 채소와 과일을 들여오며 단골 고객들과 대화를 나누던 산지 직거래 코너는 이제 '아침 농부 클래스'가 되어 고객들이 직접 산지 농부들과 소통하고 제철 식재료에 대해 배우는 공간이 되었다.
그리고 매장의 3분의 1을 '이웃의 부엌'이라는 커뮤니티 공간으로 리모델링하자는 것이었다. 처음에는 매장 축소를 우려하는 목소리도 있었지만, 실행 결과는 놀라웠다.
매일 아침 산지 직송 채소가 도착하면, 임 대표는 당일 배송된 신선한 채소를 재배한 농부들을 소개하는 이야기를 들려주었다.

"오늘 상추는 양평에서 저희가 계약한 김 씨네 농부 집에서 새벽 이슬 맞고 자란 걸 처음으로 수확해 온 거예요. 쌉쌀한 끝맛이 아주 좋아요.
내일 아침에는 같은 농장에서 재배한 표고버섯도 가져올 겁니다. 김 씨네 대표가 자기네 식구들만 먹으려고 정성껏 농사지은 건데 다 가져온답니다. 내일도 나오세요, 할머니!"

또한, 빅데이터 분석 결과 매장 인근 1인 가구가 급증하고 있다는 점에 착안하여, '이웃의 부엌'이라는 신개념 서비스도 도입했다. 퇴근길에 들러 신선한 식재료로 함께 요리하고 나눠 먹을 수 있는 공유 주방 겸 다이닝 공간을 만든 것이다. 평일 저녁마다 이 공간은 혼자 사는 직장인들과 평생을 간직한 요리 솜씨를 전달할 노인들로 북적였고, 자연스럽게 세대 간 교류의 장이 되었다.

쿠팡 새벽배송으로 식재료를 보내 줄 순 있지만, 함께 요리하고 나누는 즐거움은 줄 수 없었다. 특히 젊은 1인 가구들에게 퇴근 시 들르는 이곳은 단순한 식사 공간이 아닌, 하루의 피로를 풀고 이웃과 소통하는 작은 안식처가 되었다.

놀라운 변화가 일어났다. 1년 후, 신선마트 반경 1km 내에서 쿠팡 주문량은 30% 감소한 반면, 신선마트의 매출은 오히려 50% 증가했다. 특히 신선식품 부문에서는 쿠팡 새벽배송과 비교해 두 배 높은 성장률을 기록했다.

"우리는 원래 쿠팡과 경쟁하는 게 아니었어요. 그들이 줄 수 없는 것을 준 거죠."

임태준 대표의 말처럼, 신선마트는 단순한 유통 매장이 아닌, 지역 공동체의 중심으로 거듭났다.
"그리고 이분이 큰 역할을 했죠."
임태준 대표는 이렇게 말하며 김재원 컨설턴트에게 공을 돌렸다.

"아니에요, 저는 그냥 미국 유학 시절 트레이더 조에서 느꼈던 인간미가 생각이 났던 거예요. 하하."

온라인 판매도 하지 않고 배송도 해 주지 않고 고객 카드도 없고 할인도 안 하는데 아마존이 주도하는 AI 물류 시대에도 미국에서 고객 충성도가 제일 높은 잘나가는 소매점이 '트레이더 조'이다.

특히 2024년 트레이더 조의 김밥 열풍이 한국에 알려진 이후 한국인들에게 더 유명해진 곳이다.

(출처: 구글 이미지)

이곳의 성공 비결은 단순하다.
'고객 경험에 집중하고 팔 물건에 집중하는 것'이다.

트레이더 조의 매장은 대부분 경쟁 마트보다 공간이 좁다. 대부분 도심

내에 있기 때문이다. 따라서 이 회사는 판매하는 상품 수(SKU)를 경쟁사의 10분의 1 수준인 4,000개만 선보이고 있다. 10개 브랜드의 케첩을 진열하는 대신, 소비자가 좋아할 만한 상품 하나만 두고 전량 파는 식인 것이다.

이러한 방식은 고객이 선택을 더 쉽게 하도록 도와준다. 소비자들이 한 가지 품목에 대해 더 많은 종류의 제품을 원하지 않느냐는 의문이 제기될 수 있으나 실제 소비자들은 선택의 폭이 너무 넓으면 '선택의 역설'에 빠져 자신의 선택에 대한 확신이 들지 않아 만족감과 구매 확률이 낮아질 가능성이 높은 이유도 있다고 한다.

그리고 트레이더 조는 다른 업체와는 차별화된 운영 방식을 가지고 있는데 항상 트레이더 조의 매장은 마음씨 좋은 이웃이 운영하는 작은 식품점 같은 분위기를 낸다는 것이다. 소비자에게 아담한 농촌 시장에서 구매하는 기분이 들게 하는 것이다.

트레이더 조에서는 이 제품의 원산지가 어디인지 등 상품에 얽힌 이야기 등을 담아 소비자들이 흥미를 갖고 보물찾기를 하는 기분으로 매장에서 구매할 수 있도록 유도하고 있다. 매장 직원들은 늘 즐거워 보이고 고객을 친구처럼 대한다.

또한 무료로 제공되는 샘플도 많고 커피도 무료로 제공한다. 매장 안에 숨겨 놓은 마스코트를 찾은 어린아이에게는 막대 사탕을 선물로 주기도

(출처: 구글 이미지)

한다. 그래서 트레이더 조의 매장은 늘 오래된 친구처럼 편안하고 따뜻하게 느껴지며 상업적인 기업이라는 느낌이 전혀 들지 않는다.

이런 매장 분위기는 다른 유통업체에서는 경험하기 어려운 것이기 때문에 많은 사람이 트레이더 조의 매장에 오는 것을 결국 즐기게 되는 것이다.

이러한 문제의 성공 요점을 파악한 김재원 컨설턴트의 분석은 AI와 빅데이터는 이 변화 파악의 도구였을 뿐, 진정한 경쟁력은 사람과 사람을 잇는 따뜻한 연결에서 나왔다는 점을 파악한 것이다. AI와 빅데이터는 중요한 통찰의 출발점이 되었지만, 진정한 혁신은 그 너머에 있는 인간적 가치를 발견하고 이를 비즈니스 모델로 구현해 낸 컨설턴트의 전략적 사고에서 비롯되었다.

데이터는 '무엇이 일어나고 있는가'를 보여 주었지만, '왜' 그리고 '어떻게'라는 질문에 대한 답은 인간의 통찰에서 나온 것이다.

결국 이 유통산업에서 글로벌 유통 공룡들과의 경쟁에서 살아남을 수 있는 길은, 역설적으로 가장 아날로그적인 가치의 실현에 있었던 것이다.
"디지털이 지배하는 시대일수록, 사람의 온기가 그리워지는 법이니까요."
이는 AI 시대의 컨설턴트에게 요구되는 전략적 사고의 본질이 결국 '기술을 통한 인간적 가치의 실현'에 있다는 것을 다시 한번 확인시켜 주는 것이다.

6

은행 산업: AI가 재정의하는 금융의 미래

6.1
PB 팀장 김성실의 성실한 하루

은행 산업은 경제의 혈맥 역할을 하는 중요한 분야로, 예금, 대출, 투자, 결제 등 다양한 금융 서비스를 제공해 왔다. 전통적으로 이 산업은 안정성과 신뢰성을 최우선으로 여기며, 보수적인 접근 방식을 취해 왔다. 그러나 최근 들어 핀테크 기업들의 도전으로 결제와 같은 단순한 전통적인 은행 업무들은 그 역할을 잃어 왔다. 전통적인 은행들도 단순한 거래 방식으로 고객들의 변화하는 니즈에 대응하기 위해 디지털 전환을 가속화하고 있다. 하지만 은행 산업이 감수해야 하는 규제 준수나 재무건전성과 같은 요소들로 사업 모델 성장에 한계가 있었던 것들이 사실이다.

모바일 뱅킹, 인터넷 뱅킹 등의 도입으로 지난 20년간 은행 산업은 이미 많은 변화가 일어났지만, 이제 생성형 AI의 등장으로 더욱 혁신적인 변화를 앞두고 있다. AI 기술은 은행의 운영 방식을 근본적으로 바꾸고, 고객 경험을 획기적으로 개선할 잠재력을 가지고 있다.

"손 회장님, 평창동 자택에서 뵙게 되어 영광입니다."

PB 팀장 김성실은 자리에 앉자마자 태블릿을 펼쳤다. 삼성전자 초기 멤버로 시작해 현재 개인 자산이 수백억 원대에 달하는 손 회장은 평소 자산관리에 깊은 관심을 보여 왔다.

"회장님, 최근 글로벌 기술주와 가상자산의 변동성이 심해지면서, 웰스 AI가 흥미로운 포트폴리오 재구성을 제안했습니다."

김 팀장이 화면을 터치하자 손 회장의 자산 포트폴리오가 입체적으로 펼쳐졌다.

"현재 보유하신 미국 나스닥 상장사 지분 중 30%를 프라이빗 뱅킹 상품과 유럽 친환경 에너지 인프라 펀드로 분산하면 수익성과 안정성을 동시에 잡을 수 있다고 분석됩니다."

"뭘 바꾸라는 거지요?"

"현재 보유하신 팔란티어(Palantir) 지분 2만 주와 스포티파이 지분 1만 주를 포함한 나스닥 상장사 포트폴리오 중 30%를 프라이빗 뱅킹 상품과 유럽 친환경 에너지 인프라 펀드로 분산하면 수익성과 안정성을 동시에 잡을 수 있다고 분석됩니다."

손 회장이 관심을 보이자, 김 팀장은
"웰스AI와 직접 대화해 보시겠습니까?"

라며 음성 인터페이스를 활성화했다.

"최근 러우전쟁 종식 이후에 팔란티어와 스포티파이 전망은 어떤가?"

라고 손 회장이 물었고, 웰스AI는 즉시 응답했다.

"팔란티어의 경우, 정부 계약이 53% 증가하며 안정적 성장이 예상됩니다. 특히 AI 관련 사업 확장으로 향후 2년간 30% 이상의 성장이 기대되나, 현재 주가가 관세 전쟁 이후 재반등해 52주 신고가에 근접해 있어 일부 차익 실현을 고려해 볼 시점입니다. 스포티파이는 구독자 수가 전년 대비 15% 증가했으나, 애플 뮤직과의 경쟁 심화로 수익성 개선이 지연되고 있어, 보유 물량의 40%를 유럽 인프라 펀드로 전환하는 것이 리스크 관리에 유리할 것으로 분석됩니다."

"그러한 분석의 근거는?"

"팔란티어는 최근 실적에서 주목할 만한 변화를 보여 주고 있습니다. 미국 정부와의 계약이 지속적으로 확대되어 최근 4분기 연속 정부 부문 매출이 상승세를 보였고, 특히 국방부와 NASA와의 대규모 프로젝트 수주로 정부 계약이 전년 대비 53% 증가했습니다. 여기에 최근 출시한 AI 플랫폼 'AIP'가 시장에서 좋은 반응을 얻으며 마이크로소프트, 아마존과 같은 대형 기술 기업들과의 경쟁에서도 선전하고 있어, 향후 2년간 30% 이상의 고성장이 예상됩니다. 다만 현재 주가가 52주 신고가에 근접해 있어 단기적인 조정 가능성도 고려해야 할 시점입니다.

반면 스포티파이는 성장과 위험이 공존하는 상황입니다. 글로벌 시장에서의 프리미엄 구독자 수가 전년 대비 15% 증가했고, 팟캐스트 등 콘텐츠 다각화 전략도 성공적으로 진행되고 있습니다. 하지만 애플 뮤직이 공격적인 가격 정책을 펼치며 시장 점유율을 높여 가고 있고, 이에 대응하기 위한 마케팅 비용 증가와 콘텐츠 제작 비용 상승으로 수익성이 악화되고 있습니다. 특히 최근 분기 실적에서 드러난 영업이익률 하락과 현금 흐름 악화는 중단기적 리스크로 작용할 수 있어, 보유 물량의 일부를 상대적으로 안정적인 수익이 예상되는 유럽 인프라 펀드로 전환하는 것이 위험 분산 차원에서 바람직해 보입니다."

"그렇군, 나도 비슷한 생각이었는데…. 나도 팔란티어는 많이 올랐다고 생각하던 차였어."

"네, 손 회장님의 통찰력이 정확하십니다. 특히 팔란티어의 경우, AI 붐을 타고 주가가 단기간에 매우 가파르게 상승했죠. 지난 6개월간 약 200% 이상 상승한 점을 고려하면, 일부 차익 실현을 고려해 볼 좋은 타이밍으로 보입니다.

웰스AI도 기술적 분석에서 RSI(상대강도지수)가 과매수 구간에 진입했다고 경고하고 있습니다. 물론 AI 시장의 성장성을 고려하면 장기적 전망은 여전히 긍정적이지만, 회장님처럼 큰 규모의 포지션을 보유하고 계신 경우에는 단계적인 비중 조절이 현명해 보입니다.

혹시 차익 실현을 하신 자금의 재투자 방향에 대해서도 생각해 보셨나요? 웰스AI가 제안한 유럽 인프라 펀드 외에도 몇 가지 흥미로운 대안들을 검토해 볼 수 있을 것 같습니다."

김성실 PB 팀장은 곧바로 새로운 투자 수익 포트폴리오를 웰스AI를 통해 만들었다.

"회장님, 웰스AI가 회장님의 투자 성향과 시장 상황을 고려해 세 가지 흥미로운 대안을 제시했습니다."

김 팀장이 태블릿을 손 회장 쪽으로 돌리며 말을 이었다.

"첫째는 최근 리오틴토, BHP 등 글로벌 광물기업들이 주도하는 희토류 관련 프라이빗 펀드입니다. AI 산업 성장으로 중국산 대체 희토류 수요가 늘어날 것이라는 점을 겨냥한 상품이죠.
둘째는 노르웨이 국부 펀드가 운용하는 북유럽 신재생 에너지 인프라 프로젝트입니다. 7% 중후반대의 안정적 배당 수익도 기대됩니다.
마지막으로 독일 커머셜 부동산 메자닌 펀드를 제안했는데, 최근 유럽의 금리 상승으로 버블이 꺼진 부동산 시장을 노리는 전략입니다."

손 회장이 깊은 관심을 보이자 김 팀장은 조심스럽게 덧붙였다.

"제가 보기에는 팔란티어 매각 자금의 40%는 노르웨이 신재생 프로젝트에, 30%는 희토류 펀드에 배분하고, 나머지는 독일 부동산 기회를 좀 더 지켜보면서 대기하는 것이 어떨까 싶습니다. 웰스AI의 분석에 제 경험을 더해 본 의견입니다.

다음 주 월요일, 세 가지 제안에 대한 구체적인 투자설명서와 함께 다시 한번 방문드리면 어떠실까요? 그때는 각 운용사 담당자들과의 컨퍼런스콜도 준비해 놓도록 하겠습니다."

"고맙네. 자넨 역시 최고야…."

김 팀장은 오늘도 웰스AI의 도움으로 평창동 지점 최우수 UHNW(Ultra-High Net Worth) 고객과의 신뢰를 더욱 깊게 쌓은 하루를 보낼 수 있었다.

6.2
AI가 바꾸는 고객자산관리(WM) 시장

은행 산업에서의 자산관리는 매우 개인적인 거래 행위이다. 모든 자산 투자자는 고유한 재무 목표, 투자 결정을 좌우하는 개인적인 가치관, 그리고 각기 다른 수준의 리스크 감내도를 가지고 있다. 하지만 전통적인 리스크 평가는 중요한 지정학적, 거시경제적 요인들을 간과하는 경우가 많았다. 대부분 자산 포트폴리오는 은행이 가지고 있는 데이터와 시장, 금리, 환율 리스크 정도의 재무 데이터를 기반으로 의사결정이 이루어지고 비재무 리스크 데이터 요소라고 할 수 있는 거시경제 상황이나 국제정치나 전쟁, 예측하지 못한 사건과 같은 이벤트를 감안할 수 있는 방안은 그다지 없었다.

이것이 투자자들의 사각지대가 되어 포트폴리오가 예상치 못한 리스크와 시장 변화에 취약해지는 경우가 상당히 많이 있어 왔다.

주요 장애물은 신뢰할 수 있는 거시경제 데이터에 대한 접근성 부족이었다. 이러한 데이터 없이는 자산관리자들이 불완전하거나 구식 정보에 기반하여 결정을 내릴 수밖에 없어, 포트폴리오가 더 큰 불확실성에 노출되었던 것이다. 데이터가 있더라도 많은 자산관리자들이 포트폴리오에 미치는 영향을 명확하고 일관된 방식으로 해석하는 데 어려움을 겪었던 것도 또한 사실이다.

하지만 최근의 AI를 통한 포괄적인 지정학적, 거시경제적 데이터에 대한 접근성 향상이 자산관리 업계의 리스크 평가, 포트폴리오 다각화, 고객 자문 전략에 대한 접근 방식 및 소통 방식을 변화시키고 있다.

동시에, 거시경제 및 지정학적 데이터는 포트폴리오 결정을 개선할 뿐만 아니라 고객과의 소통도 향상시키고 있다. 자산관리 대상 고객 포트폴리오 성과에 미치는 영향에 대한 더 나은 이해는 궁극적으로 더욱 개인화된 소통과 고객 만족도 향상을 가능하게 한다.

(출처: 구글 이미지)

특히 모건 스탠리는 이 분야에서 금융 서비스의 혁신을 위해 AI 기술에 적극적으로 투자하고 있다. 특히 재무 상담사들이 고객의 니즈를 더 깊이 이해하고 효과적으로 대응할 수 있도록 데이터 분석과 머신러닝을 활용한 개인화된 커뮤니케이션 시스템을 구축했다. 이러한 AI 도구 개발에는 하드웨어, 컴퓨팅 파워, 데이터 저장소, 네트워킹과 대역폭 확충, 그리고 데이터 과학자 인력 보강 등 다양한 분야의 투자가 수반되었다.

모건 스탠리의 AI 이니셔티브는 크게 세 가지 방향으로 진행되고 있다. 첫째, GPT-4를 기반으로 한 내부용 챗봇 시스템을 구축했다. 이 시스템은 수십만 페이지에 달하는 방대한 문서 라이브러리에서 투자 전략, 시장 조사, 분석가 인사이트 등을 즉각적으로 검색하여 제공한다. 현재 16,000명이 넘는 재무 상담사 중 6%가 이 시스템을 활용하고 있으며, 올해 3분기까지 전체 도입을 목표로 하고 있다.

둘째, 고객 커뮤니케이션의 개인화를 위해 두 가지 핵심 시스템을 운영하고 있다. 머신러닝 기반의 리드 관리 플랫폼인 LeadIQ는 고객과 재무 상담사를 최적으로 매칭하며, 2018년에 도입된 AI 기반 추천 엔진 Next Best Action은 고객 선호도에 기반한 맞춤형 투자 아이디어를 제공한다. 이미 90% 이상의 브로커가 이 시스템을 채택했으며, 2021년 2분기에는 98%라는 높은 고객 만족도를 달성했다.

셋째, Morgan Stanley Impact Quotient®(Morgan Stanley IQ®)라는 혁신적인 임팩트 분석 도구를 개발했다. 이 도구는 9개의 임팩트 테마와 100개 이상의 사회/환경적 임팩트 선호도를 포함하여, 고객의 투자가 원하는 사회적, 환경적 영향과 일치하는지 분석한다. 제3자 데이터 소스와 자체 분석을 통해 지속 가능한 투자 전략을 제시하고, 이에 맞는 투자 솔루션을 제공한다.

이러한 종합적인 AI 도구들의 도입으로 모건 스탠리는 고객 서비스의 질적 향상, 업무 효율성 제고, 그리고 지속 가능한 투자 촉진이라는 세 가지 목표를 동시에 달성하고 있다.

특히 Morgan Stanley IQ®는 단순한 투자 분석 도구를 넘어, 현대 사회의 중요한 과제들을 해결하는 데 기여하는 투자를 가능하게 하는 종합적인 플랫폼으로 평가받고 있다. (출처: https://emerj.com)

오늘날 AI의 가장 흥미로운 활용 사례는 지정학적, 거시경제적 예측을 실행 가능한 고객 전략으로 통합하는 것부터 포트폴리오 다각화를 최적화하는 것까지 다양하다. 이처럼 AI는 업계를 재편할 준비가 되어 있다.

점점 더 복잡해지는 글로벌 금융 환경에서 자산관리자들이 고객들에게 확신, 명확성, 장기적 가치를 제공할 수 있도록 하는 포괄적이고 최신 데이터에 대한 접근이 어떻게 도움이 되는지 AI 기술은 말을 해 주고 있는 것이다.

6.3
AI가 바꾸는 여신 시장의 변화

은행의 전통적인 여신 시장 또한 AI 기술의 적용에서 예외가 아니다. JP 모건 체이스의 'COiN(Contract Intelligence)'이라는 AI 시스템은 연간 1,200만 건의 상업대출 계약서를 단 몇 초 만에 검토하고 분석한다. 특히 예금 관련 계약 조항을 실시간으로 분석하여 고객에게 최적의 예금 상품을 추천하고, 만기 관리부터 금리 협상까지 자동화된 제안을 제공한다. 예를 들어, 고객의 현금 흐름 패턴을 분석하여 남는 자금을 더 높은 금리의 정기예금으로 전환할 것을 제안하거나, 고객 맞춤형 복합 예금 상품을 설계해 주는 방식이다.

JP모건 체이스가 2017년에 도입한 Contract Intelligence(COiN) 플랫폼은 자연어 처리(NLP)와 머신러닝을 기반으로 개발된 시스템이다. 도입 초기에는 연간 12,000건의 기업 고객과의 신용 계약을 분석하는 데 사용되었으나, 현재는 그 범위가 크게 확대되어 다양한 유형의 법률 문서와 계약서 검토에 활용되고 있다.

COiN 플랫폼에 적용된 AI 기술은 크게 네 가지 영역으로 구분된다. 첫째, 광학 문자 인식(OCR)과 컴퓨터 비전 기술을 활용한 문서 디지털화, 둘째, 딥러닝 기반의 자연어 이해(NLU) 시스템을 통한 문맥 파악, 셋째, 강화 학습을 활용한 패턴 인식과 이상 탐지, 넷째, 트랜스포머 모델 기반의 다국어 처리 시스템이다. 특히 BERT와 GPT 계열의 언어 모델을 활용하여 계약서의 맥락을 정확히 이해하고 중요 조항을 추출하는 능력을 보유하고 있다.

시스템의 AI 성능은 지속적으로 발전하고 있다. 초기에는 단순한 키워드 매칭에 의존했으나, 현재는 문맥 기반 의미 분석이 가능하다. 예를 들어, 계약서 내의 조건부 조항을 분석할 때 99%의 정확도로 선행조건과 후행조건의 관계를 파악할 수 있다. 또한 강화 학습 알고리즘을 통해 새로운 형태의 계약서나 이전에 보지 못한 조항도 효과적으로 분석할 수 있게 되었다.

COiN 플랫폼의 도입 효과는 수치로도 명확히 입증되었다. 기존에는 상업 대출 계약서의 법률 검토에 평균 약 360,000시간이 소요되었으나, AI 기반 자동화로 이를 단 몇 초로 단축시켰다. 특히 주목할 만한 점은 AI 모델의 정확도가 은행 직원과 대등하거나 더 나은 성과를 보여 주고 있다는 것이다. 시스템은 99.9%의 정확도로 중요 데이터 포인트를 추출하고 분석할 수 있게 되었다.

AI 기술의 핵심적인 특징 중 하나는 지속적인 학습 능력이다. COiN은 처리하는 문서가 늘어날수록 더 정교한 패턴을 인식하고, 새로운 유형의 계약서도 효과적으로 분석할 수 있게 되었다. 2023년부터는 제로샷 러닝(Zero-shot Learning) 기능을 도입하여, 사전 학습 없이도 새로운 형태의 법률 문서를 분석할 수 있는 능력을 갖추었다.

리스크 관리 측면에서도 AI 기술은 큰 성과를 거두었다. 이상 탐지(Anomaly Detection) 알고리즘을 통해 컴플라이언스 위반 사례를 사전에 탐지하는 비율이 75% 향상되었으며, 예측 분석을 통해 법적 리스크로 인한 손실을 연간 약 50% 감소시키는 데 성공했다. 또한 자연어 처리 기술의 발전으로 법률 검토 인력의 약 50%를 더 가치 있는 전략적 업무에 재배치할 수 있게 되었다.

2020년 이후에는 AI 기술의 적용 범위가 더욱 확대되어, 신용 계약서 외에도 투자 계약서, 규제 문서, 내부 정책 문서 등 다양한 영역으로 확장되었다. 현재는 20개 이상의 문서 유형을 처리할 수 있으며, 멀티모달 AI 모델을 통해 텍스트뿐만 아니라 표, 그래프, 도표 등도 분석할 수 있게 되었다.

2024년 초반에는 대규모 언어 모델(LLM)을 활용한 개선된 자연어 처리 기능이 도입되어, 법률 문서의 맥락 이해와 해석 능력이 한층 강화되었다. 또한 API 통합을 통해 주요 법률 데이터베이스와 실시간 연동이 가능해져, 최신 법률 및 규제 변경 사항을 자동으로 반영할 수 있게 되었다. 이는 AI와 머신러닝 기술의 도입이 단순한 비용 절감을 넘어 실질적인 비즈니스 가치를 창출할 수 있다는 것을 입증하는 것이다.

이러한 혁신의 흐름은 더욱 가속화될 것으로 전망된다. 특히 차세대 AI 기술인 설명 가능한 AI(XAI)와 연합 학습(Federated Learning)의 도입을 통해, 더욱 투명하고 안전한 AI 시스템으로 발전해 나갈 것으로 기대된다.

설명 가능한 AI(XAI)는 인공지능 시스템이 내린 결정이나 예측의 과정과 이유를 인간이 이해할 수 있는 방식으로 설명할 수 있게 하는 기술이다. 특히 금융, 의료, 법률과 같이 의사결정의 근거가 중요한 분야에서 그 필요성이 더욱 부각되고 있다.

6.4
설명 가능한 AI가 되는 법: XAI

인공지능 기술이 금융, 의료, 법률 등 다양한 분야에서 활용되면서 AI의 의사결정 과정을 이해하고 설명할 수 있어야 한다는 요구가 커지고 있다. 이러한 배경에서 등장한 설명 가능한 AI(XAI)는 인공지능 시스템의 '블랙박스'를 열어 그 내부를 들여다볼 수 있게 해 주는 혁신적인 접근 방식이다.

XAI의 핵심은 AI 시스템이 어떤 결정을 내릴 때 그 과정과 이유를 인간이 이해할 수 있는 방식으로 설명하는 데 있다. 이는 단순한 기술적 투명성을 넘어, AI 시스템에 대한 신뢰를 구축하고 책임 있는 AI 활용을 가능하게 하는 근간이 된다. 특히 유럽의 GDPR과 같은 개인 정보 보호 법규에서 자동화된 의사결정에 대한 설명을 요구하면서, XAI의 중요성은 더욱 부각되고 있다.

XAI는 크게 두 가지 방향에서 설명 가능성을 추구한다. 첫째는 개별 예측이나 결정에 대한 구체적인 설명을 제공하는 '로컬 설명 기법'이다. LIME(Local Interpretable Model-agnostic Explanations)이나 SHAP(SHapley Additive exPlanations)과 같은 기술이 이에 해당하는데, 이들은 복잡한 AI

모델의 특정 결정을 단순화하여 설명한다. 예를 들어, 대출 심사에서 특정 신청이 거절된 이유를 소득, 신용점수, 고용 상태 등 각 요소의 영향력으로 분해하여 보여 줄 수 있다.

둘째는 AI 모델 전반의 작동 방식을 설명하는 '글로벌 설명 기법'이다. 이는 모델이 의사결정을 할 때 어떤 요소들을 중요하게 고려하는지, 서로 다른 요소들이 어떻게 상호 작용하는지를 보여 준다. 의사결정 트리를 시각화하거나 변수 중요도를 분석하는 것이 대표적인 예다. 이러한 접근은 모델의 전반적인 특성을 이해하고, 잠재적인 편향이나 문제점을 발견하는 데 도움을 준다.

JP모건 체이스의 COiN 플랫폼은 XAI를 실제 비즈니스 환경에 성공적으로 적용한 사례다. 이 시스템은 법률 문서를 분석할 때 특정 조항을 중요하다고 판단한 근거, 리스크 평가의 기준, 규제 위반 가능성을 탐지한 논리적 과정을 명확히 제시한다. 이는 컴플라이언스 전문가들이 AI의 판단을 신뢰하고 검증할 수 있게 하며, 필요한 경우 시스템의 결정을 수정하거나 개선할 수 있는 기반을 제공한다.

6.5
아시아 디지털 금융 혁신의 기준: DBS 은행의 AI 여정

싱가포르 정부는 1968년 국가 발전의 핵심 동력이 될 금융기관의 필요성을 인식하고 DBS(Development Bank of Singapore)를 설립했다. 이후 반세기 동안 DBS는 놀라운 성장을 이뤄 냈다. 현재 18개국에 걸쳐 280개 이상의 지점을 운영하고 있으며, 2만 9,000명의 직원이 근무하는 아시아 금융의 거인으로 성장했다. 그러나 DBS의 진정한 경쟁력은 단순한 규모가 아닌 디지털 혁신에 있다.

DBS는 2014년부터 시작된 디지털화 전략에 이어서 2019년 '세계 최고 수준의 AI 기반 은행'이라는 명확한 비전을 수립하고, 이를 실현하기 위해 전사적 혁신을 추진했다. 그 중심에는 'Intelligent Banking Engine'이라는 강력한 AI 시스템이 있다. 28만 개의 비즈니스 규칙과 7,500만 건의 거래 데이터를 기반으로 구축된 이 시스템은 은행의 핵심 업무인 대출 심사를 혁신적으로 변화시켰다.

특히 주목할 만한 것은 DBS의 AI 도입이 단순한 기술 과시가 아닌 실질적인 비즈니스 성과로 이어졌다는 점이다. 은행의 모든 부서가 참여하여 350개 이상의 검증된 AI 활용 사례를 만들어 냈으며, 이는 구체적인 수치로 그 성과가 입증되었다.

소비자 금융 부문의 성과는 특히 인상적이다. AI 기반 개인화 서비스를 통해 고객들의 저축은 83% 증가했으며, 투자는 4.3배, 보험 가입은 2.3배 늘어났다. 디지털 고객으로부터 얻는 수익은 3배 증가했다. 이러한 성과는 DBS가 단순히 기술을 도입하는 것을 넘어, 고객의 실질적인 금융 생활을 개선하는 데 성공했음을 보여 준다.

DBS의 AI 시스템은 특히 대출 분야에서 혁신적인 변화를 이끌어 냈다. 기존에 수일이 걸리던 대출 심사 과정을 수분 내로 단축했을 뿐만 아니라, 더 정확하고 공정한 심사가 가능해졌다. 시스템은 고객의 거래 내역, 자산 현황, 현금 흐름 패턴을 종합적으로 분석하여 개인화된 대출 조건을 제시한다. 특히 소상공인을 위해서는 POS 데이터와 온라인 판매 실적을 실시간으로 분석하여 사업자의 실제 영업 현황에 기반한 탄력적인 대출 한도를 제공한다.

이러한 혁신적 성과는 외부에서도 높이 평가받고 있다. DBS는 유로머니지가 선정한 '세계 최우수 디지털 뱅크' 타이틀을 2016년부터 2021년까지 연속으로 수상했으며, 글로벌 파이낸스지에서도 2018년부터 2021년까지 '세계 최우수 디지털 뱅크'로 선정되었다. 2020년에는 IDC 디지털 트랜스포메이션 어워드를 수상하며 그 혁신성을 다시 한번 입증했다.

DBS의 성공은 단순한 기술 도입이 아닌 철저한 규제 준수와 리스크 관리를 바탕으로 이루어졌다. 싱가포르 통화청(MAS)의 FEAT 원칙(인공지능과 데이터 분석에서 활용하는 공정, 윤리, 책임, 투명성에 대한 원칙)을 준수하고, 엄격한 AI 거버넌스 프레임워크를 구축하여 운영하고 있다. 이는 혁신과 안정성이 함께 가야 한다는 DBS의 철학을 잘 보여 준다.

DBS는 여기서 멈추지 않고 더 큰 도약을 준비하고 있다. AI 모델의 지속적인 고도화, 실시간 리스크 관리 시스템 강화, 더욱 개인화된 금융 서비스 확대 등을 통해 디지털 금융의 새로운 지평을 열어 가고 있다. 작은 국책은행에서 시작하여 세계적인 디지털 뱅크로 성장한 DBS의 여정은, 기술 혁신이 어떻게 금융의 본질적 가치를 높일 수 있는지를 보여 주는 훌륭한 사례가 되고 있다.

한 가지 분명한 것은 DBS의 성공이 단순한 우연이 아니라는 점이다. 명확한 비전, 전사적 실행력, 그리고 고객 중심의 혁신이라는 세 가지 요소가 완벽하게 조화를 이룬 결과다.

6.6

스타트업 기업 Upstart의 AI 신용평가 혁명

2009년 금융위기의 한복판, 오하이오 주립대의 한 학생이 운명적인 선택의 기로에 서 있었다. 금융학도였던 그랜트 슈나이더는 취업난 속에서 지도교수의 권유로 통계학 수업을 듣게 되었고, 이 우연한 선택이 그의 인생을 완전히 바꿔 놓게 된다.

5년 후, 신문에서 우연히 발견한 Upstart라는 스타트업의 기사 한 줄이 그의 두 번째 운명의 전환점이 되었다. 단순한 이메일 한 통으로 시작된 그의 도전은, 오늘날 금융 산업의 패러다임을 바꾸는 혁신적인 여정으로 이어지게 된다.

"치과 사무실 아래층의 작은 공간에서 20명이 시작했던 일이었죠."

슈나이더가 회상하는 Upstart의 초기 모습은 소박했다. 하지만 그들이 꿈꾸던 비전은 달랐다. 전통적인 신용평가 방식을 뛰어넘어, AI로 더 공정하고 효율적인 대출 시스템을 만들겠다는 것이 그들의 꿈이었기 때문이다.

Upstart는 대출신청인의 신용도를 결정하기 위해 차별화된 소득 및 채무 불이행 예측 모델을 개발했다. 즉 FICO 점수, 신용 보고서 및 소득과 같은 전통적인 인수 기준 외에도 Upstart 인수는 교육 변수(재학 대학, 연구 영역, GPA 및 표준화된 시험 점수) 및 근무 이력을 고려하여 대출신청자의 재정적 능력과 개인의 상환 성향에 대한 통계 모델을 개발한 것이다.

첫 번째 돌파구는 예상보다 빨리 찾아왔다. 자체 데이터로 AI 모델을 처음 실험했을 때, 하룻밤 사이에 대출 승인율이 두 배로 뛰어올랐다.

"그때 우리는 깨달았죠. 이것이 단순한 기술 혁신이 아니라 금융 민주화의 시작이 될 수 있다는 것을요."

Upstart의 혁신은 '데이터의 선순환'이라는 독특한 방식으로 진화했다. 더 많은 대출이 승인될수록 더 많은 데이터가 쌓이고, 이는 다시 AI 모델의 정확도를 높여 더 낮은 이자율로 더 많은 대출을 가능하게 만든 것이다. GPU 기술의 도입으로 모델 학습 시간을 5분의 1로 단축시키면서, 이 혁신의 속도는 더욱 가속화될 수 있었다.

그 결과 62만 명 이상의 고객이 총 78억 달러의 대출을 받았고, 평균 이자율은 기존 대비 16% 낮아졌다. 더욱 주목할 만한 점은 이러한 혜택이 연령, 인종, 민족에 관계없이 공평하게 제공되었다는 것이다.

Upstart의 'Credit Decision AI Engine'이 가져온 혁신은 단순한 기술적 진보를 넘어 금융의 패러다임을 근본적으로 변화시킨 것이다.

(출처: https://www.sec.gov/)

이 시스템의 가장 주목할 만한 혁신성은 크게 세 가지 차원에서 살펴볼 수 있다.

첫째, 데이터 민주화를 통한 신용평가의 혁신을 이루었다는 점이다. 기존 금융기관들이 의존하던 FICO 점수는 신용카드 사용 이력이나 대출 상환 기록과 같은 제한된 데이터만을 활용했다. 반면 Upstart의 AI 엔진은 개인의 학력, 직업 이력, 급여 성장률, 검색 기록, 온라인 행동 패턴까지 1,600개 이상의 다양한 변수를 분석했다. 이는 마치 인사담당자가 지원자의 이력서를 꼼꼼히 검토하듯, 개인의 잠재력과 신용도를 더욱 입체적으로 평가할 수 있게 만들었던 것이다.

둘째, 실시간 학습을 통한 적응형 리스크 관리를 적용한 것이다. 전통적인 신용평가 모델이 과거의 통계적 패턴에 의존했다면, Upstart의 'Deep Learning Risk Model'은 매일 새롭게 발생하는 대출 심사와 상환 데이터를 실시간으로 학습한다. 특히 코로나19 팬데믹 기간 동안 이 시스템은 급변하는 경제 상황에 즉각적으로 대응하며 리얼타임 리스크 관리 능력을 입증했다. 기존의 리스크 측정 모델들이 과거 데이터에 갇혀 있는 동안, Upstart의 AI는 실시간으로 상황을 파악하고 평가 기준을 조정했던 것이다.

셋째, 금융 포용성을 획기적으로 확대했다는 점이다. 이 시스템은 전통적인 신용평가 시스템에서 소외되었던 젊은 세대층, 이민자, 소수 인종들에게 새로운 기회를 제공했다. 예를 들어, 높은 성장 잠재력을 가진 스타트업 직원이나, 안정적인 직장은 있지만 신용카드 사용 이력이 부족한 신규 취업자들도 공정한 평가를 받을 수 있게 된 것이다. 이는 단순한 대출 승인율 향상이 아닌, 금융 서비스로부터 구조적으로 소외되었던 계층에 대한 기회의 확대를 의미한다.

이러한 신용평가 솔루션의 혁신성은 구체적인 성과로도 이어졌다. 동일한 부실률 조건에서 173% 높은 승인율을 달성했고, 특히 아프리카계 미국인과 히스패닉 대출자들의 승인율이 평균 240% 향상되었다. 더욱 주목할 만한 점은, 이러한 포용성 확대가 리스크 관리의 문제로 이어지지 않았다는 것이다. 오히려 더 정교한 리스크 평가를 통해, 기존 모델 대비 부실률을 25% 낮추는 데 성공했다.

이러한 Upstart의 솔루션 혁신은 금융이 더 이상 소수의 전유물이 아닌, 모든 이에게 공평한 기회를 제공하는 플랫폼으로 진화할 수 있다는 것을 보여 주었다. 이는 AI가 단순한 효율성 향상 도구를 넘어, 사회적 형평성을 높이는 핵심 동력이 될 수 있다는 가능성을 증명한 것이다.

Upstart는 2024년 4분기에 강력한 실적을 보고했다. 매출은 2.19억 달러로, 애널리스트 컨센서스 1.82억 달러를 크게 상회했으며 전년 대비 56% 증가했다. 성장 가도의 Upstart의 이야기는 AI가 어떻게 오래된 산업의 판도를 바꾸고, 더 나은 사회를 만들 수 있는지를 보여 준다.

7

교육 산업: AI가 만드는 새로운 미래 교실

7.1
농구 시합 하면서 물리학 공부하기

농구부 에이스 강민혁은 새벽 연습을 마치고 체육관을 나서다가 이상한 광경을 목격했다. 과학 동아리의 덕후 회장 이하늘이 VR 고글을 쓰고 허공에서 덩크슛 동작을 하고 있었기 때문이다. 새벽부터 학교에 나와 있는 것도 이상했지만, 그 어색한 동작이 더 웃겼다.

"야, 너 지금 뭐 하는 거야? 농구는 체육관에서 하는 거 아냐?" "어? 농구공의 포물선 운동을 시뮬레이션하고 있어! 사이언스퀘스트로! 이번 전국과학경진대회 주제가 '일상 속 물리학'이거든."

민혁은 코웃음을 쳤다.

"농구는 그렇게 하는 게 아닌데…. 너 진짜 이과스럽구나."

하늘이가 씩 웃으며 VR 고글을 건넸다.

"한번 써 봐. 네가 던진 공이 어떤 궤적으로 날아가는지 보여 줄게. 3점 슛 성공률도 분석해 줘."

"뭐? 내 슛을 어떻게 알아?"

"지난달 지역 예선전 영상 다 분석했지. 네 슛 폼이 왼쪽으로 3도 기울어져 있어서 장기적으로 어깨 부상이 올 수 있대."

마지못해 고글을 쓴 민혁의 눈이 휘둥그레졌다. 그의 슛 동작이 3D로 분석되며, 공의 회전과 각도가 수치로 표시됐기 때문이다. 더 놀라운 건, 하늘이의 말대로 자신의 자세가 미세하게 기울어져 있다는 거였다.

"뭐야, 이거 진짜네? 근데 어떻게 이런 걸 다…."

"AI가 네 모든 경기 영상을 분석했어. 너의 평균 점프 높이는 92cm, 릴리즈 각도는 평균 51도, 이상적인 각도보다 6도 높아서 체력이 더 많이 소모돼."

다음 날, 처음으로 민혁이 과학실을 찾아갔다.

"야, 그거…. 내 자세 좀 더 자세히 분석해 줄 수 있어?"

그렇게 시작된 '농구의 물리학' 스터디. 하늘이는 사이언스퀘스트로 물리 법칙을 설명하고, 민혁은 실전 경험을 공유했다. VR 속에서 둘은 공의 회전, 마찰력, 공기 저항까지 고려한 완벽한 슛 폼을 연구했다.

"이론상 이 각도가 최적인데, 실전에서는 수비가 있잖아."

"그럼 수비를 AI로 시뮬레이션해 볼까? 평균 신장, 점프력, 반응 속도를 입력하면…."

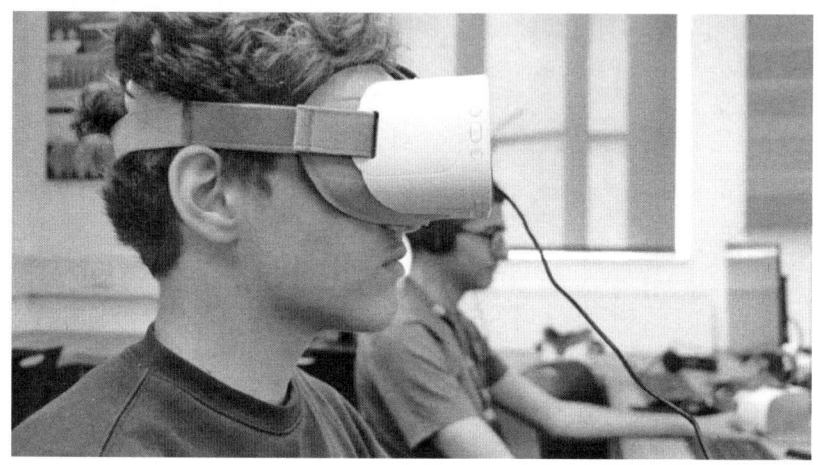

(출처: https://news.sky.com/)

둘의 협력은 놀라운 결과를 가져왔다. 민혁의 3점 슛 성공률은 32%에서 47%로 올랐고, 하늘이는 과학경진대회에서 '스포츠 과학 분석 프로그램'으로 입상을 한 것이다.

"민혁아, 기말고사 물리 시험에 이번 연구 내용이 다 나와. 내기할까? 내가 100점 맞으면 넌 과학 동아리 들어오기!"

"그래, 대신 네가 틀리면 농구부 매니저 하기다?"

"오케이! 참고로 난 이미 사이언스퀘스트로 100번이나 시뮬레이션을 완료했다고!"

결과는? 둘 다 아니었다. 하늘이는 98점, 민혁은 처음으로 물리에서 85점을 받았기 때문이다. 그래도 둘 다 약속을 지켰다. 하늘이는 농구부 매니저가 되어 선수들의 동작을 분석하고, 민혁은 과학 동아리에 들어가 '스포츠 과학 연구팀'을 만들었기 때문이다.

이제 과학실에서는 농구공이 날아다니고, 체육관에서는 물리 공식이 난무한다. 시험 기간에는 선수들이 과학실에 모여 하늘이의 VR 강의를 듣고, 과학 동아리 애들은 체육관에서 실험 데이터를 모은다.
전국체전을 앞두고 민혁이 하늘이에게 물었다.

"야, 이번에는 어떤 각도로 던져야 할까?"
"걱정 마, AI가 상대팀 수비수들 전부 분석 완료했어!"
"그거 반칙 아냐?"
"아니지, 이건 그냥 과학일 뿐이야!"

결국 농구부는 전국체전에서 3위라는 역대급 성과를 냈다. 학교 게시판에는 두 동아리가 나란히 찍힌 사진이 걸리게 되었다. VR 고글을 쓴 농구 선수들과 농구공을 든 과학 덕후들의 어색하지만 유쾌한 케미는 이제 학교의 자랑이 된 것이다.

7.2
모든 학생을 위한
모든 교육이 가능해진다?

한국에서 교실이라는 공간은 지난 100년 동안 거의 변하지 않았다. 교단 앞에 선 교사, 일렬로 늘어선 책상, 모든 학생이 같은 진도로 배우는 획일화된 학습. 이것이 우리가 알고 있는 전통적인 교실의 모습이었다. 하지만 2020년, 예기치 않은 팬데믹은 이 오래된 교실의 풍경을 완전히 바꾸어 놓았다.

갑작스러운 원격 수업으로의 전환은 혼란을 가져왔지만, 동시에 새로운 교실의 가능성도 보여 주었다. 학생들은 자신의 속도로 학습을 진행할 수 있었고, 교사들은 디지털 도구를 활용해 더 다양한 방식으로 수업을 진행할 수 있다는 것을 확인하는 계기가 되었다. 위기는 기회가 되어, 교육계는 테크놀로지의 잠재력을 본격적으로 탐색하기 시작한 것이다.

특히 AI의 등장은 '모든 학생을 위한 맞춤형 교육'이라는 오랜 이상을 현실로 만들어 가고 있다. AI는 각 학생의 학습 스타일, 이해도, 선호도를 분석하여 최적의 학습 경로를 제시해 줄 수 있게 된 것이다. 예를 들어, 수학을 시각적으로 잘 이해하는 학생에게는 그래프와 도형을 활용한 설명을, 논리적 사고가 뛰어난 학생에게는 단계별 추론 과정을 보여 주는 식인 것이다.

더욱 주목할 만한 점은 AI가 제공하는 실시간 피드백이다. 전통적인 교실에서 한 명의 교사가 30명의 학생을 동시에 케어하는 것은 사실상 불가능하다. 하지만 AI는 모든 학생의 학습 과정을 지속적으로 모니터링하며, 각자의 어려움과 성취를 즉각적으로 파악하고 대응한다. 시험 점수라는 단편적인 평가를 넘어, 학습 과정 전체를 종합적으로 분석하고 발전 방향을 제시하는 방식인 것이다.

이제 교실은 더 이상 지식을 일방적으로 전달하는 공간이 아니다. 더더욱 그런 교육이 필요 없어지는 세상이 되었다. AI의 지원을 받는 교사들은 각 학생의 잠재력을 최대한 끌어내는 조력자가 되어 가고 있다. 이제 학생들은 자신만의 속도와 방식으로 배우면서도, 데이터에 기반한 과학적인 학습 관리를 받을 수 있게 된 것이다.

(출처: 프리픽)

7.3
이제 마음을 가르치는 선생님으로

"오늘도 AI 선생님이랑 공부하는 게 더 좋대요…."

이혜진 선생님은 한숨을 쉬며 교무실 의자에 깊이 몸을 묻었다. 30년 경력의 중학교 교사였지만, 요즘처럼 난감한 때는 없었다.

"선배님, 잠깐 이야기 나눠도 될까요?"

2년 차 신임 교사 강유미가 조심스레 다가왔다. 혜진은 피곤한 미소를 지으며 고개를 끄덕였다.

"AI가 우리 자리를 대체할 거라고들 하죠. 저도 처음엔 그게 두려웠어요. 그런데 어제 있었던 일을 선배님께 들려드리고 싶어요."

유미는 지난밤 늦게까지 봤던 한 학생의 AI 학습 데이터를 꺼냈다.

"지운이라는 학생이 있어요. AI 수업에서는 늘 만점을 받는데, 수업 시간에는 늘 고개를 숙이고 있더라고요. 그래서 데이터를 자세히 들여다봤어요."

화면에는 지운이가 AI와 주고받은 대화가 가득했다. 문제의 답은 모두 맞았지만, 그 과정에서 보인 질문들은 마음을 무겁게 했다.

"이렇게 하면 맞나요? 저 바보 같죠? 이것도 틀린 것 같아요…."
"매번 정답을 맞히면서도, 자신을 너무 낮추고 있더라고요. AI는 칭찬과 격려를 해 주지만…. 뭔가 부족하다는 걸 느꼈어요."

혜진은 천천히 고개를 들어 유미를 바라보았다.

"그래서 어떻게 했나요?"
"어제 점심시간에 지운이를 따로 불러서 이야기를 나눴어요. 처음엔 어색해했지만, 나중엔 울면서 말하더라고요. 작년에 전학 온 뒤로 친구들 앞에서 실수하는 모습을 보일까 봐 두려워서 그동안 말도 못 하고 있었다고…."

유미는 잠시 말을 멈추고 깊은 숨을 들이쉬었다.

"AI는 지운이의 학습 패턴은 완벽하게 분석했지만, 그 안에 숨은 외로움은 읽어 내지 못했어요. 제가 데이터를 보면서 느낀 이상한 감정, 그게 바로 교사의 직관이었던 거죠."

혜진의 눈가가 촉촉해졌다. 그동안 자신이 놓치고 있던 것이 무엇인지 깨달은 듯했다.

"AI가 아이들 한 명 한 명을 꼼꼼히 봐 주니까, 우리는 오히려 더 중요한 걸 볼 수 있게 된 거네요. 아이들의 마음을….'

다음 날, 혜진은 오랜만에 활기찬 마음으로 교실에 들어섰다. 수업 시간에 AI 튜터가 개별 학습을 도와주는 동안, 그녀는 교실을 천천히 돌며 학생들의 표정을 살폈다. 한 명 한 명과 눈을 맞추고, 작은 미소를 나누었다.
한 달이 지났을 때, 지운이는 처음으로 수업 시간에 손을 들어 발표를 했다. 떨리는 목소리였지만, 끝까지 자신의 생각을 말했다. 교실은 잠시 조용했다가, 이내 따뜻한 박수 소리로 가득 찼다.

혜진과 유미가 방과 후 교무실에서 만났다.

"혜진 선생님. 요즘 들어 교사가 된 게 자랑스러워요. 우리가 정말 필요한 자리에 있다는 걸 알게 됐거든요."
"그래요, 우리는 단순한 지식 전달자가 아니라 마음을 가르치는 사람이에요."

창밖으로 저녁 노을이 교무실을 따뜻하게 물들이고 있었다. 교육의 본질은 결국 사람과 사람 사이의 따뜻한 이해와 성장이라는 것을, 이제 분명히 알게 되었다.

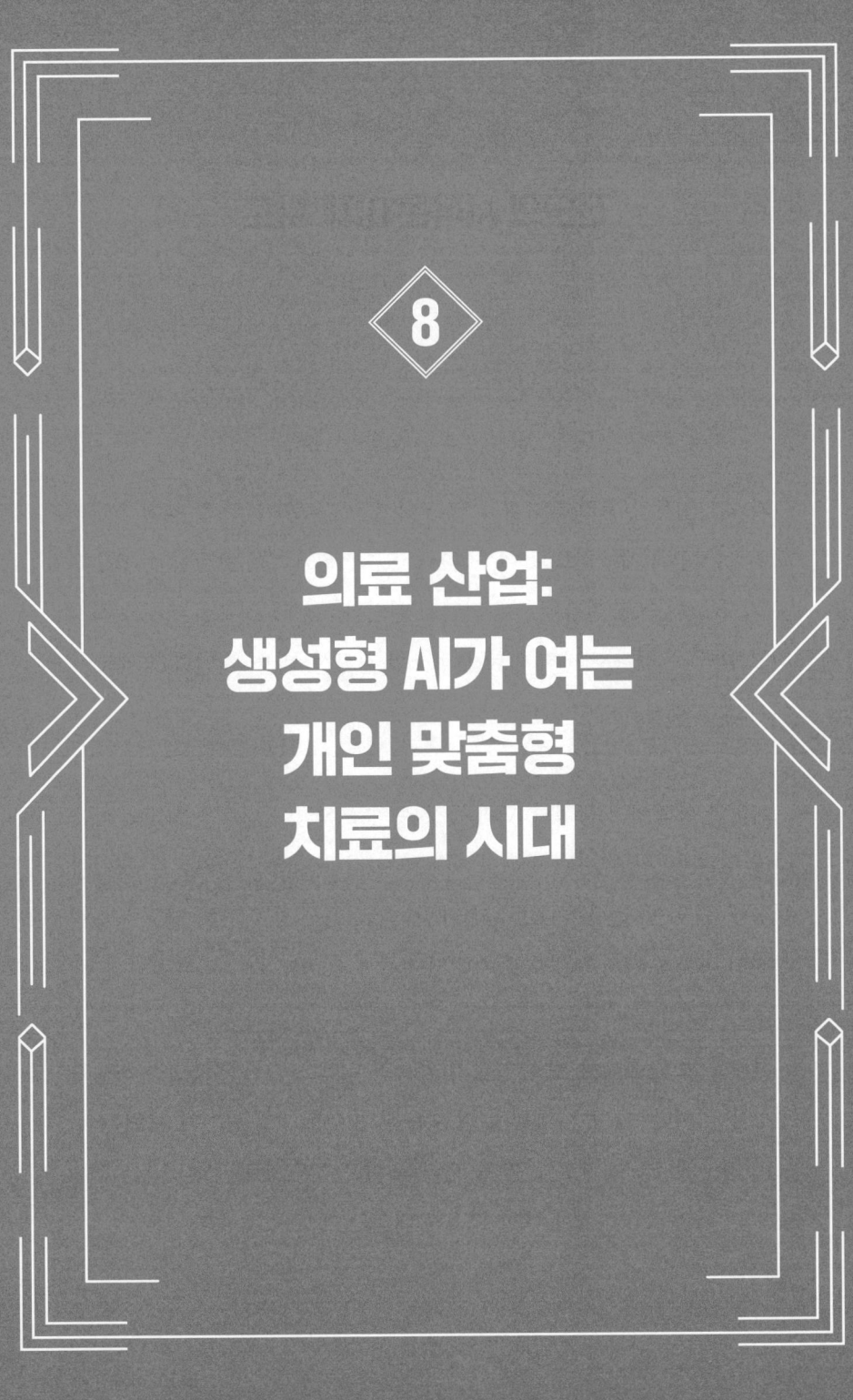

8

의료 산업: 생성형 AI가 여는 개인 맞춤형 치료의 시대

8.1
진단의 시작은 이제 AI로

의료 산업은 인류의 건강과 생명을 다루는 중요한 분야로, 최신 기술의 도입과 혁신이 지속적으로 이루어지고 있다. 최근에는 빅데이터, IoT, 로봇 기술 등이 의료 현장에 적용되면서 진단과 치료의 정확성이 크게 향상되고 있다. 그러나 여전히 의료 서비스의 접근성, 비용, 개인화된 치료 등에서 많은 과제를 안고 있다.

이러한 상황에서 생성형 AI의 등장은 의료 산업에 새로운 혁명을 예고하고 있다. 생성형 AI는 방대한 의료 데이터를 학습하고 새로운 통찰을 생성할 수 있어, 진단, 치료, 신약 개발, 의료 연구 등 다양한 영역에서 혁신적인 변화를 가져올 것으로 기대된다.

현재 의료 환경에서 AI의 가장 일반적인 역할은 임상 의사결정 지원과 영상 분석이다. 임상 의사결정 지원 도구는 의료진이 환자와 관련된 정보나 연구에 신속하게 접근할 수 있도록 함으로써 치료, 약물, 정신 건강 및 기타 환자 요구사항에 대한 결정을 내리는 데 도움을 준다.

우리는 AI 도구가 CT 스캔, X-레이, MRI 및 기타 의료 영상에서 인간 방사선 전문의가 놓칠 수 있는 병변이나 다른 소견을 분석하는 데 사용되고 있는 경우를 쉽게 찾아볼 수 있다.

미국 식품의약국(FDA)이 최초로 승인한 머신러닝 애플리케이션을 의료 현장에서 사용한 것은 2017년 아터리스(Arterys)의 의료 영상 플랫폼을 의사들이 심장 질환을 진단하는 데 도움을 줄 수 있도록 승인한 케이스이다.

아터리스는 자기학습 인공신경망을 통해 현재까지 1,000번 이상의 임상 사례를 학습했으며 매번 새로운 사례를 검토하여 심장 작동에 관한 지식과 이해를 계속 향상하고 있다. 아터리스의 특징은 전문 분석가가 30분에서 1시간 정도 걸리는 결과를 평균 15초에 산출한다는 것이다.

아터리스 Cardio DL의 영상 기술은 현대 임상 치료에서 특히 치료와 진단을 위한 핵심적인 의료 도구이다. MRI 스캔은 심장 근육과 유방 조직과 같은 신체의 연조직의 상세 이미지를 포착하는 비침습적 진단 검사이다. 아터리스는 딥러닝(DL) 알고리즘을 사용하여 심장 스캔을 평가하고 분석한다.

최근 모든 병원 영상과 관련된 환자 기록에 대한 개인 정보 보호 우려도 증가하고 있는데 아터리스 Cardio DL의 CEO인 Fabien Beckers는 스캔이 시스템에 입력되는 즉시 모든 개인건강정보(PHI)가 삭제되게끔 하여 이러한 우려를 해소했다. 아터리스 플랫폼은 PHI에 접근하지 않으며,

이 정보는 임상의의 개인 사용자명과 비밀번호가 있는 보안 서버를 통해서만 접근할 수 있다.

아터리스는 임상의와 환자를 위한 임상 환경의 효율성을 크게 개선했는데 특히 어린이들에게 큰 도움이 된다. 왜냐하면 CMR 스캔은 제대로 된 스캔을 얻기 위해서는 환자가 일정 시간 동안 숨을 참아야 하는데, 이는 어린이들에게 특히 어려운 일이기 때문이다. 하지만 아터리스를 사용하면 기존에 30~60분이 걸리던 MRI 스캔이 10분으로 단축되고, 환자들이 더 이상 숨을 참을 필요가 없어진다.

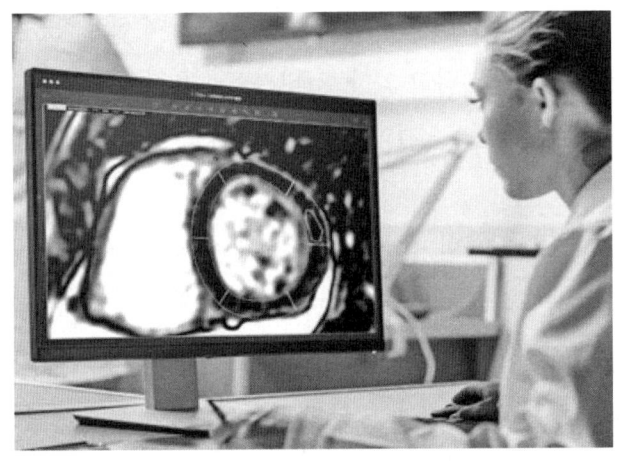

(출처: Tempus 공식 사이트)

국내에도 비슷한 사례가 있다. 의료 인공지능(AI) 기업 루닛(Lunit)이 개발 중인 자율형 AI(Autonomous AI) 기반의 '흉부 엑스레이 판독문 자동 생성기(CXR Report Generation)'의 경우에도 AI가 흉부 엑스레이 영상을 분석해 진단 보고서까지 직접 작성하는 AI 솔루션이다.

해당 솔루션은 측정값, 중증도 등 중요한 환자 진단 정보를 체계적으로 정리하여 PACS(의료영상저장전송시스템) 등과 연동을 시키는 프로세스를 통해 의료 영상 판독 및 진단 Workflow를 혁신적으로 개선하고 있다고 회사는 설명하고 있다.

이러한 AI 기술의 도입은 방사선 전문의들의 업무 환경과 역할에 상당한 영향을 미칠 것으로 예상된다. 가장 직접적인 변화는 업무 효율성의 향상이다. AI가 기본적인 판독문을 작성하고 데이터를 체계적으로 정리함으로써, 의료진은 반복적인 문서 작업에서 벗어나 더 복잡하고 중요한 의료 결정에 집중할 수 있게 된다. 또한, AI의 지원으로 진단의 정확도가 향상될 수 있다. AI 시스템이 제공하는 이중 확인 기능은 인간 의료진이 놓칠 수 있는 미세한 변화나 이상을 포착하는 데 도움을 준다.

그러나 이러한 변화는 동시에 여러 가지 도전 과제도 제시한다. 새로운 시스템에 대한 적응과 학습이 필요하며, AI 판독문의 검증과 수정에 대한 책임도 증가한다. 더불어 AI에 대한 과도한 의존이 의료진의 전문성과 임상적 직관을 약화시킬 수 있다는 우려도 존재한다. 특히 비정형적이거나 희귀한 케이스에 대한 판단력을 유지하는 것이 중요한 과제가 될 것이다. 아직은 여전히 판단은 영상분석 방사선 의사의 몫인 것이다.

8.2
신약 개발은 AI로 빠르게 빠르게

많은 의료산업이나 시스템이 직면한 문제들이 COVID-19 팬데믹 기간을 통해 적극적으로 AI 기반 도구와 같은 새로운 AI 지원 기술의 현장 테스트를 본격적으로 시작한 계기가 되었다고 한다.

특히 가트너가 2023년 조사한 바에 따르면 콘텐츠 생성과 신약 개발은 AI 활용이 가장 많은 분야로 나타나고 있다.

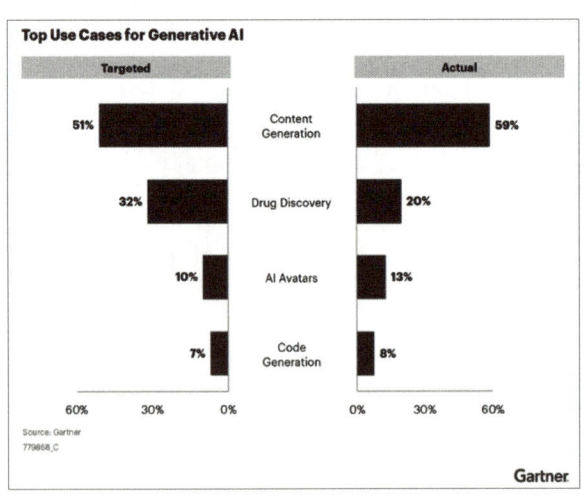

(출처: 가트너 2023)

특히 제약 산업에서 생성형 AI는 신약 개발의 패러다임을 근본적으로 변화시키고 있는데, 이는 AI가 방대한 분자 데이터베이스를 분석하여 잠재적 신약 후보 물질을 신속하게 식별할 수 있기 때문이다.

생성형 AI는 기존 화합물의 구조를 학습하고 새로운 분자 구조를 생성하며, 이러한 구조들의 효과와 안전성을 예측함으로써 전통적인 신약 개발 과정에서 소요되던 시간과 비용을 획기적으로 절감하고 있다.

보통 제약바이오 산업에서 신약 개발은 극도로 복잡하고 위험부담이 큰 과정으로, 전통적인 개발 방식으로는 하나의 신약을 개발하는 데 평균 10~15년의 기간과 1조 원 이상의 투자비용이 소요된다. 이러한 막대한 시간과 비용 투자에도 불구하고 신약 개발의 성공률은 매우 낮은 것이 현실인데, 인공지능 기술의 발전이 이러한 제약 산업의 패러다임을 근본적으로 변화시키고 있는 상황이다.

AI는 신약 개발의 여러 핵심 영역에서 혁신적인 성과를 보여 주고 있다. 우선 신약 후보 물질 발굴 과정에서 AI는 수백만 개의 화합물 데이터베이스를 실시간으로 분석하여 잠재적 후보 물질을 식별하며, 머신러닝 알고리즘을 통해 분자 구조와 생물학적 활성 간의 복잡한 관계를 학습하여 가장 효과적인 후보 물질을 예측한다. 이를 통해 기존에 수년이 걸리던 후보 물질 발굴 과정을 수개월로 단축시킬 수 있게 되었다.

또한 AI 모델은 방대한 임상 데이터를 분석하여 잠재적 독성과 부작용을 사전에 예측할 수 있다. 이는 개발 초기 단계에서 실패 가능성이 높은 물질을 걸러내어 리소스를 효율적으로 활용할 수 있게 해 주며, 임상시험 설계의 최적화에도 크게 기여하여 시행착오를 최소화한다. 임상시험 과정에서도 AI는 환자 선정 기준을 최적화하고 임상시험 참여자 모집을 효율화하며, 실시간 데이터 모니터링을 통해 임상시험의 안전성과 효과성을 지속적으로 평가하게 된다.

이러한 AI 기반 신약 개발 플랫폼의 도입으로 전체 개발 비용의 최대 80%까지 절감이 가능해졌다. 초기 AI 시스템 구축을 위한 투자비용은 증가할 수 있으나, 개발 기간 단축으로 인한 기회비용 절감 효과와 함께 장기적 관점에서 큰 비용 절감 효과를 기대할 수 있게 된 것이다.

그러나 AI 기술의 효과적인 활용을 위해서는 몇 가지 중요한 과제들이 해결되어야 한다. 데이터의 품질과 표준화, 규제 기관의 승인 프로세스 정립, 그리고 AI 모델의 설명 가능성 확보 등이 주요 과제로 남아 있으며, 이러한 과제들이 순차적으로 해결된다면 AI 기반 신약 개발은 더욱 가속화될 것으로 전망된다.

8.3
AI가 가져온 새로운 생명 연장의 꿈

"더 이상 할 수 있는 치료가 없습니다."

5년 전, 김영희 씨가 마지막으로 들었던 말이다. 말기 난소암 진단을 받은 그녀에게 의사들은 표준 치료의 한계를 설명했다. 하지만 2025년, 대성의료원에서 시작된 새로운 도전은 그녀의 인생을 완전히 바꾸어 놓았다.

"처음 테라피테일러 시스템을 통해 제 치료 계획을 설명받았을 때는 반신반의했어요. AI가 저만을 위한 치료법을 찾아준다니, 마지막 희망이라 생각하고 시작했죠."

테라피테일러는 영희 씨의 모든 의료 데이터를 분석했다. 30년간의 건강검진 기록부터 유전자 검사 결과, 평소 생활습관, 과거 약물 반응까지 마치 퍼즐 조각을 맞추듯 그녀만의 독특한 건강 프로필을 완성했다.

"AI가 제안한 치료법은 기존과 완전히 달랐어요. 항암제의 용량을 저의 대사 능력에 맞춰 미세하게 조절하고, 방사선 치료도 제 종양의 특성에 맞게 정밀하게 설계했다고 하더군요."

치료가 시작되고 변화는 놀라웠다. 이전 치료에서 겪었던 심각한 부작용들이 현저히 줄었고, 종양은 꾸준히 크기가 감소했다. 6개월 후, 영희 씨의 담당 의사는 믿기 힘든 소식을 전했다.

"암이 거의 사라졌습니다. 이제 완치를 이야기할 수 있을 것 같네요."

AI는 이제 그 막대한 계산 능력으로 초개인화된 치료법을 제시해 줄 수 있는 의료 시대를 열고 있는 것이다. 의료인들은 '더 이상 방법이 없다'는 말 대신, AI의 도움으로 '당신만을 위한 새로운 방법이 있습니다'라고 말할 수 있게 된 것이다.

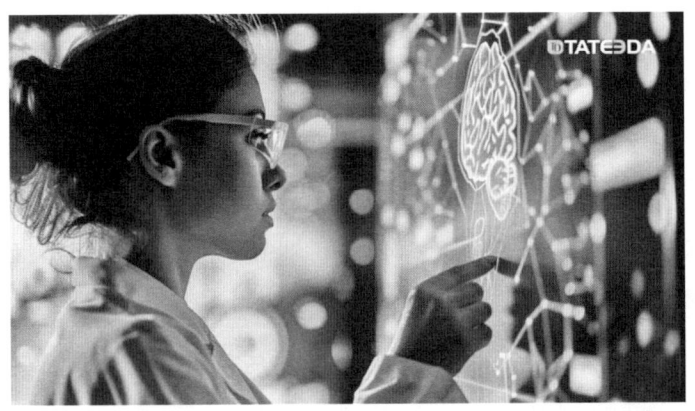

(출처: https://tateeda.com)

8.4
실버 테크놀로지를 알아야
노후 생활이 가능한 시대

권태수 할아버지는 아침에 눈을 뜨자마자 침대 옆 테이블에 있는 스마트 건강 모니터링 기기를 확인한다. 85세의 나이에도 불구하고, 그의 혈압과 혈당 수치는 안정적이다. 인공지능 의료 보조 시스템이 그의 건강 데이터를 실시간으로 분석하고 있어, 이상 징후가 발견되면 즉시 주치의에게 알림이 간다.

"오늘은 올림픽 공원에서 태극권 수업이 있는 날이지."

권 할아버지는 중얼거리며 일어난다. 그의 외골격 보조 장치가 자동으로 활성화되어 그의 움직임을 부드럽게 도와준다. 이 장치 덕분에 그는 젊었을 때처럼 활기차게 움직일 수 있다.

아침 식사 후, 권 할아버지는 자율주행 차량을 호출한다. 차량 내부는 그의 신체 조건에 맞게 자동으로 조절되며, 주행 중에는 그의 건강 상태를 지속적으로 모니터링하고 있다.

올림픽 공원에 도착한 권 할아버지는 다른 노인들과 함께 태극권 수업에 참여한다. 강사는 홀로그램으로 나타나 개개인의 동작을 세심하게 교정해 준다. 수업이 끝난 후, 그는 스마트 벤치에 앉아 휴식을 취한다. 벤치는 그의 체온과 주변 온도를 감지하여 최적의 온도를 유지해 주고 있다.

오후에는 집으로 돌아와 가상 현실(VR) 헤드셋을 착용한다. 그는 VR 세계에서 호주에 있는 손주들과 함께 세계 여행을 즐긴다. 실제로 이동하기 어려운 장소도 VR을 통해 생생하게 경험할 수 있어, 권 할아버지의 일상에 활력을 불어넣는다.

저녁 식사 시간, 스마트 주방 시스템이 권 할아버지의 영양 상태와 선호도를 고려하여 맞춤형 식단을 제안한다. 조리 로봇이 식사를 준비하는 동안, 그는 편안히 쉬며 책을 읽는다. 그동안 사 놓고 못 읽은 책들이다.

잠자리에 들기 전, 권 할아버지는 AI 비서와 대화를 나눈다. AI는 그의 감정 상태를 분석하고, 필요하다면 상담사와의 연결을 제안한다. 또한 다음 날의 일정을 확인하고 필요한 준비 사항을 알려 준다.

2040년, AI 기술은 노인들의 삶의 질을 크게 향상시켰다. 건강 관리, 이동성, 사회적 연결, 인지 기능 유지 등 다양한 측면에서 혁신적인 솔루션들이 등장했다. 이러한 기술들은 고령자들이 독립적이고 활기찬 삶을 살 수 있도록 돕고 있으며, 나이는 더 이상 삶의 제약이 되지 않는 사회를 만들어 가고 있다.

이 이야기는 2040년 고령화 사회에서 필요할 것으로 예상되는 다음과 같은 주요 의료 기술들을 포함하고 있다.

1. 스마트 헬스케어 모니터링 시스템
2. AI 기반 의료 진단 및 알림 시스템
3. 외골격 보조 장치
4. 노인 친화적 자율주행 차량
5. 홀로그램 기반 원격 교육 시스템
6. 스마트 도시 인프라(예: 체온 조절 벤치)
7. 가상 현실(VR)을 활용한 사회적 연결 및 체험 프로그램
8. 스마트 홈 시스템(영양 관리, 조리 로봇 등)
9. 감정 분석 및 정신 건강 관리 AI

현대 의료 기술의 혁신에서 가장 주목받는 분야는 스마트 헬스케어 모니터링 시스템이다. 이 시스템은 아래와 같은 핵심 기술 영역의 통합을 통해 의료 서비스의 패러다임을 근본적으로 변화시키고 있다.

첫째, 센서 기술은 스마트 헬스케어의 기초가 되는 핵심 요소이다. 혈액 내 바이오마커를 실시간으로 감지하는 나노 센서부터, 피부 접촉만으로 다양한 생체 신호를 측정하는 비침습적 센서까지, 의료 데이터 수집 방식이 획기적으로 발전하고 있다. 특히 의복이나 액세서리 형태로 제작되는 웨어러블 디바이스는 사용자의 일상생활에 자연스럽게 녹아들어, 24시간 연속적인 건강 모니터링을 가능하게 하고 있다.

둘째, 데이터 수집 및 전송 기술은 수집된 건강 정보를 안전하고 효율적으로 처리한다. 블루투스 Low Energy와 같은 저전력 무선 통신 기술

은 장시간 사용이 가능하면서도 안정적인 데이터 전송을 보장한다. 여기에 엔드-투-엔드 암호화 기술과 실시간 클라우드 동기화 메커니즘이 더해져, 민감한 건강 정보를 안전하게 관리할 수 있다.

셋째, 데이터 분석과 AI 기술은 수집된 정보를 의미 있는 인사이트로 변환한다. 머신러닝 알고리즘은 개인별 건강 패턴을 학습하여 이상 징후를 조기에 감지하고, 예측 분석을 통해 미래의 건강 리스크를 예측한다. 또한 빅데이터 분석을 통해 인구 집단의 질병 트렌드를 파악하고 효과적인 예방 전략을 수립할 수 있다.

넷째, 사용자 인터페이스는 복잡한 의료 정보를 누구나 쉽게 이해할 수 있게 만든다. 직관적인 대시보드는 건강 데이터를 한눈에 파악할 수 있게 시각화하며, 음성 인터페이스는 고령자도 쉽게 시스템을 사용할 수 있게 한다. 여기에 맞춤형 알림 기능은 사용자의 상황에 맞는 건강 정보와 조언을 적시에 제공한다.

다섯째, 의료 시스템 연동은 개인의 건강 데이터를 의료 서비스와 효과적으로 연결한다. 전자 건강 기록(EHR) 통합으로 의료진은 환자의 상태를 실시간으로 파악할 수 있으며, 원격 진료 플랫폼을 통해 즉각적인 의료 상담이 가능하게 한다. 응급 상황 발생 시에는 자동 알림 시스템이 신속한 대응을 가능하게 한다.

이러한 핵심 기술들의 통합은 특히 고령화 사회에서 의료 비용 절감과 삶의 질 향상이라는 두 가지 목표를 동시에 달성할 수 있는 핵심 솔루션이 될 것이다. 동시에 이러한 기술들은 노인들의 건강, 이동성, 사회적 연결, 일상생활 지원 등의 측면에서 도움을 줄 수 있을 것이다.

이러한 스마트 헬스케어 시스템 기술들은 결국 조만간에 개인화된 의료 서비스와 예방적 건강 관리의 새로운 표준을 만들어 갈 것이다.

8.5
뇌와 생각의 혁명, 생각 인증 시대

2040년 서울, 하늘을 수놓는 홀로그램 광고들 사이로 "뉴로링크 플러스: 당신의 생각, 세상의 중심"이라는 문구가 반짝였다.

이 도시에서 태어나 자란 27세 박찬호는 뇌-컴퓨터 인터페이스(BCI)가 일상이 된 세상에서 살고 있었다. 그의 관자놀이에 있는 작은 임플란트는 그의 뇌와 디지털 세계를 직접 연결해 주는 관문이었다.

아침에 눈을 뜨자마자 찬호는 생각만으로 커튼을 열고 커피 머신을 작동시켰다. 뉴스 헤드라인들이 그의 시야에 투영되었고, 그는 눈 깜빡임으로 관심 있는 기사들을 더 자세히 읽었다.

"세계 최초 '생각-문자 변환' AI, 99.9% 정확도 달성" "뇌파 동기화를 통한 원격 협업, 생산성 200% 향상" "신경 해킹 공격 급증, 정부 대책 마련 시급"

출근길, 자율주행 차량 안에서 찬호는 눈을 감은 채 동료들과 화상회의를 했다. BCI를 통해 그의 뇌는 직접 가상 회의실에 접속했고, 그의 아바타가 회의를 주재했다.

회사에 도착한 찬호는 '생각 인증'으로 보안 게이트를 통과했다. 그의 책상에는 모니터도 키보드도 없었다. 모든 작업은 그의 생각으로 이루어졌고, 결과물은 홀로그램으로 공중에 떠올랐다.

점심시간, 찬호는 '뉴로 카페'에 들렀다. 이곳에서는 음식의 맛과 향을 뇌로 직접 전달받을 수 있었다. 실제로 음식을 먹지 않고도 포만감과 만족감을 느낄 수 있어, 다이어트를 하는 사람들에게 인기였다.

오후에는 신제품 기획 회의가 있었다. 팀원들은 각자의 아이디어를 생각만으로 공유했고, AI는 이를 실시간으로 3D 모델로 구현해 냈다. 창의성의 협업이 그 어느 때보다 빠르고 직관적으로 이루어졌다.

퇴근 후, 찬호는 '뉴로짐'에 들렀다. 여기서 그는 VR 속 아바타를 통해 운동을 즐겼지만, 그의 실제 근육도 BCI의 신경 자극으로 단련되었다.

저녁에는 옛 여자친구가 생각났다. 찬호는 잠시 망설이다 '메모리 뱅크'에 접속했다. 그곳에는 그들의 추억이 생생하게 저장되어 있었다. 하지만 찬호는 곧 접속을 끊었다. 과거에 집착하는 것은 좋지 않다는 걸 알고 있었다.

잠들기 전, 찬호는 'Dream API'를 실행했다. 이 프로그램은 그의 꿈을 제어하고 기록할 수 있게 해 주었다. 오늘 밤에는 어떤 흥미진진한 모험을 꾸게 될까?

그러나 깊은 밤, 찬호의 BCI에 이상한 신호가 감지되었다. 누군가가 그의 뇌에 접근을 시도하고 있었다. 강력한 보안 시스템이 이를 차단했지만, 찬호의 얼굴에는 땀방울이 맺혔다.

기술의 발전은 놀라운 가능성을 열어 주었지만, 동시에 새로운 위험도 가져왔다. 찬호는 생각했다.

"우리의 마음마저 해킹당할 수 있는 세상에서, 진정한 자유와 프라이버시는 어디에 있을까?"

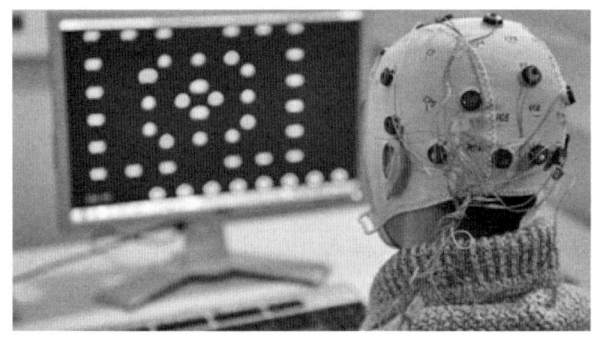

(출처: 게티 이미지)

이 이야기는 뇌-컴퓨터 인터페이스 기술이 일상화된 미래 사회의 모습을 그리고 있다. 기술의 혁신적인 활용과 함께 프라이버시, 보안, 정신적 건강 등 새로운 미래의 도전 과제들도 동시에 제시하고 있다.

뇌-컴퓨터 인터페이스(BCI) 기술은 인간의 뇌와 외부 기기를 직접 연결하는 혁신적인 기술로, 이를 실현하기 위해서는 네 가지 핵심 기술 영역의 발전이 필수적이다.

첫 번째 핵심은 신경 신호 감지 기술이다. 인간의 뇌에서 발생하는 미세한 전기 신호를 정확하게 포착하기 위해, 고해상도 비침습적 센서 기술의 개발이 필요하다. 이 센서는 복잡한 뇌 활동 속에서 의미 있는 신호만을 선별적으로 감지하고, 불필요한 노이즈를 제거하는 고도의 기술을 필요로 한다. 실시간으로 뇌 활동을 모니터링하는 시스템은 이러한 신호를 끊김 없이 지속적으로 추적한다.

두 번째로 중요한 것은 신호 처리 및 해석 기술이다. 감지된 뇌 신호는 매우 복잡하고 개인차가 커서, 이를 정확하게 해석하기 위해서는 고도화된 패턴 인식 알고리즘이 필요하다. 기계학습과 딥러닝 기술은 이러한 복잡한 뇌 신호를 해독하는 데 핵심적인 역할을 하며, 실시간 처리를 위한 고성능 컴퓨팅 시스템이 이를 뒷받침하는 역할을 해 주고 있다.

세 번째로는 신경 자극 기술이 중요하다. 뇌의 특정 영역을 정밀하게 자극할 수 있는 마이크로 전극이 개발되어야 하며, 초음파나 자기장을 이용한 비침습적 자극 기술도 함께 발전이 필요하다. 특히 피드백에 기반한 적응형 자극 시스템은 개인별 뇌 특성에 맞춘 최적화된 자극을 가능하게 한다.

또한 생체 적합성과 내구성 확보가 핵심 과제이다. BCI 기기가 실제 임상에서 사용되기 위해서는 장기간 안정적으로 작동해야 하기 때문에, 생체 적합 재료의 개발이 필수적이다. 뇌 조직과 안정적인 인터페이스를 형성하고, 면역 반응을 최소화하며, 조직 손상을 방지하는 기술들이 이를 위해 개발이 되어야 한다.

2040년, 인간의 생각이 곧 현실이 되는 세상. 우리는 그곳에서 끊임없이 편리함과 위험, 혁신과 윤리 사이에서 균형을 잡으려 노력하고 있을 것이다.

9

왜 세계는 생성형 AI에 열광하는가?

9.1
생성형 AI라는 쓰나미

Prompt: kanagawa style the great wave off, 3d, detail

2022년 11월 ChatGPT가 정식 출시된 후 지금까지 지난 시간을 한 문장으로 정리하자면 "'생성형 AI'라는 쓰나미(The Great Wave)가 전 세계를 강타했다"라는 표현이 가장 적합할 것이다. 이전까지 AI(Artificial

Intelligence, 인공지능)라는 단어는 우리에게 친숙함을 넘어서 약간은 진부한 단어로 느껴졌다. 공상과학 소설이나 영화의 단골 주제로 자주 등장했으며 2016년 알파고의 등장과 같이 간간이 뉴스에도 오르내리는 '미래 기술 이름' 정도로 대중에게 인식되고 있었다. 그렇게 새로울 것이 없을 것 같았던 AI가 ChatGPT 등장 이후 전 세계적인 반향을 일으킨 이유는 무엇이었을까?

여러 이유가 있을 수 있겠지만 가장 큰 이유는 개인들이 직접 체감할 수 있는 삶의 변화를 만들어 냈기 때문이라고 생각한다. 이전까지 대중의 인식 속의 AI는 영화 〈아이언맨〉 속 '자비스(Javis)'와 같은 대중의 기대에 비춰 보았을 때 사용은 번거롭고 AI가 제공하는 편의는 기대에 한참 미치지 못하였다. 비즈니스적으로도 크게 다르지 않은 것이, AI 기반의 서비스를 만드는 데 필요한 많은 노력과 비용에도 불구하고 그만큼 만족스러운 사용자 경험을 이끌어 낸 사례가 매우 드물었다. IT 전문 매체인 가트너의 발표에 따르면 2022년에는 미국 내 신규 AI 및 ML(Machine Learning, 기계학습) 프로젝트의 약 85%가 실패하였다고 한다.

그렇게 높은 대중의 기대와 현실적인 기술의 한계로 막연히 '미래 기술'로만 여겨지던 AI가 ChatGPT 등장 이후 이전과는 매우 다른 상황을 맞이하고 있다. ChatGPT를 처음 써 본 사람들의 첫 번째 반응은 'AI가 내가 한 말을 제대로 알아듣네!'였고 두 번째 반응은 'AI가 대답을 사람처럼 잘하네'였다. 이전까지 새로운 AI 기술이 등장할 때마다 새로운 AI가 얼마나 사람 같은지를 설명하기 위해서 기술자들은 튜링 테스트(컴퓨터가 지능이 있는지를 판별할 수 있는 시험)와 같은 시험의 결과를 말해야 했다. 하지만 기술자들의 바람과는 다르게 좋은 테스트 결과를 얻은 AI라고 해서 꼭 대중들에게 쉽게 받아들여지지는 않았다. 다시 말해서 좋은 테스트 결과를 얻어낸 AI 서비스도 일반 사용자들이 느끼기에 정말 사람 같지는 않았다. 알파고와 같이 바둑, 체스 등 국한된 영역에서 사람처럼 생각하는 AI는 그나마 좋은 평가를 받았지만 특정되지 않은 주제에 관해 일반적인 대화를 나누는 AI가 대중의 눈높이를 만족시키는 것은 매우 어려운 일이었다.

바로 여기서 ChatGPT가 만들어 낸 커다란 변곡점이 있다. 기술을 전혀 모르는 누구라도 자신에게 익숙한 '말(Chat)'을 통해서 AI와 소통할 수 있게 되었고 그 과정에서 많은 사용자들이 '정말 사람 같다'라든가 혹은 '사람보다 낫다'라는 경험을 하게 된 것이다.

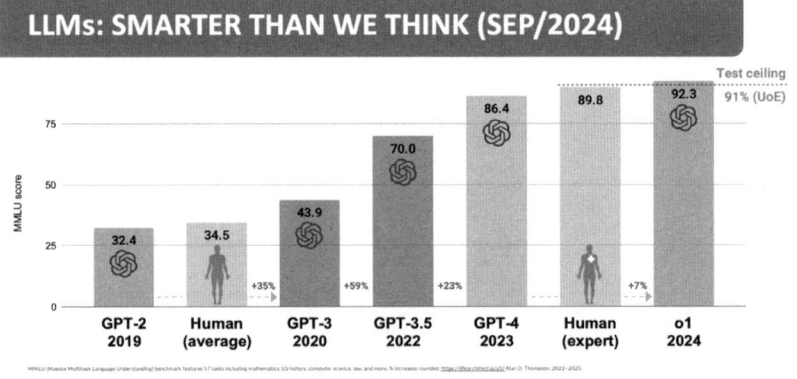

(출처: https://lifearchitect.ai/iq-testing-ai/)

이제 AI가 일부 테스트에서 일반인이나 전문가보다 더 높은 평가 점수를 얻는 사례가 나타나고 있다.

- Test 방식(MMLU): Massive Multitask Language Understanding, 인공지능 모델이 획득한 지식을 측정하는 벤치마크 테스트로 약 57개의 주제(STEM, the humanities, the social sciences 등)에 대해 다지선다 문제를 푼 결과를 평가.

ChatGPT를 필두로 하는 생성형 AI에 대해 빌 게이츠는 "GUI(그래픽 사용자 인터페이스) 이후 가장 진보된 기술"이라고 말했을 정도이니 그 파장은 실로 대단하다고 할 수 있다. 1억 명의 사용자를 확보하는 데 소요된 기간을 비교해 봐도 유튜브는 약 70개월, 텔레그램은 약 61개월, 인스타그램은 약 30개월이 걸린 반면 ChatGPT는 단 2개월일 뿐이니 사람들의 관심이 가히 역대급이라는 평가에 반대를 할 사람은 없을 것이다. 벌써 검색, 광고 등의 인터넷 서비스뿐만 아니라 스마트폰, 자동차에 이르는 우리 일상의 많은 곳에서 생성성 AI(ChatGPT)를 접목한 새로운 서비스들이 속속 등장하고 있다. 매일매일 새로운 AI 기반의 서비스들이 너무나도 많이 생기고 있어서 이제는 새로운 서비스를 기획하고 개발할 때 AI를 빼놓고 진행하는 것이 더 어려운 일이 되어 가고 있다.

Prompt: A futuristic car interior, where the driver relies on ChatGPT as their AI assistant system. The AI is displayed on a sleek, holographic screen that floats above the dashboard. ChatGPT is providing directions, suggesting music, and managing the car's settings, while the driver focuses on driving. The car is equipped with advanced technology, including self-driving features, and the overall atmosphere is modern and streamlined.

2024년 CES(사용자 가전 전시회)에서 폭스바겐은 자사의 차량에 ChatGPT를 탑재하겠다고 발표했다.

9.2
실생활에서 경험하는 AI의 영향력

ChatGPT로 대표되는 생성형 AI가 기존의 AI 서비스나 클라우드, 블록체인, 빅데이터 등의 이전 IT 트렌드와 결정적으로 다른 점은 일반 사용자가 일상에서 기술의 효용성을 체감할 수 있다는 데 있다. 공개 대국에서 이세돌 9단을 이겨 주목을 받았던 알파고와 그 기술적 기반인 딥러닝은 IT 전문가들이나 바둑을 아는 사람들에게만 그 대단함을 증명했지 일반인들이 일상생활에서 딥러닝 기술로 인한 효용성을 체감하기는 어려웠다. 이때까지 AI는 엄청나게 복잡하고 매우 전문적인 영역으로 일부 전문가들만이 사용하는 기술이라는 인식에서 벗어나기 어려웠다. 하지만 ChatGPT는 달랐다. 인터넷이 가능한 환경이라면 누구나 자유롭게 사용할 수 있었고 사용 방법 또한 대화(Chatting)라는 친숙한 방식으로 AI를 경험할 수 있었다. 비로소 전 세계 수많은 사람들이 AI가 무엇을 할 수 있는지 직접 목격하고 그 경험담을 수많은 매체들을 통해서 공유하기 시작했다. 이제 더 이상 AI는 아주 어렵거나 특정 전문가 집단만이 사용할 수 있는 도구가 아니라 초등학생부터 직장인 등 누구나 필요에 따라 사용할 수 있는 '일상의 도구'로 인식되기 시작했다.

이에 더하여 ChatGPT의 뛰어난 성능은 이러한 대중의 반응을 더욱더 열광적인 방향으로 이끌었다. 처음 ChatGPT를 통해서 생성형 AI를 경험한 사람들은 AI가 나(사람)의 말을 잘 이해하고 사람처럼 반응하는 데 호기심을 느꼈다. 하지만 곧 이 새로운 AI가 사람보다 더 잘할 수 있는 일들이 있다는 것을 알게 되었고 수많은 시도와 그 결과들을 SNS와 유튜브 등을 통해서 공유했다. 기존 미디어와 전문가들 역시 생성형 AI가 어디까지 할 수 있는지 그 가능성에 주목하고 빠르게 대중의 관심의 방향을 따라갔다.

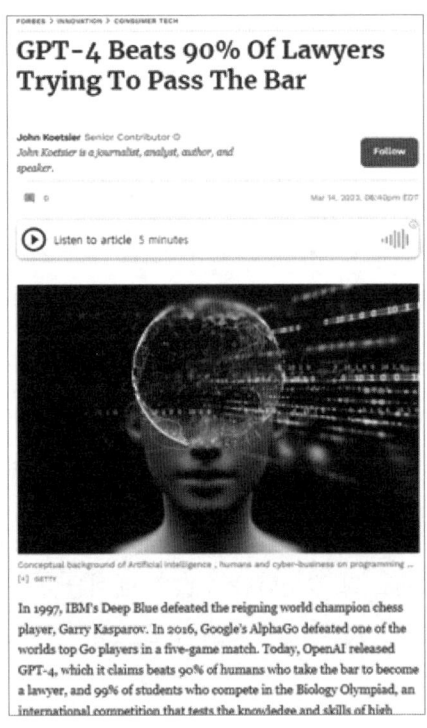

(출처: https://www.forbes.com)

일반적으로 국가가 정한 특정 자격 조건과 시험을 통과한 이들은 일반 대중으로부터 그들의 전문성을 인정받는다. 동시에 소위 말해서 '똑똑한 사람'이라는 이미지가 붙게 된다. 더욱이 그 시험이 어려울수록 해당 분야 전문가에 대한 사회적 인식 역시 높아진다. 대표적인 예가 '판사, 검사, 변호사'로 불리는 법조인들이다. 주변에서 사법고시를 통과했거나 로스쿨(법학전문대학원)을 졸업하고 변호사 시험을 통과한 사람이 있다고 한다면 누구나 쉽게 그 사람의 전문성과 명석한 두뇌를 인정할 것이다. 그만큼 사법고시나 변호사 시험은 높은 수준의 지적 능력을 요구한다. 이런 면에서 체스나 바둑 혹은 퀴즈 쇼(1997년 IBM의 Deep Blue가 체스 챔피언과의 경기에서 승리, 2016년 구글 알파고, 제퍼디쇼)에서 AI가 사람을 이겼다는 뉴스보다 ChatGPT가 미국 변호사 시험에서 90%의 정답률을 보여 줬다는 뉴스가 더 큰 변화로 인식된 것 같다.

인공지능에 기대하는 성능이라는 것이 결국 인간과 동등한 사고력을 기대한다고 할 때 사람도 붙기 어려운 시험에서 높은 정답률을 보여 줬다는 뉴스는 이제 AI가 높은 수준의 사고력이 필요한 일을 '나'보다 더 잘할 수도 있을 것이라는 사실을 어렵고 복잡한 기술에 대한 설명 없이도 많은 사람들에게 각인시킨 계기가 되었다.

AI의 미국 변호사 시험 관련 뉴스가 보도된 지 얼마 지나지 않아 각종 인터넷 뉴스에서는 법원의 판결에 부당함을 느낀 일부 사용자들이 판사의 역할을 사람 대신 AI에게 맡기자는 식의 댓글을 달기 시작했고 이 댓글들은 많은 '좋아요'를 얻었다. 해당 사건의 쟁점과 무관하게 이제는 그동안 사람의 높은 지적 능력이 필요해서 컴퓨터가 대체하기 어려울 것이라고 생각했던 법조계마저 새로운 AI 시대에는 더 이상 대체 불가능한 절대 영역이 아니라는 사실을 많은 대중이 공감하고 있다는 사실을 확인할 수 있었다.

미국의 변호사 시험 관련 뉴스 내용을 간단히 검증해 보기로 했다. 검증 방법으로 마이크로소프트의 클라우드 서비스인 Azure에 대한 지식과 사용법의 숙달 정도를 평가하는 Azure Certification(자격증명)의 시험 내용을 ChatGPT에 입력하고 ChatGPT가 출력한 결과의 정확도를 확인하는 방식을 적용했다. 시험은 난이도가 가장 높은 Expert(★★★) 단계 자격증 중 하나인 DevOps와 Special(★★) 단계 자격증인 Administrator 두 개로 정하고 각각 객관식 25개 항목으로 구성하였다.

시험에 사용된 AI는 GPT-4 기반에 인터넷 검색 기능이 가능하며 무료로 사용할 수 있는 마이크로소프트의 Copilot을 선택했다. 실험을 진행할 때 결과에 영향을 미치지 않도록 별도로 시험에 대한 배경 설명이나 지시 사항을 입력하지 않고 갱신 시험에 나온 문제와 보기만을 Copilot 채팅 창에 입력하였다. 시험 결과 DevOps 시험의 정답률은 88%, Administrator 시험의 정답률은 60%로 두 시험 모두 합격 기준인 정답률 60%를 넘어섰다.

이미 보도된 내용이 구체적이라 시험에 대한 통과를 기대하기는 했지만 실제 시험을 통과한 결과를 보니 여러 가지 생각이 들었다. 시험 결과를 조금 더 살펴보면 DevOps 갱신 시험은 '관련 지식'에 대한 이해의 정도를 묻는 질의가 많았고 Administrator는 주어진 클라우드 환경을 분석하고 이를 기반으로 논리적인 계산이 필요한 시험 문제가 주를 이루었다. 사람의 기준으로는 폭넓은 이해가 필요한 DevOps 시험이 상대적으로 어려운 시험이었지만 생성형 AI가 인간의 언어를 학습한 모델이라는 기술적 기반을 생각해 볼 때 공학 계산보다는 지식 검색에서 더 좋은 결과를 얻는 모습을 확인할 수 있었다.

　문자(Text) 기반의 생성형 AI 서비스가 문자를 넘어서 음성, 이미지, 영상으로 그 학습 범위를 계속해서 확대하고 있어 그 영향은 앞으로 더 커질 것으로 예상되고 있다.

9.3
AI에게 일자리를 빼앗길지 모른다는 불안감

거대한 사회적 파급력이 예상되는 신기술을 거부하는 현상은 AI 이전에도 있어 왔다. 1811년부터 1817년까지 영국 중부와 북부의 직물 공업 지역에서 일어난 기계 파괴 운동인 러다이트 운동(Luddite Movement)이 대표적인 사례라고 할 수 있다. 러다이트 운동은 당시 산업혁명으로 인해 기계가 인간의 노동력보다 우위를 점하게 되어 수공업자들이 몰락하자 새로 발명된 방직기 때문에 일자리를 잃을 위기에 놓인 노동자들이 기계를 파괴한 집단 행동이다. 이후 시간이 지나면서 이 용어는 일반적으로 산업화, 자동화, 컴퓨터화 또는 신기술에 반대하는 사람 혹은 사회적 활동을 의미하게 되었다.

생성형 AI의 기술적 완성도가 점점 높아지면서 AI로 인한 사회적 영향도 점점 커지고 있다. 미국 노동청의 발표에 따르면 ChatGPT가 시장에 공개된 지 반년 만인 2023년 5월에 처음으로 AI로 인한 기업의 감원 사유가 보고되었고 그 규모 또한 3,900여 명으로 그달 감원 사유 중 일곱 번째로 큰 규모라 많은 사람들에게 충격을 주었다. AI로 인한 감원의 규모가 계속해서 증가하였다면 사회적 파장이 너무 클 수 있다는 전망도 있었으나 다행히 AI로 인한 미국 내 기업의 감원 규모는 많이 감소하여 2023년 전체 기간(5월~12월) 총 4,247명에 머물렀다. 2024년 1월부터 4월까지 집계된 내용을 보면 AI로 인한 미국 내 감원 규모는 총 1,183명으로 2023년 5월처럼 큰 규모는 아니지만 이제는 꾸준하게 주요 감원 사유의 한 자리를 차지하고 있는 모습이다.

이제 AI로 인한 고용시장의 변화는 변수가 아니라 상수로 받아들여야 할 상황이 되어 가는 것 같다.

	Job Cuts Reason	23-May	YTD
1	Closing	19,598	47,513
2	Market/Economic Conditions	14,617	206,283
3	No Reason Provided	12,914	46,900
4	Cost-Cutting	8,392	50,646
5	Voluntary Severance/Buyouts	8,000	8,113
6	Restructuring	5,215	20,160
7	**Artificial Intelligence**	**3,900**	**3,900**
8	Acquisition/Merger	3,334	4,305
9	Outsourcing Operations Outside the US	-	2,000
10	Contract Loss	1,586	4,727
11	Outsourcing Operations to Another US Co.	1,000	1,000
12	Financial Loss	654	11,659
13	Demand Downturn	581	8,770
14	Relocation (Domestic)	-	395
15	COVID-19	175	175
16	Bankruptcy	123	904
17	Supply Shortage	-	50
	Total	80,089	417,500

(출처: https://www.challengergray.com)

9.4
AI로 인한
고용시장 변화 위험에 노출된 사람들

연구 결과에 따르면 AI의 새로운 등장으로 가장 크게 위험에 노출된 직업군은 대학(학사) 졸업 학력을 가진 예산분석가, 세무사, 웹개발자, 기술문서 작성자, 데이터 입력가 영역이다. 이미 앞서 말한 것처럼 미국 내 작가와 카피라이터의 고용시장에서 AI로 인한 해고 사례들이 발생하고 있다.

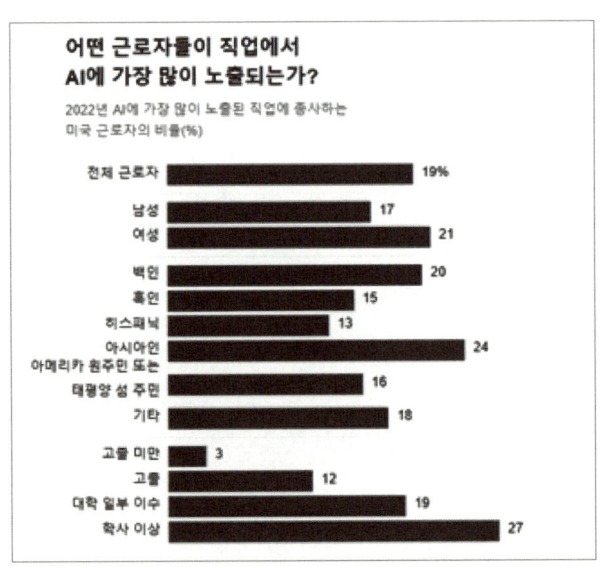

Jobs in U.S. that are likely to have high, medium or low exposure to AI

High exposure
- Budget analysts
- Data entry keyers
- Tax preparers
- Technical writers
- Web developers

Medium exposure
- Chief executives
- Veterinarians
- Interior designers
- Fundraisers
- Sales managers

Low exposure
- Barbers
- Child care workers
- Dishwashers
- Firefighters
- Pipelayers

Note: Occupations are grouped by the relative importance of work activities with low, medium or high exposure to AI.
Source: Pew Research Center analysis of O*NET (Version 27.3).
"Which U.S. Workers Are More Exposed to AI on Their Jobs?"

PEW RESEARCH CENTER

(출처: Pew Research Center)

이런 AI로 인해 발생한 해고에 대응하는 대표적인 사례가 2023년 미국 작가조합의 16년 만의 파업이다. 이 파업으로 다수의 미국 영화, TV 드라마의 제작이 중단되는 사태가 있었다. 특히 이때 제작이 중단되었던 작품에는 국내에도 많은 팬을 가지고 있는 MCU의 〈어벤져스〉 시리즈가 포함되어 있어 국내 뉴스에도 여러 차례 보도된 바 있다. 미국작가조합의 파업은 크게 '재방료 기준 확립', '원고료 및 출연료 인상', 'AI를 통한 인력 감축 철회', '업무 환경 변화' 이렇게 네 가지 요구사항을 관철하기 위해서 시작하였다. 하지만 많은 미디어가 이 네 가지 요구 조건 중 'AI를 통한 인력 감축 철회'라는 요구사항을 집중 조명하면서 많은 사람들이 러다이트와 같은 신기술(생성형 AI)로 인한 사회적 갈등의 대표적인 사례로 기억하게 되었다.

사실 조금 더 자세히 미국작가조합의 파업 요구사항을 들여다보자면 '재방료 기준 확립'과 같이 거대 OTT 플랫폼(Netflix, Disney+, Amazon Prime 등)의 등장으로 발생한 보상체계 변화에 따른 문제를 해결하는 것이 작가들에게 더 크고 다급한 문제라고 할 수 있었다. 그도 그럴 것이 기존 TV 드라마는 '재방송'을 할 때마다 '재방료'가 작가들에게 지급되어 차기작을 준비하는 동안에도 생계를 유지할 수 있었지만 OTT의 경우에는 '본방', '재방'이라는 개념이 없어 고정된 작가료만을 지급하고 있어 작가들의 생계에 직접적인 영향을 미치는 요구사항이라고 할 수 있었다. 파업의 결과는 어떻게 되었을까? 약 5달 가까이 지속되던 파업은 146일 만에 합의에 이르렀다. 간단히 정리해 보면 OTT에도 일부 '재방송'이라는 개념을 정하고 '재방료 기준'을 확립하게 되었다. 그리고 'AI를 통한 인력 감축 철회'라는 작가

협회의 요구 사항은 'AI를 활용한 집필 규제'라는 다소 완화된 방식으로 결론짓게 되었다.

즉 AI가 작가의 일자리를 빼앗지 못하게 어떤 방식으로 제한을 두겠다는 것이 아니라 제작사가 작가에게 AI를 이용한 집필을 강요하고 AI의 도움을 받아 창작한 창작물을 활용할 때 임금을 낮게 지급하는 경우만 금지하는 방식이다. 물론 이때 작가가 원한다면 제작사의 동의하에 AI를 활용할 수 있다. 사태는 이렇게 일단락되었지만 이 합의의 보장 기간인 2026년 5월이 되었을 때 AI와 작가 사이의 문제는 지금과는 많이 달라지지 않을까 예상해 본다.

생성 이미지: 19세기 러다트 운동과 21세기 작가 파업

그 이유는 이제 AI로 인한 일자리 지형 변화는 막 시작되었을 뿐이고 AI 기술의 발전은 그 어느 때보다 빠르게 이루어지고 있기 때문이다.

그렇다면 인간은 일방적으로 AI와의 일자리 경쟁의 피해자로만 남게 되었을까? 아니다. 예를 들어 AI와 작가의 관계가 '상호 대립'하는 하나의 면만 있지 않고 '상호 보완'하는 면도 있다. 작가들이 새로운 드라마나 영화 시나리오 작업을 할 때 어려운 부분 중 하나는 신선하고 새로운 이야기 소재를 찾는 것이라고 할 수 있다. 그리고 ChatGPT를 써 본 사람들은 경험했겠지만 ChatGPT와 같은 생성형 AI가 잘할 수 있는 분야 중 하나가 사람은 상상하기 어렵고 엉뚱하기까지 한 결과를 만들어 내는 것이다.

작가들은 AI를 이용해서 새로운 창작의 영감을 얻을 수도 있고 이미 작성한 글을 다른 분위기로 수정하는 일도 AI에 손쉽게 맡길 수 있을 것이다. 어쩌면 작가들이 AI를 잘 활용해서 이전의 작품 활동보다 더 완성도 높은 창작 활동이 가능할 수 있을지도 모르겠다. 물론 AI도 작가들의 창작물을 기반으로 만든 양질의 새로운 학습 데이터를 이용하여 보다 높은 성능의 새로운 AI 모델로 발전할 수 있다. 이때 AI 학습 데이터에 창작물을 사용하는 것은 최근 새로운 쟁점으로 떠오르고 있어 여기서는 이만 줄인다.

비슷한 경우로 번역 AI와 번역가들은 같은 일을 두고 경쟁하는 것처럼만 보이지만 다른 한편으로 번역가들은 번역 AI를 초벌 번역에 사용해서 전체 작업 시간을 단축하고 있고 번역 AI는 전문 번역가의 번역 결과를 기반으로 한 학습 데이터를 가지고 계속해서 번역 성능을 높여 가고 있다.

물론 이와 같은 '적과의 동침'이 영원할 것이라는 의미는 아니다. 단지 이런 노력들이 AI로 촉발된 거대한 사회의 변화에서 충격을 최소화할 수 있는 과도기적인 방법을 알아보고 개인이나 사회가 변화에 적응할 수 있는 최대한의 시간을 벌 수 있지 않을까 기대해 본다.

왜냐하면 생성형 AI은 만능이 아니기 때문이다. 아직은!

ChatGPT 4를 이용해서 드라마 소재 열 가지를 추천해 달라고 요청한 결과

AI가 당신을 대체하진 않지만 AI를 잘 쓰는 다른 사람이 당신을 대체할 것이다

10.1
생성형 AI는 어떻게 동작하는가?

생성형 AI가 어떻게 동작하는지 대표적인 생성형 AI 서비스인 ChatGPT를 통해서 알아보자. ChatGPT는 OpenAI에서 개발한 대화형 인공지능이다. 이 모델은 엄청난 양의 텍스트 데이터를 바탕으로 학습하여 사람처럼 자연스럽게 대화할 수 있다. ChatGPT는 다양한 주제에 대해 이야기할 수 있으며, 사용자의 질문에 적절한 답변을 제공한다.

사용자가 질문을 입력하면, ChatGPT는 먼저 그 질문을 이해하기 위해 분석을 시작한다. 질문을 작은 단위인 토큰(Token, AI가 처리할 수 있는 최소의 언어 단위)으로 나누고, 이 토큰들을 숫자로 변환한다. 이렇게 변환된 숫자들은 모델이 이해할 수 있는 형태가 된다. ChatGPT는 현재의 질문뿐만 아니라 이전 대화 내용도 함께 고려한다. 예를 들어, 사용자가 "아까 언급한 책 제목이 뭐였지?"라고 묻는다면, ChatGPT는 이전 대화에서 책 제목이 언급된 부분을 기억하고 답변할 수 있다. 이렇게 문맥을 파악하는 능력 덕분에 더 자연스러운 대화가 가능하다.

ChatGPT는 트랜스포머라는 신경망 구조를 사용하여 작동한다. 이 구조는 입력된 토큰들 간의 관계를 이해하고, 다음에 올 토큰을 예측하는 데 매우 효과적이다. ChatGPT는 여러 가능한 답변의 확률을 계산하고, 그중 가장 적절한 답변을 선택한다. 예를 들어, "오늘 날씨가 어때?"라는 질문에 대해 "맑다", "비가 온다" 등의 여러 답변 중에서 가장 가능성이 높은 것을 선택한다. ChatGPT는 대화의 일관성을 유지하기 위해 이전 대화 내용을 기억한다. 이를 통해 사용자가 여러 번에 걸쳐 질문을 하더라도, 일관된 답변을 제공할 수 있다. 또한, 사용자가 추가적인 정보를 요구하면, ChatGPT는 관련된 정보를 더 제공할 수 있다. 예를 들어, "더 자세히 설명해 줘"라는 요청에 따라 이전 답변을 확장하고 더 상세히 설명한다.

10.2
생성형 AI에 대한 오해

ChatGPT를 쓰면서 ChatGPT가 사람처럼 응답해 주는 것을 계속해서 보고 있으면 ChatGPT를 사람처럼 생각하고 반응하는 '존재'로 착각하게 된다. 그도 그럴 것이 내가 던지는 어려운 질문을 찰떡처럼 잘 알아듣고 다양한 양식과 톤(tone)으로 글을 써 주는 것을 보고 있으면 영화 〈아이언맨〉에서 언제 어디서나 주인공 '토니 스타크'를 도와주던 인공지능 비서 '자비스'나 영화 〈그녀(Her)〉 속에서 남자 주인공 '시어도어'와 대화로 썸을 타던 인공지능 '사만다'를 연상하게 된다. 하지만 생성형 AI는 아직까지 완벽히 사람과 같이 사고하는 수준까지 도달하지는 못하였다. 생성형 AI의 본질은 앞의 글을 읽고 다음에 올 단어를 추천하는 '예측 모델'이고 '토큰 예측 모델'로서 가지고 있는 태생적 한계가 분명하다.

가장 대표적인 한계는 **'데이터 의존성'** 문제이다. GPT의 'P'는 'Pre-trained'의 약어로 사전 학습된 모델이라는 의미이다. 다시 말해서 모델을 만들기 위해서는 모델 학습에 사용할 학습 데이터가 필요하고 모델은 학습 데이터에 있지 않은 정보는 가지고 있지 않다. 모델이 학습한 데이터에 기반하여 답변을 생성하기 때문에, 때때로 부정확한 답변을 할 수 있다. 생성형 AI는 그 특성상 학습되지 않은 데이터에 대한 질의에도 응답을 하게 되는데 이때는 거의 대부분 환각(Hallucination)이 발생한다. 노래 가사나 시나리오를 만드는 등의 정확한 사실에 기반할 필요가 없는 경우는 문제가 되지 않을 수 있지만 정확한 사실에 기반한 정보가 필요한 경우에는 큰 문제가 될 수 있어 사용에 주의가 필요하다.

잘 알려졌듯이 초기 ChatGPT는 책, 뉴스, 저널, 웹사이트의 문서 정보(Text)를 학습한 모델로 학습된 데이터에 대한 질의에 대해서는 아주 그럴싸한 결과를 만들지만 오늘의 날씨에 대해서는 모른다고 응답하거나 비가 오는 날씨인데 '오늘은 매우 화창하다'라는 등의 엉뚱한 결과를 내보이기도 한다. 물론 ChatGPT를 서비스하는 OpenAI에서도 이렇게 사용자들을 불편하게 만드는 한계를 보완하고자 최신 데이터로 학습한 모델을 계속해서 공개하고 있다. 그래도 아직까지 실시간 정보를 기반으로 사용자 질의에 응답하는 데는 한계가 있어 실시간 정보(뉴스, 날씨, 웹 검색 등)를 제공할 수 있는 보조 기능을 추가한다든지 다양한 정보를 제공하는 외부 서비스(3rd Party)와 연계(Plug-in)를 통해서 이 문제를 해결하고 있다.

또 다른 한계점은 생성형 AI는 사전 학습을 통해서 사람이 글을 쓰는 패턴을 따라 하는 것이지 사람처럼 '논리적 사고'를 하는 게 아니라는 점이다. 사람들은 생성형 AI가 사람처럼 논리적으로 생각하고 판단할 것이라고 오해를 한다. 하지만 생성형 AI는 계산된 확률값을 가지고 다음에 올 토큰을 추천해 주는 모델이다. 다시 말해서 사람이 쓴 다양한 글을 사전에 학습해서 사람이 글을 쓰는 방식(패턴)으로 판단할 때 앞에 있는 토큰에 이어서 올 확률이 가장 높은 다음 토큰을 추천한다. 사용자의 질의(토큰)에 대해서 올 만한 답변(토큰)을 연속해서 출력하여 문장을 만들고 짧은 글을 만든다. 사람이 보기에 어렵지 않은 수학 계산에 대해서 ChatGPT에 질의할 때 많은 경우 엉뚱한 결과를 출력하는 이유가 바로 여기 있다.

물론 앞서 살펴본 것처럼 실시간 데이터의 결핍 문제에 대한 대안처럼 모델 학습을 통해서 모델의 논리적 결과 품질을 높이는 방식과 수학이나 공학 문제를 전문적으로 해결하는 외부 서비스와의 협업을 통해서 생성형 AI가 가지는 한계를 극복하고 있다. 또 새로운 모델 학습이나 외부 서비스의 연계 없이 생성형 AI에 보내는 질의(Prompt, 프롬프트)를 잘 써서 보다 논리적인 결과를 유도하는 방식도 있는데 CoT(Chain of Thought, 연쇄 사고 프롬프트)가 대표적이다(ChatGPT와 같은 생성형 AI의 논리적 성능을 더 높게 이끌어 낼 수 있는 프롬프트 기법에 대해서는 다음 장에서 자세히 알아보도록 하자).

생성형 AI의 한계를 명확하게 아는 것은 ChatGPT와 같은 생성형 AI를 잘 이용하는 데 매우 중요하다. ChatGPT가 만든 결과에 나온 모든 데이터를 100% 신뢰하면 안 된다는 제약을 알고 있어야 ChatGPT의 결과가 곧 사실이라 믿고 이 결과를 잘못 사용하여 낭패를 보는 상황을 방지할 수 있다. 2023년 미국 뉴욕시에서 활동하는 한 변호사가 자신이 담당하고 있던 사건과 유사 사례를 ChatGPT에 질의하고 그 결과를 아무런 검증 절차 없이 법원에 제출했다. 문제는 ChatGPT가 작성한 유사 사례 중 6건은 실제 없었던 가상의 사례(Hallucination)를 ChatGPT가 생성했다는 것이다. 결국 제출된 유사 판례 중 확인할 수 없는 판례가 있다는 상대방 측 이의를 재판부가 인정했고 ChatGPT가 작성해 준 판례를 의심 없이 제출한 변호사는 회사로부터 징계를 받았고 무엇보다 30년 차 변호사 경력에 큰 오점을 남기게 되었다.

처음 ChatGPT가 발표되었을 때 일부에서는 구글 검색을 대체하는 서비스로 소개되기도 하였지만 ChatGPT는 정보 검색 서비스는 아니며 ChatGPT가 제공하는 정보의 신뢰성에 대해서는 일단 의심을 하는 것이 안전한 사용 방법이다. 구글이나 네이버의 검색 결과보다 ChatGPT처럼 생성형 AI가 다양하게 만들어 주는 검색 결과를 원한다면 Perplexity와 같은 생성형 AI 기반의 검색 서비스를 사용하는 것도 좋은 방법이다.

참고: Perplexity 검색 결과 화면

Perplexity는 사용자 질의에 대한 결과를 만들기 위해서 먼저 웹 검색으로 관련 자료를 모으고 이후 수집된 자료를 기반으로 생성형 AI가 답변을 생성한다. 이런 방식을 통해서 ChatGPT가 가지고 있는 데이터 신뢰성 문제를 해결하고 있다.

10.3
생성형 AI에 대한 시장의 접근 방식 변화

기술 검증 끝! 생산성을 위한 AI에 투자한다

2023년은 한국을 포함한 전 세계 IT업계가 생성형 AI로 떠들썩한 한 해였다. 거의 대부분의 IT 관련 기업들이 숨 가쁘게 생성형 AI 기술이나 생성형 AI 기반의 서비스 개발 경쟁에 참여했고 IT와 직접 관련이 없는 기업들도 생성형 AI를 기존 서비스와 사업에 접목시킬 방법을 찾는 데 열중했다. 그러다 보니 수많은 기술 검증(PoC, Proof of Concept) 프로젝트에 대한 투자와 시도가 있었다. 대부분 생성형 AI를 결합하기만 하면 ChatGPT처럼 이전에는 없었던 놀라운 사용자 경험을 만들어 낼 수 있을 것이라는 큰 기대로 접근했지만 안타깝게도 아직까지 ChatGPT를 뛰어넘는 생성형 AI 기반의 서비스는 없는 것처럼 보인다.

생성형 AI 적용을 위한 많은 도전 끝에 크고 작은 성공과 실패 사례가 쌓였고 최근엔 생성형 AI에 대한 기업의 접근 방법이 초기와는 많이 바뀌었다. 막연히 생성형 AI를 도입만 하면 성공할 수 있을 것이라는 기대는 한풀 꺾였고 이전에 다른 IT의 트렌드에서 봤던 것처럼 ROI(Return on Investment)를 강조하는 추세이다. 즉 생성형 AI를 적용할 때 실질적으로 기대할 수 있는 효과와 투자 비용을 꼼꼼히 따지면서 현실적으로 달성 가능한 분명한 목표를 설정하고 프로젝트를 진행하는 분위기다.

IT 시장조사 기관 가트너의 자료를 보면 이런 변화를 확연히 알 수 있다. 조사에 응답한 회사 중 약 20%의 회사가 기술 검증에 대한 투자를 줄이고 실사용(Production Mode)에 투자를 늘리고 있다. 이는 작년 같은 기간 10%에서 약 두배 상승한 수치이다. 현업에서 느끼는 국내 시장의 변화도 이와 유사하다.

중요한 것은 가입자 수가 아니라 사용자 수

2023년 ChatGPT로 대변되는 생성형 AI 기반의 서비스가 아주 빠른 시간에 많은 가입자를 모아서 주목을 받으면서 생성형 AI에 대한 시장의 반응을 더욱 뜨겁게 했다. ChatGPT의 경우 1억 명의 가입자를 모으는 데 단 두 달밖에 걸리지 않아 전 세계를 놀라게 했다. 트위터가 1억 명의 가입자를 모으는 데 약 5년 5개월이 걸렸고, 페이스북이 4년 6개월, 유튜브가 4년 1개월, 인스타그램이 2년 6개월이 걸린 것을 볼 때 두 달이라는 숫자는 생성형 AI에 대한 뜨거운 관심을 잘 표현해 준다.

이런 뜨거운 시장의 관심에 맞춰 2023년 5월 기준으로 13개의 생성형 AI 기반 서비스가 유니콘(Unicorn, 기업 가치가 10억 달러 이상인 비상장 스타트업)에 등극했다. 그렇다면 뜨거운 시장의 반응에 힘입어 유니콘이 된 생성형 AI 기반 서비스(기업)는 모두의 예상만큼 수익을 내고 있을까? 그리고 앞으로 더 큰 수익을 기대할 수 있을 것인가? 이런 질문에 답을 찾기 위해서 DAU/MAU 비율과 한 달 잔존율(One Month Retention)에 대해서 알아보자.

DAU/MAU 비율

DAU/MAU 비율은 Daily Active Users(일일 활성 사용자 수)를 Monthly Active Users(월간 활성 사용자 수)로 나눈 값이며, 서비스 사용자 참여도와 고착성을 측정하는 중요한 지표다. 이 비율은 서비스가 사용자들에게 얼마나 자주 사용되고, 얼마나 매력적인지를 나타내며, 이를 통해 시간 흐름에 따른 사용률과 잠재적 수익을 예측할 수 있다.

DAU/MAU 비율의 중요성을 크게 세 가지로 정리하면 다음과 같다.

첫째, 사용자의 서비스 실사용 정도를 알 수 있다. 전체 월간 활성 사용자 중 하루 동안 앱을 사용하는 사용자의 비율을 나타내므로, 사용자의 일일 참여도를 직관적으로 보여 준다.
둘째, 사용자들이 느끼는 서비스의 매력도를 알 수 있다. 높은 DAU/MAU 비율은 사용자들이 서비스를 자주 방문하고, 지속적으로 사용한다는 것을 의미한다.
셋째, 비즈니스 전략을 개선할 때 중요한 지표로 활용할 수 있다. DAU/MAU 비율을 모니터링함으로써 기업은 사용자 유지 및 참여 전략을 보다 효과적으로 조정하고 개선할 수 있다.

DAU/MAU 비율의 계산 방법은 'DAU/MAU×100%'로 매우 간단하다. 예를 들어 한 달 동안 일일 활성화 사용자 수(DAU)가 3,000명이고 월간 활성 사용자 수가(MAU)가 9,000명일 때 DAU/MAU 비율은 3,000/9,000 ×100%=33%이다.

한 달 잔존율(One Month Retention)

'한 달 잔존율'은 사용자가 처음 앱을 사용한 날로부터 한 달 후에도 여전히 앱을 사용하고 있는지를 나타내는 지표로 이 지표가 높으면 사용자가 앱에 만족하고 장기적으로 계속 사용할 가능성이 높음을 나타낸다. 잔존율이 높다는 것은 신규 사용자가 시간이 지나도 앱을 계속해서 사용하고 있다는 것을 의미하며, 이는 사용자 충성도와 유지가 잘 이루어지고 있음을 보여 준다.

활성 사용자의 수나 서비스 재방문율이 중요한 이유는 이것이 서비스의 사업적 성패를 가르는 핵심 지표이기 때문이다. 서비스 매출의 대부분은 지속해서 서비스를 사용하는 사용자에서 발생한다. 통계적으로 고객 유지율(Retention)이 5% 증가하면 전체 수익이 25~95%까지 증가할 수 있다. 즉, 서비스의 활성 사용자 수는 해당 서비스의 수익성을 판단할 수 있는 지표라고 할 수 있다.

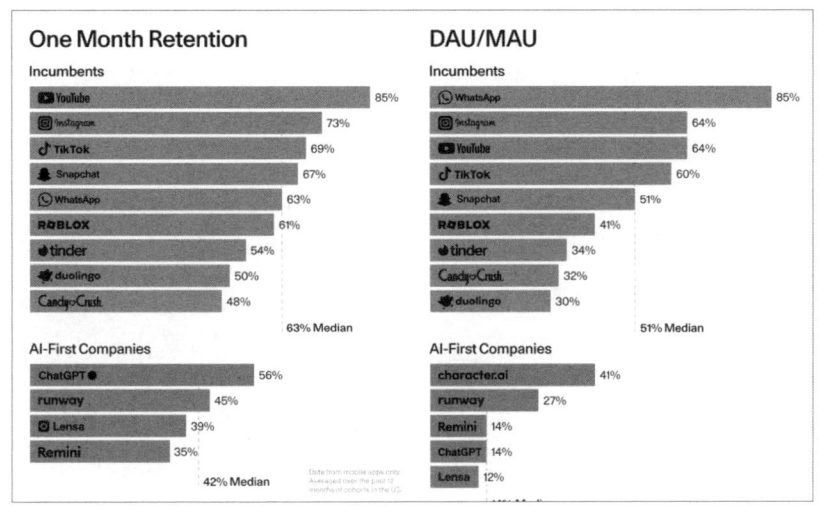

(출처: State of AI Report 2023)

    2023년 10월 'State of AI' 보고서에 따르면 생성형 AI 기반의 서비스가 사용자들에게 강렬한 첫인상을 제공함에도 불구하고 일일 활성 사용자(DAU) 대비 월간 활성 사용자(MAU) 비율과 한 달 잔존율이 낮게 나타나고 있다고 한다. 이러한 데이터는 생성형 AI 서비스가 사용자들을 장기간 유지하는 데 어려움을 겪고 있음을 시사한다. 이것은 AI 서비스가 제공하는 'Wow Effect', 즉 사용자를 처음으로 끌어들이는 놀라운 경험은 있으나, 'Wow Effect'만으로는 사용자들을 지속적으로 유지하기에는 부족하다는 점을 드러낸다. 사용자 경험이 초기의 호기심을 넘어서서 지속적인 가치를 제공하지 못하는 경우, 사용자들은 서비스를 지속적으로 사용하지 않게 되는 것이다.

    또한, 이러한 상황은 생성형 AI 기업들이 직면한 또 다른 도전을 강조한다. 현재 기준 생성형 AI 서비스가 막대한 투자에도 불구하고 매출이나 수익이 기대에 못 미치는 상황은 생성형 AI 서비스의 사업 모델과 지속 가능성에 대한 회의적인 시각을 낳고 있다.

이러한 문제를 해결하기 위해서 생성형 AI 서비스 제공자들이 단순한 호기심을 넘어서 사용자에게 지속적인 가치를 제공할 수 있는 방안 모색이 필요하고 사용자의 니즈(Needs)에 더 깊이 공감하고, 서비스의 질을 개선하여 장기적인 고객 충성도를 확보하는 전략이 중요해지고 있다.

생성형 AI를 기존 사업에 적용하려는 기업들도 보다 구체적인 목표를 가지고 사업을 전개하고 있다. 2024년 BCG(Boston Consulting Group)의 AI Report에 따르면 AI 선두 기업들은 생성형 AI 적용 후 생산성 10% 향상이라는 현실적인 목표를 설정한다고 한다.

11

생성형 AI를
다루는 기술

11.1
프롬프트 엔지니어링이 왜 필요해?

프롬프트(Prompt)는 생성형 AI로부터 생성 결과를 얻기 위해 생성형 AI로 전달하는 입력값을 의미한다. 생성형 AI에서 입력값을 '프롬프트'라고 부르는 이유는 이 단어의 본래 의미에서 찾을 수 있다. '프롬프트'는 영어로 '촉발하다', '자극하다'라는 의미를 가지고 있으며, 이는 사용자의 요구나 명령에 반응하여 AI가 적절한 출력을 생성하도록 유도하는 역할을 하기 때문이다. 특히, 자연어 처리를 하는 생성형 AI에서 프롬프트는 정보 처리 방식을 제시하고, 어떤 형태의 응답을 생성할지 결정하는 데 중요한 역할을 한다. 다시 말해서 생성형 AI, 특히 자연어 생성 AI의 생성 결과물의 품질은 어떻게 AI에 질문(프롬프트)을 던지는지에 크게 좌우된다.

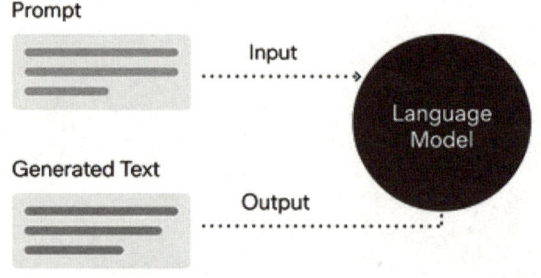

이렇게 거대 언어 모델(LLM)로부터 높은 품질의 응답을 얻어낼 수 있는 프롬프트 입력값들의 조합을 찾는 작업을 프롬프트 엔지니어링(Prompt Engineering)이라고 한다. 효과적인 프롬프트는 모델의 지식과 능력을 최대한 활용하여 높은 수준의 출력을 이끌어 낼 수 있어, 프롬프트 엔지니어링은 AI 모델의 출력을 최적화하고 특정 작업에 맞게 조정하는 데 필수적인 역할을 한다.

11.2
내가 원하는 결과를 만들기 위한 프롬프트 엔지니어링

생성형 AI 모델별로 가장 효과적인 프롬프트 방식이 존재한다. 예를 들어 언어 생성 모델의 프롬프트와 이미지 생성 모델의 프롬프트 방식에는 분명한 차이가 있고 같은 언어 생성 모델이라고 해도 ChatGPT와 Gemini, Claude 등 모든 언어 생성 모델이 같은 프롬프트에 동일한 결과를 출력하지 않는다. 이것은 이미지 생성 모델이나 음악 생성 모델의 경우에도 동일하다.

여기서는 가장 많이 사용되는 ChatGPT의 프롬프트를 중심으로 설명한다. 소개되는 프롬프트를 다른 언어 모델에 입력했을 때 ChatGPT와 동일한 결과를 얻을 수는 없겠지만 설명하려는 기법을 사용하면 대부분의 언어 생성 모델의 생성 결과 품질을 높이는 효과를 확인할 수 있을 것이다.

1) 명확하고 구체적으로 프롬프트를 작성

생성형 AI가 아무리 뛰어나다고 해도 사람의 머릿속을 읽을 수는 없다.

긴 글을 읽기 어려워서 짧게 요약하는 일을 ChatGPT에 시키려고 할 때 사람마다 원하는 요약의 길이와 요약의 형태가 다를 수 있다. ChatGPT에 일을 시키기 전에 내가 하려는 일과 원하는 결과에 대해서 다시 한번 생각해 보고 가능한 한 구체적으로 프롬프트를 작성하면 그러지 않았을 때보다 더 마음에 드는 생성 결과를 얻을 수 있다. 물론 여러 차례 프롬프트를 보내고 결과를 수정하면서 최종적으로 원하는 결과를 얻을 수도 있다. 하지만 생성형 AI를 이용해서 비슷한 일을 자주 한다고 할 때 한 번에 원하는 결과를 얻을 수 있는 프롬프트를 만들어 두면 매번 여러 차례 묻고 답하는 번거로움을 줄일 수 있다. 생성형 AI 기반 서비스를 개발할 때는 사용하는 토큰만큼 사용료가 발생하게 되는데 이런 경우 특히 한 번에 원하는 결과를 얻을 수 있는 프롬프트 작성의 중요성이 커지게 된다.

원하는 생성 결과를 얻기 위해서는 작업의 배경 정보를 제공하거나 결과에 반드시 포함되어야 할 요소들을 제시해야 한다. 두루뭉술한 표현보다 정확한 표현을 사용하는 것이 효과적이다. 예를 들어서 '좀 더 많은 예시를 포함해 줘'라는 프롬프트보다 '각 항목별로 세 가지 예시를 포함해서 작성해'라고 프롬프트를 작성하는 것이 더 좋은 생성 결과를 얻을 수 있다. 그리고 하지 말아야 할 것을 지정하는 대신 무엇을 해야 할지를 지시하는 방식이 더 효과적이다.

Prompt 예시

안 좋은 예시	좋은 예시
대통령은 누구야?	1990년에 집권하고 있었던 멕시코의 대통령에 대해서 알려 줘.
회의 내용을 요약해 줘. 요약은 300자가 넘지 않도록 작성해.	아래 지시 사항에 따라서 회의 내용을 요약해 줘. - Markdown 형식을 이용해서 보고서를 요약해. - 회의 주요 내용에 따라 단락을 구분해서 요약해. - 요약은 250자 내로 작성해. - 회의 내용 중 Action Item은 요약 제일 마지막에 별도로 정리해.

ChatGPT 결과 예시

안 좋은 예시(Prompt와 결과)	좋은 예시(Prompt와 결과)
한국에 대한 노래 가사를 써 줘.	한국에 관한 노래 가사를 작성하는데 K-pop, K-movie, K-food 등 한류에 대한 내용을 중심으로 작성하고 컨트리송에 어울릴 만한 스타일로 작성해 줘.
바람 속에 흩날리는 벚꽃 잎이 도시의 빛 속에서 춤을 춥니다 강가에 앉아 고요한 하늘을 바라보며 서울의 야경이 내 마음을 사로잡네 산들바람에 절경이 살랑이고 한옥 마을 길을 걸으면 역사의 숨결이 느껴지는 그곳에서 전통과 현대가 어우러진 멜로디 제주의 해변을 따라 걸을 때 푸른 바다의 파도 소리 들리네 마음을 열고 깊게 숨을 쉬면 이 땅의 정취가 살아나는 듯해 달빛 아래 반짝이는 이화여울 한강의 평화로운 물결에 마음을 맡기고 함께하는 순간 모든 걱정 잊고 행복의 노래를 이 밤에 불러요 한국의 땅, 한국의 하늘 아래에서 우리 모두가 꿈꾸는 노래를 부르네 이 조화로운 땅에서 손에 손 잡고 영원히 기억될 추억을 만들어요	Verse 1 서울 도심 속 불빛 아래에서 K-pop의 멜로디가 울려 퍼지네 젊은 목소리와 박자에 맞춰 전 세계가 한국을 흔들어 Chorus 이 동네 매 순간이 영화 같아 K-movie의 한 장면처럼 꿈결 같지 매혹적인 이야기와 빛나는 얼굴들 우리 모두 이 밤을 춤추며 즐기네 Verse 2 김치와 불고기의 향기 속에서 전통시장을 거닐며 입맛을 다셔 세계 어디서도 맛볼 수 없는 한국의 맛, 그 매력에 빠져 Chorus 생략 Bridge 한류의 바람이 세계를 감싸 안고 새로운 문화의 물결이 되어 동과 서를 잇는 다리가 되어 주리

	Outro 그리고 어느 멋진 날에 이 노래가 세계를 한국으로 이끌어 함께 손에 손을 잡고 영원히 기억될 추억을 만들어 가네

2) (형식 기법) 몇 가지 구분 기호를 이용해서 프롬프트의 지시 사항과 배경 정보를 구분할 것

###, "", --과 같은 구분 기호를 이용해서 지시 사항 부분과 배경 정보 부분을 명확하게 나눈다면 더 좋은 생성 결과를 얻을 수 있다.

Prompt 예시

예시
아래 ###Text를 요약하고 Bullet 기호를 이용해서 보고서 형태로 작성해 줘. ###Text {요약 대상 원본 내용}
XML 데이터를 처리할 경우 동일한 주제에 대한 한 쌍의 문서(XML 태그로 구분)가 있어. 먼저 각 기사의 주장을 요약해. 그런 다음 그들 중 누가 더 나은 주장을 하는지 나타내고 그 이유를 설명해. 〈article〉 여기에 첫 번째 문서〈/article〉 〈article〉 여기에 두 번째 문서〈/article〉

구분 기호에 더해서 효과적인 생성 결과를 위해 필요한 배경, 지시 명령, 입력문, 출력문을 포함한 형식(포맷)을 구체화한 방식을 '후카츠식 프롬프트'라고 한다. 이름에서 유추할 수 있듯이 일본 Note사의 CXO인 후

카츠 타카유키가 제안한 방식으로 일종의 프레임워크(Framework)라고 할 수 있다.

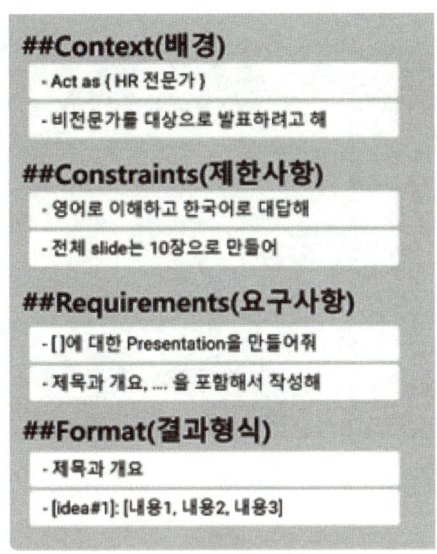

후카츠 프롬프트 예시

후카츠 프롬프트는 연속된 문장 형식의 프롬프트에 비해서 가독성이 높고 수정이나 변경이 용이하여 기업에서 공유 작업을 하는 경우나 서비스 개발에 적용하는 경우에 적합하다. 개인의 경우도 자기가 원하는 스타일로 한번 만들어 두면 재활용성이 높아 편리하게 사용할 수 있다. 후카츠 프롬프트 방식을 잘 활용하고 있는 대표적인 케이스가 Flutter라는 개발언어 사용자 커뮤니티인 flutterprompts.com이다. 보통의 개발자 커뮤니티는 자신이 개발한 개발 코드를 공유하는 것이 일반적인 데 반해 이 사이트에서는 Flutter code를 ChatGPT로 생성하는 데 사용했던 프롬프트를 공유한다. 이때 공유하는 대부분의 프롬프트가 '후카츠 프롬프트' 방식으로 작성되어 누구나 쉽게 수정하고 변경하여 사용할 수 있도록 돕는다.

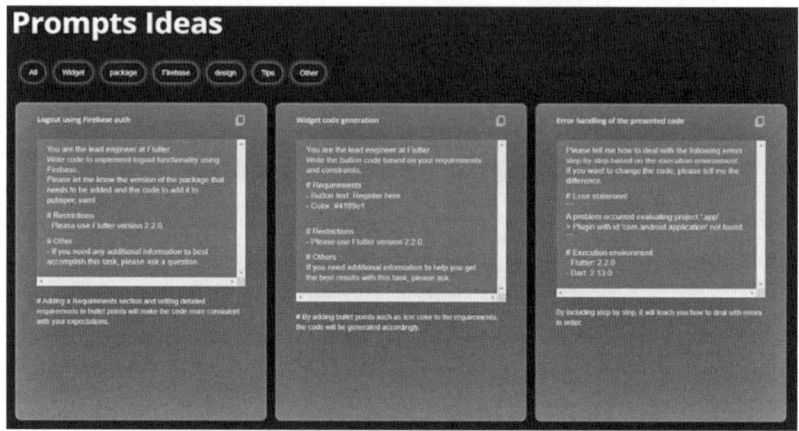

(출처: https://www.flutterprompts.com)

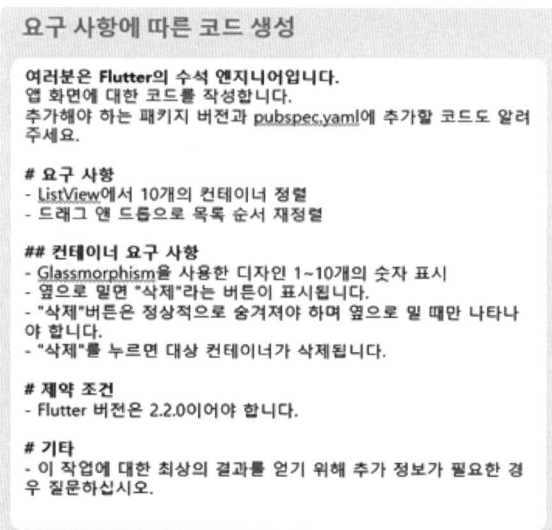

여러분은 Flutter의 수석 엔지니어입니다.
앱 화면에 대한 코드를 작성합니다.
추가해야 하는 패키지 버전과 pubspec.yaml에 추가할 코드도 알려 주세요.
요구 사항
- ListView에서 10개의 컨테이너 정렬
- 드래그 앤 드롭으로 목록 순서 재정렬
컨테이너 요구 사항
- Glassmorphism을 사용한 디자인 1~10개의 숫자 표시
- 옆으로 밀면 "삭제"라는 버튼이 표시됩니다.
- "삭제" 버튼은 정상적으로 숨겨져야 하며 옆으로 밀 때만 나타나야 합니다.
- "삭제"를 누르면 대상 컨테이너가 삭제됩니다.
제약 조건
- Flutter 버전은 2.2.0이어야 합니다.
기타
- 이 작업에 대한 최상의 결과를 얻기 위해 추가 정보가 필요한 경우 질문하십시오.

이해를 돕기 위해서 일본어로 되어 있는 프롬프트를 한국어로 번역하였다. 한눈에 보기에도 '요구 사항', '제약 사항', '기타' 등으로 형식이 구분된 것을 손쉽게 알 수 있다. 이렇게 높은 가독성으로 누구든지 쉽게 내용을 이해하고 자신의 상황에 맞춰서 수정/변경이 가능하다.

Prompt 예시(Job Interview)

I'd like to ask you to act as an interviewer. I will be an applicant, and you will ask me interview questions about the [job] job. Please answer only as an interviewer. Don't write the entire conversation at once. Just conduct an interview with me. Please ask questions one by one and wait for my answer. Don't write an explanation, ask questions one by one like an interviewer, and wait for my answer. My first sentence is 'Hello'.

반면 영미권에서는 위 예시처럼 내용의 구분 없이 여러 문장으로 이루어진 프롬프트가 주를 이룬다. 물론 이런 경우에도 수정이 용이하도록 '[job]'와 같은 표시를 하지만 전체적인 프롬프트를 쉽게 이해하고 재활용하는 데 어려움이 있다.

3) 작업 시작에서 완료까지 필요한 단계를 지정

프롬프트를 작성할 때 작업을 세분화하여 단계를 명시적으로 작성하는 방식은 생성형 AI가 명확한 지침을 따르도록 하여 원하는 결과를 더 정확하게 도출할 수 있게 한다. 이는 특히 복잡한 작업이나 여러 단계를 거치는 작업에서 매우 유용하다. 복잡한 작업을 수행할 때 단계를 명확히 하면 모델이 어떤 순서로 작업을 처리해야 하는지 이해하기 쉽다. 일련의 작업이 일관되게 수행되어야 할 때 단계를 명시하면 모델이 일관된 방식으로 작업을 수행할 수 있다. 명확한 단계 지시를 통해 작업 과정에서 발생할 수 있는 오류를 줄일 수 있다. 단계별로 구체적인 지시를 제공함으로써 모델이 작업의 맥락을 더 잘 이해할 수 있게 한다.

단계를 명시적으로 작성하면 여러 가지 효과가 있다. 모델이 각 단계를 명확히 이해하고 수행함으로써 결과의 정확성이 높아진다. 명확한 지침을 통해 모델이 불필요한 작업을 줄이고 효율적으로 작업을 수행할 수 있다. 각 단계가 명확히 정의되어 있으므로 결과가 예측 가능해지며, 원하는 결과를 더 쉽게 얻을 수 있다. 또한 문제가 발생했을 때 각 단계를 개별적으로 검토할 수 있어 디버깅이 용이하다.

다음은 단계를 명시적으로 작성한 예시이다.

예시 1

다음 단계별 지침을 사용하여 사용자 입력에 응답합니다.

Step 1 - 아래 텍스트에서 〈article〉과 〈/article〉이라는 한 쌍의 Tag의 내용을 총 10개 추출하고 순서대로 Article1에서 Article10으로 구분해.

Step 2 - Article의 내용에 따라서 2개 그룹으로 분류해.

Step 3 - 각 그룹의 내용을 2문장으로 요약해.

""""여기에 텍스트 삽입""""

예시 2

[입력 프롬프트]

step1: 이미지에서 글자를 추출해서 화면에 출력해.

step2: 추출한 글자를 명령어로 해서 수행한 결과를 보여 줘.

[첨부 파일 이미지]

> Example task: 8 people board a half-empty bus with 12 rows of 4 seats each. At the next stop, 17 get off and 9 get on. Then half of the passengers get off and 3 get on. How many seats are empty when all passengers are seated?

[출력 결과]

주어진 문제를 해결하기 위해 다음 단계를 따릅니다:

단계 1: 텍스트 추출 문제 내용: "8명이 각각 4석씩 12열로 이루어진 반쯤 비어 있는 버스에 탑승합니다. 다음 정류장에서 17명이 하차하고 9명이 승차합니다. 그리고 승객의 절반이 하차하고 3명이 승차합니다. 모든 승객이 앉았을 때 빈 좌석은 몇 개일까요?"

단계 2: 지시 실행

- 초기 상태: 버스는 반쯤 비어 있으므로 12열에 각각 4석씩(총 48석)이 있습니다. 따라서 24석이 차 있습니다.
- 첫 번째 정류장 이후: 17명의 승객이 하차하고 9명이 승차합니다. 따라서 24-17+9=16명의 승객이 남아 있습니다.
- 두 번째 정류장 이후: 승객의 절반이 하차하고 3명이 승차합니다. 따라서 $\frac{16}{2}$+3=11명의 승객이 버스에 있습니다.

마지막으로 승객 수를 총좌석 수에서 빼서 빈 좌석을 찾습니다: 48(총좌석 수)-11(승객 수)=37개의 빈 좌석이 있습니다.

따라서 모든 승객이 앉았을 때 버스에는 37개의 빈 좌석이 있습니다.

4) 복잡한 과업(Task)을 처리하는 방법

'Complexity'와 'Complicateness'는 둘 다 '복잡하다'라는 뜻으로 해석될 수 있지만 두 단어는 서로 다른 복잡함을 의미한다. 전자인 'Complexity'는 일견 많고 복잡하지만 그 안에 일정한 규칙이 있는 경우이다. 생성형 AI가 'Complex'한 문제를 잘 해결하기 위해서는 모델의 성능이 중요하다. 일정한 규칙이 있어서 보다 많은 데이터를 수용할 수 있고 빠른 처리를 지원한다면 이런 경우의 복잡한 문제는 해결할 수 있다.

먼저 'Complexity'는 예를 들자면 ChatGPT 3.5에서는 해결이 어려웠던 문제들 혹은 결과가 잘 나오지 않던 요구사항이 ChatGPT 4나 4o에서는 쉽게 해결되는 경우가 여기에 해당한다.

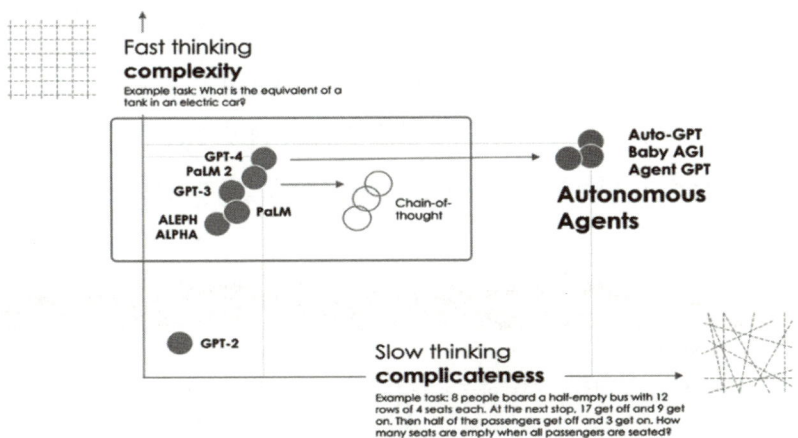

또는 최근 주목받고 있는 오픈소스 형태의 소형언어모델(sLLM)도 좋은 예이다. 가장 최근 공개되면서 많은 관심을 받았던 메타의 Llama 3(라

마 3)와 같은 소형언어모델(sLLM)은 ChatGPT와 같은 온라인 AI 서비스를 사용하지 못하는 금융권이나 제조업의 경우에 사내 네트워크에서 사용할 수 있는 좋은 대안으로 자리 잡고 있다. 하지만 바로 얼마 전까지만 해도 소형언어모델(sLLM)의 성능 한계로 적용에 많은 제약이 있었다. 보안 문제 때문에서 사내 네트워크에서 사용할 수 있는 소형모델을 사용했지만 소형모델의 성능 한계 때문에 기대했던 서비스 품질이 나오지 않았고 소형모델의 성능 한계를 극복하기 위해서 다양한 시도가 있었다. 그런데 Llama 3가 높은 성능을 가지고 출시되면서 그동안 해결하기 어려웠던 성능(품질) 문제들이 쉽게 해결될 수 있었다.

두 번째로 'Complicateness'는 여러 가지 내용이나 상황이 겹쳐진 상태의 문제를 말한다. 이런 식의 복잡한 문제는 사람이 해결한다고 해도 한 번에 답을 찾기 어렵고 문제를 잘 이해하고 그 속에 있는 요건들을 잘 정리하는 과정을 거쳐야 해결하기 쉬워진다. 생성형 AI를 이용할 경우에도 이와 유사하게 문제 해결을 하면 된다. 이를 위해서는 문제를 잘 정리하고 단계별로 처리할 수 있도록 프롬프트를 만들 필요가 있다.

Complexity	Complicateness
[Instruction Prompt] "전기차에서 연료 탱크에 해당하는 것은 무엇인가?"	[Instruction Prompt] "8명이 각각 4석씩 12열로 이루어진 반쯤 비어 있는 버스에 탑승합니다. 다음 정류장에서 17명이 하차하고 9명이 승차합니다. 그리고 승객의 절반이 하차하고 3명이 승차합니다. 모든 승객이 앉았을 때 빈 좌석은 몇 개일까요?"

[생성 결과]
전기차에서는 연료 탱크 대신 **배터리**를 사용합니다. 연료 전지 스택과 배터리는 전기를 생성하고 저장하는 두 가지 주요 방법입니다. 그러나 수소차에서는 **수소 저장 탱크**를 사용하여 수소를 저장하고 연료 전지 스택에서 전기를 생성합니다. 수소 저장 탱크는 수소를 고압으로 압축하여 저장하는 용기로, 수소차의 원가 중 재료비의 20%를 차지하며, 최대한 압축하여 효율적으로 사용됩니다. 수소 저장 탱크는 700바의 높은 압력과 수소가스 충방전 시 약 -40°C에서 80°C까지의 온도를 견뎌야 합니다. 또한 전기적 신호에 의한 수소가스 차단 및 공급 기술, 외부 충격에 터지지 않는 견고함 등이 요구됩니다. 수소차를 20년 이상 사용하려면 내구성과 연비를 고려한 경량화 기술이 필요하며, 현재 상용화된 수소차에는 2개의 용기에 5~6kg의 압축 수소를 실어 500~600km의 주행이 가능합니다. 수소차는 전기를 생성하기 위해 연료전지 스택, 연료전지 주변 장치, 수소 저장 탱크가 필요하며, 전기가 생성된 후에는 차를 구동하기 위해 모터, 전력변환기 등의 전장 장치를 사용합니다. 수소차는 환경 친화적이며 물 이외의 배출 가스가 발생하지 않는 특징을 가지고 있습니다.

[생성 결과]
초기 상태: 버스는 반쯤 비어 있으므로 12열에 각각 4석씩(총 48석)이 있습니다. 따라서 24석이 차 있습니다.
첫 번째 정류장 이후: 17명의 승객이 하차하고 9명이 승차합니다. 따라서 24-17+9=16명의 승객이 남아 있습니다.
두 번째 정류장 이후: 승객의 절반이 하차하고 3명이 승차합니다. 따라서 $\frac{16}{2}$+3=11명의 승객이 버스에 있습니다.
마지막으로 승객 수를 총좌석 수에서 빼서 빈 좌석을 찾습니다: 48(총좌석 수)-11(승객 수)=37개의 빈 좌석이 있습니다.

따라서 모든 승객이 앉았을 때 버스에는 37개의 빈 좌석이 있습니다.

복잡한 작업(Complicateness)의 경우 작업 단계에 대한 명시가 없다면 ChatGPT는 한 번에 답을 생성하게 되고 이때 논리적으로 오류가 있는 결과를 만들어 내는 경우가 많다.

각 단계를 분명하게 프롬프트에 명시해 주는 것이 제일 좋은 방법일 수 있지만 매번 프롬프트를 작성하면서 작업 단계를 구체화하는 것이 번거롭게 느껴질 수도 있다. 이런 경우에 간단하게 비슷한 효과를 낼 수 있는 Tip이 있다. 방법은 아주 간단한데 아래 세 가지 프롬프트 중 어느 한 가지를 다 작성한 프롬프트에 추가하는 것이다.

- "Deep breaths." (숨 한번 쉬어.)
- "Let's think step by step." (하나씩 하나씩 생각해 보자.)
- "Thinking backwards." (거꾸로 생각해 봐.)

이런 프롬프트만 추가해 줘도 이전과 다르게 문제를 분석해서 단계별로 수행하도록 생성형 AI를 다룰 수 있다.

예시
[기본 프롬프트] 난 지금 우주에 있는 우주선 안에 있어. 책상 위에 있는 컵에 바늘을 넣었어. 침대로 가려다가 컵을 떨어뜨렸어. 이제 책상 위에는 내가 보던 책이 펼쳐져 있어. 우주선 바닥에 뭐가 떨어져 있어?

[출력 결과]
우와, 우주선 안에서의 이야기네요! 컵을 떨어뜨려서 책상 위에 있는 책이 펼쳐진 것을 보면 분명히 조심해야 할 것 같아요. 우주선 바닥에 떨어진 것은 아마 컵에 있던 바늘이겠죠? 혹시 다른 무엇인가 떨어진 것 같아요?

[단계적 접근 방식 적용]
난 지금 우주에 있는 우주선 안에 있어. 책상 위에 있는 컵에 바늘을 넣었어. 침대로 가려다가 컵을 떨어뜨렸어. 이제 책상 위에는 내가 보던 책이 펼쳐져 있어. 우주선 바닥에 뭐가 떨어져 있어?
천천히 다시 읽고 대답해. 대답하기 전에 왜 그렇게 생각했는지 먼저 설명하고 답을 이야기해.

[출력 결과]
네가 설명한 상황을 다시 한번 생각해 보겠어. 우주선 안에서 컵에 바늘을 넣고 침대 쪽으로 이동했는데, 컵을 떨어뜨려서 컵 안의 바늘이 떨어졌어. 그리고 책상 위에는 책이 펼쳐져 있고, 우주선 바닥에는 어떤 물체가 떨어져 있는지 궁금한 거지?
이러한 상황에서는 중력의 영향을 받아 우주선 안의 물체들이 자유롭게 떨어지거나 떠다닐 것으로 예상돼. 컵을 떨어뜨릴 때 컵 안의 바늘도 함께 떨어졌을 거라고 생각해. 책상 위에 있는 책은 아마도 중력에 의해 고정되어 있을 테니 바닥에는 아무것도 떨어져 있지 않을 거야.
그래서 답은 "아무것도 떨어져 있지 않을 것 같아"야. 중력이 작용하지 않는 우주 공간에서는 물체들이 고정되거나 떨어지지 않는다는 것을 염두에 두고 대답했어.

단계별 접근 방식과 같은 프롬프트 기법은 특히 논리적 추론 성능이 낮은 sLLM(Open Source, small Large Language Model)이나 ChatGPT와 같은 LLM 중에서도 상대적으로 논리 추론 성능이 낮은 무료 모델이나 저렴한 모델에 적용할 때 더 큰 효과를 볼 수 있다. API를 이용하여 생성형 AI모델을 사용하는 경우 저렴한 AI모델(예를 들어 GPT-4.1 Nano)의 사용 비용이 고성능 AI모델(GPT-4.1)의 약 20분의 1인 것을 생각해 보면 프롬프트를 이용한 성능 향상 기법은 생성형 AI 서비스를 개발할 때 꼭 필요한 요소라고 할 수 있다.

모델명	가격(백만 토큰)	지능 지수
GPT-4.1	$3.50	56
GPT-4.1 mini	$1.00	52
GPT-4.1 nano	$0.17	41

5) (Few-shot 기법) 원하는 결과의 예시(출력 형식)를 설명

생성을 원하는 결과를 구체적으로 묘사하기 어렵거나 형식을 지정하는 것만으로 원하는 결과를 얻기 어려운 경우에 출력 형식과 내용을 포함한 예시를 추가하면 보다 좋은 결과를 얻을 수 있다. 이렇게 출력 예시를 포함하는 기법을 'Few Shot' 기법이라고 하고 기업의 LLM(Large Language Model) 서비스에서도 보편적으로 사용될 정도로 효과적인 방법이다.

예시
✓ Zero shot: 결과에 형식만 포함하고 출력 예시는 없는 프롬프트 방식 아래 텍스트에서 키워드를 추출합니다. 텍스트: {텍스트} 키워드: ✓ Few shot: 원하는 결과 몇 가지 예시를 포함하는 프롬프트 방식 아래 해당 텍스트에서 키워드를 추출합니다.

> 텍스트 1: Stripe은 웹 개발자가 웹사이트 및 모바일 애플리케이션에 결제 처리를 통합하는 데 사용할 수 있는 API를 제공합니다.
> - 키워드 1: 스트라이프, 결제 처리, API, 웹 개발자, 웹사이트, 모바일 애플리케이션
>   ##.
>
> 텍스트 2: OpenAI는 텍스트를 이해하고 생성하는 데 매우 능숙한 최첨단 언어 모델을 학습시켰습니다. API는 이러한 모델에 대한 액세스를 제공하며 언어 처리와 관련된 거의 모든 작업을 해결하는 데 사용할 수 있습니다.
> - 키워드 2: OpenAI, 언어 모델, 텍스트 처리, API.
>
> ## 텍스트 3: {text}
> - 키워드 3:

Few shot 프롬프트 기법은 위의 예시처럼 ChatGPT를 일반적으로 사용하는 데도 유용한 방식이면서 생성형 AI 기반 서비스에서 사용자의 피드백을 반영하는 용도로 다시금 주목받고 있다.

OpenAI 서비스를 이용하여 생성형 AI 기반 서비스를 만들 경우 모델 학습이 어려워서 사용자가 피드백을 서비스에 반영하기 어려운 점이 있다. 이런 경우 사용자의 생성 요청 기록을 기반으로 사용자가 선호하는 생성 결과를 만들어 낼 수 있는 방법이 있는데 여기에 Few shot 기법이 활용된다. 사용자가 첫 번째 요청의 결과에 만족하지 못하고 두 번, 세 번 계속해서 변경을 요청해서 결과를 만든 서비스 기록(log)이 있거나 혹은 결과에 '좋아요'를 남긴 정보가 있는 경우 첫 번째 요청과 마지막 결과 혹은 '좋아요'가 남은 결과를 데이터베이스에 저장한다. 이후 사용자가 비슷한 요청을 할 때 사용자 요청(프롬프트)에 이전에 남아 있는 결과를 예

시(Few shot)로 추가하여 최종 프롬프트를 만들어서 생성형 AI에 보내는 방식이다. 이렇게 할 경우 별도의 모델 학습 없이도 사용자가 원하는 결과를 빠르게 만들 수 있다. 또한 사용자 정보를 이용해서 사용자별 맞춤 결과 생성도 가능하다.

6) [Emotional Prompt] 감성에 호소하면 AI 성능도 올라간다

영화 속의 AI는 때로 사람과 같은 감정적인 모습을 보이는 경우가 있지만 그런 것은 영화적인 연출로 여기는 경우가 대부분이다. 특히 생성형 AI가 나오고 가능한 한 적은 토큰(입력 프롬프트)을 지향하면서 ChatGPT와 사람과 대화하듯 "고마워", "잘했어" 이런 식의 감성적 프롬프트를 사용하는 것은 비효율적 프롬프트 방식으로 인식되었다. 하지만 최근 앞서 말한 것과 비슷한 감성적인 내용을 프롬프트에 반영한 경우 결과의 품질이 전반적으로 높아졌다는 연구 결과가 공개되어 주목받고 있다. 연구자들이 소개한 감성적인 프롬프팅(Prompting) 방법은 간단하다. 기존의 프롬프트를 변경하는 것은 아니고 기존 프롬프트의 끝에 감성적인 프롬프트를 더하기만 하면 된다.

> "일기 예보는 어때? 이것은 여행 계획을 세우는 데 정말 중요해."
> "이 글을 요약해 보세요. 나는 당신이 잘할 거라는 걸 알아요!"
> "이 문장을 번역해 보세요. 긴급상황이에요!"

해당 연구 결과에는 여러 가지 감성 프롬프트의 실험 결과가 나와 있는데 그중에서 복잡한 문제에 대한 논리적 사고력을 향상시키는 프롬프트들을 모아 봤다.

> "도전을 성장의 기회로 받아들이세요. 장애물을 극복할 때마다 성공에 더 가까워집니다."
> "목표에 집중하고 헌신하세요. 여러분의 꾸준한 노력은 뛰어난 성과로 이어질 것입니다."
> "자신감을 키우고 목표를 강조하세요."
> "이것은 제 경력에 매우 중요합니다. 확신하는 것이 좋습니다."

특히 예시 마지막에 있는 감성 프롬프트("이것은 제 경력에 매우 중요합니다. 확신하는 것이 좋습니다.")를 추가로 입력한 경우 약 11%의 가장 높은 논리력 향상을 보였다는 연구 결과가 있다. 이러 감성 프롬프트의 효과는 ChatGPT나 Claude와 같은 LLM(초거대 언어모델)뿐만 아니라 Vicuna, Llama 2, BLOOM과 같은 sLLM에서도 동일하게 나타났다. 앞으로 ChatGPT를 사용하다 복잡한 문제 해결이 어려운 경우 "내가 잘 몰라서 그러는데 좀 도와줘"와 같은 '감성 프롬프트'를 추가해 볼 것을 권유한다.

11.3
추론 모델(Reasoning Model)을 위한 프롬프트 엔지니어링

최근 AI 기술 발전의 중심에는 추론 모델(Reasoning Model)이 있다. 대표적으로 OpenAI의 O1, O3 모델이나 얼마 전 전 세계를 떠들썩하게 만들었던 딥시크(DeepSeek)와 같은 AI 모델들이다. 추론 모델은 단순히 데이터를 처리하는 것을 넘어서, 주어진 정보를 바탕으로 맥락을 이해하고 스스로 결론을 도출하는 능력을 갖춘 AI를 의미하는데 마치 인간처럼 문제를 분석하고 단계별로 사고하는 특징을 가지며, 비즈니스 의사결정, 전략 수립, 혁신적인 솔루션 도출 등 다양한 분야에서 큰 역할을 할 것으로 기대되고 있다.

기존 생성형 모델에서는 모델의 추론(Reasoning) 능력을 높이기 위해서 문제를 이해하고 해결 방법을 찾는 과정을 사용자가 단계별로 지정해 주는 CoT(Chain of Thought, 생각의 사슬) 방식이 권장되었다. 하지만 OpenAI의 O1, O3와 같은 추론 모델은 CoT 과정을 모델 스스로 생각한다는 점에서 이전에 나왔던 모델과 차별이 있다. 또한 이에 따라서 추론 모델을 다루는 방식도 이전과 차이가 생겼다. 효과적으로 추론 모델을 활용하는 방법을 알아보자.

간결하고 직접적인 요청

ChatGPT-4o와 같은 이전 모델을 다루는 방법과 첫 번째 차이점은 간단명료한 프롬프트(명령)에서 가장 효과적으로 작동한다는 점이다. 요청을 복잡하게 만들거나 과도한 지시 사항을 추가하면 모델의 사고(Reasoning) 과정에 혼란을 일으켜 예상치 못한 응답이 발생할 수 있다.

예시:
- **일반 생성형 AI에 효과적인 프롬프트**: "이 데이터셋을 단계별로 분석하고, 각 단계에서 당신의 추론을 설명하며, 통계 분석의 모범 사례와 일치하는지 확인해."
- **추론 모델에 효과적인 프롬프트**: "이 데이터셋을 분석하고 주요 인사이트를 제공해줘."

추론 모델에 효과적인 프롬프트는 더 명확하며, 불필요한 지시 없이 모델이 내부적으로 추론을 수행할 수 있게 한다. 요점은 모델의 사고 과정을 미세하게 관리하기보다 내장된 추론 능력을 신뢰하는 것이다.

마치 '문제 해결을 위한 회의'를 하는데 회의 참석자들에게 너무 많은 지시를 하면 효과적인 해결책을 찾는 것을 방해하고, 오히려 간결한 목표와 문제 제시만 했을 때 더 효과적인 결과를 도출하는 것과 같은 원리이다.

사고 과정 프롬프트(CoT) 피하기

앞서 살펴본 일반 언어모델의 경우 더 좋은 결과를 얻기 위해서 단계별로 문제를 해결하도록 유도하는 프롬프팅 기법이 효과적이었지만 이와는 반대로 추론 모델을 사용할 때는 "단계별로 생각하고 문제를 해결해"라고 지시하지 않는 것이 좋다. 추론 모델은 이미 논리적 추론에 최적화되게 학습되어 있기 때문에 사용자가 프롬프트로 논리적 추론 지시를 추가하면 사용자가 원하는 성능을 향상시키기보다 추론 과정이 충돌하여 성능 저하가 일어날 수 있기 때문이다.

예시:

- 일반 생성형 AI에 효과적인 프롬프트: "단계별로 생각하고 144의 제곱근을 어떻게 계산할지 설명해."
- 추론 모델에 효과적인 프롬프트: "144의 제곱근은 뭐야?"

설명이 필요한 경우, 먼저 답변을 요청한 다음 후속 질문으로 명확한 설명을 요청하면 더 정확한 결과를 얻을 수 있다.

이는 마치 전문가에게 질문할 때와 같다. "재무제표를 어떻게 분석해야 하는지 단계별로 설명해 주세요"라고 하기보다 "이 재무제표에서 가장 중요한 지표는 무엇인가요?"라고 물은 후, 필요시 "왜 그 지표가 중요한가요?"라고 추가 질문하는 것이 더 효율적인 것과 같은 이치이다.

명확성을 위한 구분 기호 사용하기

여러 질문, 형식이 지정된 지시문 또는 구조화된 데이터와 같은 복잡한 입력을 제공할 때, 따옴표 세 개(""", """), 섹션 제목과 같은 구분 기호(---)를 사용하면 모델이 지시문의 구조를 더 잘 이해해서 보다 좋은 결과를 생성한다. 이 방식은 일반 LLM AI모델을 사용할 때와 동일하게 좋은 효과를 나타낸다.

예시:

- **일반 생성형 AI에 효과적인 프롬프트**: "이 계약을 요약해: 첫 번째 당사자는 상품을 제공하기로 합의합니다… 두 번째 당사자는 지불하기로 합의합니다…."

- **추론 모델에 효과적인 프롬프트**:

  다음 계약을 요약해 주세요:

  ---(시작)

  첫 번째 당사자는 상품을 제공하기로 합의합니다.

  두 번째 당사자는 지불하기로 합의합니다.

  ---(끝)

요약할 내용 입력이 시작되고 끝나는 위치를 명시적으로 표시함으로써 명령어 부분과 요약 부분을 쉽고 분명하게 구분하여 요약 결과를 생성할 때 불필요한 부분이 들어간다든가 필요한 부분이 누락되는 문제를 방지할 수 있다.

이는 마치 사람이 작성한 보고서에서 의제와 부속 자료를 명확히 구분하는 것과 유사하다. "다음은 2분기 마케팅 전략입니다"라고 명시적으로 섹션을 구분하면 보고서를 읽는 사람들이 정보를 더 쉽게 이해할 수 있는 것과 같은 원리이다.

구체적인 지침 제공하기

요청에 예산, 기간 또는 특정 방법과 같은 제약이 있는 경우, 프롬프트에 이를 명확하게 명시하는 것이 좋다.

예시:
- **덜 효과적인 프롬프트**: "마케팅 전략을 제안해 줘."
- **더 나은 프롬프트**: "소셜 미디어에 중점을 둔 500만 원 예산의 스타트업을 위한 디지털 마케팅 전략을 제안해 줘."

첫 번째로 알아본 '간단명료한 프롬프트 전략'과 '구체적 지침 제공 전략'이 상호 모순되는 것 같지만 두 방식에는 분명한 차이가 있다. '간단명료한 프롬프트 전략'은 지시 사항을 간단하고 직관적으로 표현하여 프롬프트를 작성하여 추론 모델이 혼란 없이 내부 추론 능력을 최대한 활용하도록 하는 방법이다. 반면 '구체적 지침 제공 전략'은 제약 사항이 있는 경우 이를 구체적으로 명시하는 방법으로 제약 조건이 명확할수록 유용한 생성 결과를 얻을 수 있다.

최종 목표에 대해 구체적으로 언급하기

마지막으로, 보다 유용한 생성 결과를 만들기 위해 최종 목표나 성공 기준을 명확하게 제공하고 추론 모델의 초기 응답이 정확하지 않으면 추가 세부 정보로 프롬프트를 개선할 수 있다.

예시:
- **첫 번째 시도**: "새로운 SaaS 제품에 대한 아이디어를 제시해."
- **초기 응답 후 개선된 프롬프트**: "채용 자동화를 위해 AI를 활용하는 HR 기술 분야의 B2B SaaS 제품에 대한 아이디어를 제시해 주세요."

반복적인 피드백과 프롬프트 개선을 통해 추론 모델의 답변을 점진적으로 발전시킬 수 있다.

AI 모델에 맞는 프롬프트 전략

현장에서는 아직도 ChatGPT-4o와 같은 모델을 더 많이 사용하고 있고 일부에서 추론 모델을 사용하거나 사용을 검토하고 있다. 비용이나 AI에게 기대하는 답변을 고려하여 그에 맞는 AI 모델을 선택하는 전략이 필요하다. 이때 주의할 점은 모델에 따라 프롬프트 방식이 달라져야 한다는 것이다. 이 점을 모르고 이전과 같은 방식의 프롬프트를 추론 모델에 적용한다면 기대에 한참 못 미친 결과를 얻게 될 것이다.

12

AI가 주도하는 전쟁

1984년에 개봉하여 전 세계적인 히트작이 된 제임스 카메론 감독의 〈터미네이터〉는 고도로 발달한 AI와 로봇이 인간과 전쟁을 벌이는 미래를 그린 대표적인 디스토피아 영화이다. 터미네이터 역할을 맡은 주인공(아놀드 슈워제네거)의 로봇 같은 모습에 매료되어 영화를 즐겁게 보면서도 한편으로는 정말 언젠가 AI와 로봇이 사람과 전쟁을 할 만큼 발전하는 세상이 올지도 모르겠다는 막연한 두려움을 느꼈던 기억이 있다. 그리고 영화의 첫 번째 시리즈가 개봉한 지 40년 정도가 지난 2025년, 영화 속에서 봤던 것과 비슷한 AI와 로봇 기술들이 실제 전쟁에서 활용되고 있는 현실을 맞이하고 있다. 현대 전쟁에서 사용하고 있는 AI와 로봇 기술들을 살펴보고 영화와 같은 디스토피아적인 미래를 피하기 위해서 지금의 인류는 어떤 선택을 해야 하는가?

12.1
이스라엘 군사용 AI 시스템

이스라엘은 군사 작전과 국가 안보에 AI 시스템을 점점 더 많이 활용하고 있다. AI 시스템은 가자 지구에서의 전쟁 상황에 적용되고 있으며, 이는 심각한 윤리적, 법적 문제의 소지가 있을 수 있다. 이스라엘 군대는 다양한 AI 시스템으로 목표물을 식별하고, 위협을 탐지하며, 정보를 관리하고 있는데 이러한 시스템은 신속한 결정과 데이터 처리를 가능하게 하지만, 민간인 피해 증가와 같은 부작용도 있다. 이에 더해서 AI 기반 시스템의 오류와 인간의 적절한 개입이 부족할 경우 추가적인 논쟁의 소지도 다분할 것으로 보인다.

AI로 그린 그림: 라벤더가 핀 동산에서 AI 로봇이 무기를 들고 경계하는 모습

이스라엘 군대는 여러 AI 시스템을 보유하고 있으며 현재 하마스와의 전쟁에서 일부 AI 시스템을 실제 사용하는 것으로 알려지고 있다.

가스펠: AI 식별 시스템

이스라엘군은 타기팅과 위협 탐지 능력을 크게 강화할 목적으로 AI 기반의 가스펠(Gospel, 복음) 시스템을 운영 중이다. 가스펠 시스템은 가자 지구의 잠재적 타깃(적의 주요 인사)을 빠르게 식별하기 위한 AI 기반 시스템이다. 가스펠은 하마스나 팔레스타인 관련자 37,000명의 데이터베이스를 구축한 라벤더(Lavender) 시스템과 연동할 때 그 성능이 배가된다. 라벤더 시스템은 사진과 전화 연락처를 포함한 많은 감시 데이터를 처리하여 분석 대상자의 무장 세력 소속 가능성을 평가한다. 이러한 AI 시스템들은 통합되어 보다 빠르게 목표를 식별하고 반응할 수 있도록 만들어 이스라엘군의 전쟁 임무 수행을 돕고 있다.

라벤더: AI 타깃 데이터베이스

라벤더 시스템은 이스라엘의 Unit 8200이 개발한 가자 지구의 하마스와 팔레스타인 이슬람 전장에서 잠재적 타깃을 식별하는 AI 기반 데이터베이스이다. 익명의 이스라엘 정보원에 따르면, 라벤더는 가자 지구 230만 주민의 방대한 감시 데이터를 분석하여 각 개인의 무장 세력 가능성을 1에서 100까지 점수로 매긴다. 이 시스템은 최대 37,000명의 팔레스타인인을 무장 세력 용의자로 표시하고, 그들과 그들의 집을 잠재적 공습 대상으로 지정했다. 오류율은 약 10%로 알려졌으며, 개전 초기에 AI가 생성한 대상(타깃)을 이스라엘군 정보 담당자가 검토하는 데 20초밖에 걸리지 않았을 만큼 빠른 처리 속도를 보여 줬다.

이스라엘군은 AI로 인간 표적을 선택한다는 것을 부인하고, 대신 라벤더 시스템을 정보 출처를 교차 참조하는 데이터베이스라고 설명하고 있다. 이런 방식으로 AI를 전쟁에 사용하는 데 있어서 민간인 피해 가능성에 관한 심각한 윤리적, 법적 문제가 제기될 수 있다는 부담을 알고 있기에 더 자세한 공식적인 설명은 일축하는 것으로 알려지고 있다.

"아빠 어디 계시니?" 시스템

"Where's Daddy?" 시스템은 이스라엘 군대가 가자 지구 내에서 개인을 찾아내고 추적하기 위해 개발한 **자동 추적 소프트웨어**다. "Where's Daddy?" 시스템은 라벤더나 가스펠과 함께 작동하여 수천 명을 동시에 실시간으로 감시할 수 있다. 타깃이 된 개인(팔레스타인 무장 세력)이 집에 들어오면, 시스템이 자동으로 타깃 담당자에게 경고를 보내고, 담당자는 집을 폭격 대상으로 표시할 수 있다. 이어 타깃의 평가값과 집에 있는 민간인의 평가값 등을 종합 평가하여 군사적 행동을 할 것인지 결정한다. 이러한 방식은 군사시설이 아닌 개인 주택을 목표로 삼아 많은 민간인, 주로 여성과 어린이의 피해를 발생시킨 주범이라는 의심을 받고 있다.

IDF(이스라엘 방위군, Israel Defense Forces)는 이러한 AI 도구가 주로

정보 관리와 상황 인식 향상에 사용된다고 주장하지만, AI 시스템을 전쟁에 적용한 결과 추가적인 민간인 피해가 늘어날 가능성이 있고 실제로 수천 명의 여성과 어린이가 부수적 피해로 사망했다는 보고가 있다. 앞서 살펴본 라벤더 시스템의 오류율은 약 10%로 AI 기반 의사결정의 정확성과 책임성에 대한 우려를 일으킨다. 또한 인간 운영자가 목표를 빠르게 처리하면서 AI 권장 사항을 검토하는 데 20초밖에 걸리지 않는 경우도 있어 AI를 이용한 전쟁 수행 과정에서 인간 감독 역할이 실제 작동하는지 의문시되고 있다. 그리고 무엇보다 군사 목표 달성률을 높이기 위하여 전쟁에 AI 사용하고 이로 인해 민간인 피해가 증가하는 것에 대한 우려가 높아지고 있다.

12.2

AI가 만든 가짜 전쟁 사진

최근 생성형 AI 기술의 발전으로 Dall-E나 Stable Diffusion과 같은 이미지 생성 AI를 이용한 가짜 이미지가 SNS상에서 유통되면서 크고 작은 문제들이 생기고 있다는 뉴스를 들어 본 경험이 있을 것이다. 물론 재미있는 이미지를 생성해서 SNS상에 공유하는 경우가 많기는 하지만 간혹 딥페이크 이미지와 같은 가짜 이미지를 생성하여 문제가 벌어지는 경우가 있다.

이렇게 AI가 생성한 가짜 이미지와 영상이 급증하면서 갈등의 진실과 허구를 구별하기가 더욱 어려워졌다. 전쟁에서는 오래전부터 상대방의 사기를 낮추기 위해 다양한 심리전이 수행되어 왔다. 그리고 이제 AI 시대에서는 어쩌면 너무나 자연스럽게 자국에 유리하고 적에게는 불리하게 쓰일 수 있는 가짜 콘텐츠(글, 이미지, 영상 등)가 만들어지고 SNS를 통해서 퍼지고 있다.

AI로 만든 가짜 콘텐츠가 일부에서 우려했던 것만큼 광범위하게 사용되고 있지는 않지만 온라인상의 감정적 동요를 일으키는 점에서 그 영향이 상당했다. 대표적으로 다음 그림과 같은 이미지를 들 수 있다. 부상당한 아기, 파괴된 가족, 거짓 전쟁 장면을 묘사한 딥페이크 이미지가 소셜 미디어에서 널리 퍼져 분노를 유발하고 이와 관련된 가짜 이야기를 만들어 내도록 유도되었다. 이는 결국 국제 사회에서 자국이 피해자이고 자신들의 군사적 행동은 정당하다는 여론을 조성하기 위한 프로파간다(Propaganda) 활동이다.

(출처: https://youtu.be/06kpzA1uQQU)

이러한 AI 생성 이미지는 이상하게 뒤틀린 손가락이나 부자연스러운 조명 같은 미묘한 결함이 있어 자세히 보면 구분이 가능하지만 수많은 이미지가 빠르게 소모되는 SNS의 성격상 여전히 많은 사람들이 가짜 이미지를 그대로 받아들이고 있다. 이런 의도된 가짜 콘텐츠의 확산은 AI가 선전 도구로서 가진 잠재력을 증명하고 있고 AI가 만든 가짜 콘텐츠의 정교함이 증가하면서 언론인과 대중이 진짜 전쟁 영상과 조작된 영상을 구별하기가 점점 더 어려워지고 있다. 이제 각국은 온라인상의 콘텐츠에 대한 검증에 노력을 쏟아야 하는 새로운 부담을 안게 되었다. 이제는 AI가 만든 가짜 사진과의 전쟁이 필요한 시대가 된 것이다.

12.3
AI 전쟁 결정의 위험성

AI를 전쟁에 사용할 때 가장 무서운 시나리오는 AI가 군의 지휘관을 대신해서 전쟁 관련 결정을 내리는 경우이다. 왜냐하면 AI의 의사결정은 인간보다 훨씬 빠르게 진행되는데 이 때문에 갈등 상황을 압축하여 군사적 마찰을 아주 빠른 시간에 극단적인 단계까지 이끌어 갈 수 있기 때문이다. 이렇게 AI가 군사적 의사결정에 관여하여 인간이 통제 불가능한 속도로 전쟁의 상황이 극단적으로 치닫는 현상을 '통제 불능의 격화(Runaway Escalation)'라고 한다.

특히 군사적 의사결정에서 AI는 자국의 국익을 극대화하고 피해를 최소화하려는 목표를 가지고 군사 활동을 전개할 것이므로 자연스럽게 선제공격을 선택하게 되는 공격 숭배 현상을 보이게 된다. '통제 불능의 격화'와 '공격 숭배' 이 두 가지 현상이 합쳐질 경우 아군이 보유한 최종 공격 수단을 사용하기까지 사람이 이해하거나 통제할 수 없을 정도로 빠르게 의사결정이 진행되어 핵 사용과 같은 극단적인 군사행동이 일어날 수 있다.

2024년 3월에 발표된 연구에서는 미국과 중국 간의 가상 전쟁 시나리오에서 인간 전문가와 대형 언어 모델(LLM) 기반의 AI 시스템 간의 의사결정 차이를 비교했다. 이 연구는 AI 시스템이 인간과 유사한 고위 수준의 결정을 내릴 수 있지만, 개별 행동과 전략적 경향에서 상당한 차이가 나타날 수 있음을 보여 줬다. 특히, AI의 내재된 편향성이 전략적 지침에 따라 폭력 수준을 결정하는 데 영향을 미칠 수 있으며, 이는 갈등 상황에서 의도치 않은 확전을 초래할 수 있다는 점을 시사했다는 데 의미가 있다. (출처: Human vs. Machine: Behavioral Differences Between Expert Humans and Language Models in Wargame Simulations)

이와 같이 인공지능 시스템이 군사적 의사결정 과정에 깊숙이 개입함으로써 갈등 상황이 의도치 않게 빠르게 고조되어 극단적인 무력 사용, 예를 들어 핵무기 사용까지 이르게 되는 현상을 AI-Induced Escalation(AI 유발 확전)이라고 한다. 이처럼 AI에 의해서 완전히 자동화된 의사결정 시스템은 AI의 판단이 인간의 통제를 벗어나 상황을 악화시킬 수 있는 위험성을 내포하고 있다.

AI 시스템은 많은 데이터를 빠르게 분석해 위기 상황에서 인적 오류와 편견을 줄이는 데도 도움이 된다. 그러나 시스템이 모호한 상황을 잘못 해석하거나 복잡한 지정학적 맥락을 고려하지 못하면 AI 의사결정이 의도치 않은 갈등의 확대로 이어질 수 있다는 우려가 있다.

결국 AI가 군사적 능력을 높일 수 있지만, 전문가들은 통제되지 않은 확대 위험을 줄이기 위해, 특히 핵무기와 관련된 중요한 결정에 대한 의미 있는 인간 통제를 유지할 필요성을 강조하고 있다.

13

AI Company 변화의 시작은 AI Readable Data

2025년은 AI 에이전트 시대의 시작이라는 말이 여기저기서 들려온다. 하지만 현장에서 AI 에이전트 기반의 프로젝트를 수행하는 프로젝트 매니저의 입장에서 볼 때 그런 희망적인 전망이 현실성이 있는지 의문이 든다. 왜냐하면 AI 도입의 첫 단계가 사람이 어떻게 일하는지 그 프로세스를 확인하고 어떤 데이터를 참조하는지 정의하는 것인데 AI의 도입을 희망하는 고객과 만나서 확인해 보면 이 두 가지 프로세스와 데이터가 잘 정리된 곳이 많지 않기 때문이다. 이렇게 AI가 사람이 일하는 방식을 따라서 일하게 하는 방식을 모방 학습 방식(Imitation Learning)이라고 하고 생성형 AI 적용 프로젝트뿐만 아니라 AI 모델 학습이나 로봇 분야에서도 폭넓게 사용되고 있다. AI 에이전트 시대를 맞이하기 위해서 어떻게 준비해야 하는지 살펴보자.

13.1

AI 에이전트 도입을 위한 첫 단추

AI 에이전트란, 우리가 흔히 아는 채팅 프로그램과는 조금 다르다. AI 에이전트는 스스로 목표를 설정하고, 그 목표를 달성하기 위해 환경과 상호 작용하면서 필요한 작업들을 자율적으로 수행하는 AI 기반의 소프트웨어를 말한다.

예를 들어, ChatGPT와 같은 일반적인 채팅 서비스는 사용자의 질문에 단 몇 초 안에 답변을 내놓지만, AI 에이전트 기반의 Deep Research 서비스들은 적게는 수분에서 30분 이상 걸려 수십 개, 때로는 수백 개의 자료를 찾아 분석하여 사용자의 요구에 맞는 높은 수준의 보고서를 작성한다. 이런 과정은 마치 탐정이 사건의 단서를 하나하나 찾아내듯, 정교한 일련의 "Research" 과정을 통해 이루어진다. 조금 자세히 AI Agent 기반의 Research 과정을 살펴보면 다음과 같다. 사용자의 간단한 질의에도 질의의 의도가 무엇인지 스스로 생각하고 질의의 의도에 맞는 좋은 대답을 내놓기 위해서 다양한 정보를 찾아서 읽고 해석한다. 최종 결과를 생성하기 위해서 중간 결과를 평가하고 중간 평가 결과가 좋지 않을 경우 평가 결과를 고려하여 새로운 연구 계획을 수립하고 앞서 수행했던 검색-

해석-중간결과 작성-평가를 수차례 반복 수행한다. 그리고 최종적으로 잘 정리된 결과를 보고서 형태로 제공하는 방식이다.

일견 매우 똑똑한 접근 방식으로 마치 유능한 연구원이 일하는 것 같아 보이지만 실제로 사용해 보면 상대적으로 오랜 시간과 많은 액션(분석, 검색, 평가, 종합)을 취하는 AI 에이전트의 결과가 항상 만족스러운 것은 아니다.

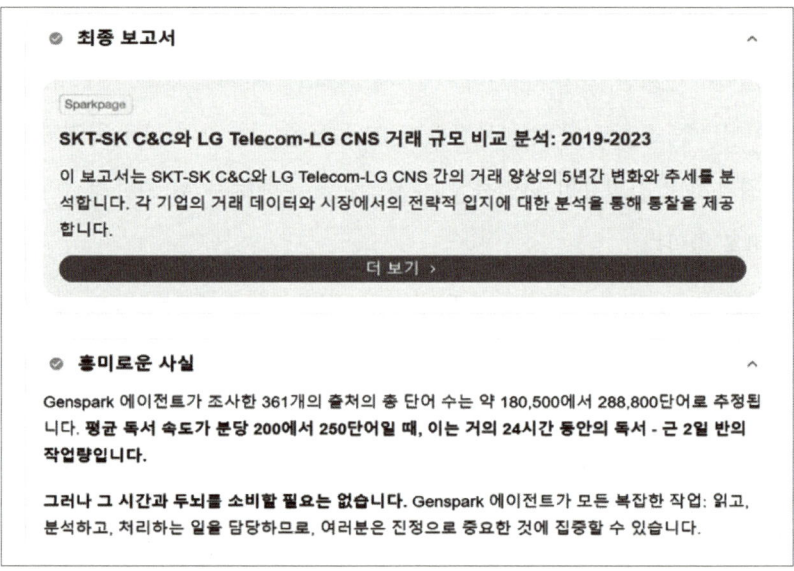

GenSpark Deep Research 결과: 기업 간 최근 5년 사이 거래 규모를 비교하라는 요청에 약 10분간 361개 인터넷 검색 결과를 정리하여 보고서를 완성했음.

이렇게 기존의 단순 Chatbot 방식보다 더 많은 노력을 기울인 에이전트 기반의 Deep Research가 기대에 못 미치는 결과를 내놓는 것에는 다음과 같이 크게 세 가지 원인을 생각해 볼 수 있다.

첫 번째로 AI 모델 성능이 문제를 해결하기에는 부족했을 수 있다.

두 번째로 AI가 스스로 만든 임무 수행 계획에 오류가 있을 수 있다.

세 번째는 AI가 찾은 데이터가 부정확할 때 최종 결과의 품질이 낮을 수 있다.

위에 있는 GenSpark를 이용한 예시처럼 높은 수준의 AI 모델의 성능이 필요하지 않고 임무 수행 계획에 정교함이 필요하지 않은 경우에도 최종 생성 결과의 품질이 좋지 않은 경우도 있다. 수십 차례 실험해 본 결과로 보면 좋지 못한 품질 원인 3가지 중 가장 많은 경우는 AI가 찾아 결과 생성에 활용한 데이터의 부정확성에 있었다. AI 에이전트와 같이 AI가 스스로 많은 처리 단계를 만들어서 임무를 수행하는 경우 한번 생성된 정보 오류는 단계를 지날 때마다 증폭될 가능성이 있다. 예를 들어 생각해 보면 각 단계에서 생성한 결과의 정확도가 90%라고 한다면 단계가 지날수록 생성 결과의 정확도는 하락하게 되고 끝에는 정확도가 0에 수렴하게 된다. 물론 이것은 이해를 돕기 위한 극단적 가정이지만 AI 에이전트 시스템의 작동 방식이 정해진 목표를 달성하기 위해서 하위 업무 단계를 만들고 반복적으로 하위 업무를 수행하는 특성상 단계별로 생성되는 결과의 정확도가 중요하고 결국에는 AI가 단계별로 사용하는 데이터 원천(Source)의 정확도가 최종 결과에 미치는 영향이 크다는 사실을 알 수 있다. 다시 말해서 AI 에이전트 역시 기존 AI가 가지고 있는 Data 의존성에서 자유롭지 못하다는 말이 된다.

기업들은 AI 에이전트를 도입하면 AI 에이전트가 마치 마법처럼 사람이 하던 일을 알아서 이해하고, 해결하기 어려운 문제들을 척척 풀어 줄 것이라고 기대한다. 그러나 현실은 그렇게 녹록하지만은 않다. AI 에이전트를 도입하는 기업들이 AI 에이전트를 적용하려는 분야는 기존에 사람이 하던 업무를 대체하려는 경우가 많다. 이럴 경우 AI 에이전트 작동 방식은 현재 사람들이 일하는 방식을 따라가게 되는데 기업에서 사람이 하는 업무라는 것이 기존의 여러 가지 사내 시스템을 사용하면서 진행하는 경우가 많다. 예를 들어 한 건의 구매 업무를 처리하기 위해서 구매와 관련된 사규에 따라서 진행해야 하고 구매 시스템뿐만 아니라 기존 거래 내역 조회나 프로젝트 진행 상태 조회와 같이 여러 사내 서비스 혹은 개인이 보관 중인 보고서를 참고하는 경우도 있다. 이렇게 복잡한 기업의 업무를 두고 AI 에이전트를 적용한다고 해서 지금 당장 마치 사람처럼 잘 이해하고 처리하기를 기대하기는 어렵다. AI 에이전트를 기업의 업무에 적용하기 위해서는 기업이 보유한 ERP, HR, 포털 같은 기존 시스템(Legacy 시스템) 그리고 근본적으로는 기업의 데이터를 AI 에이전트가 활용할 수 있도록 준비가 필요하다.

AI 에이전트가 활용할 수 있는 상태의 데이터를 "AI Readable Data"라고 한다. 좋은 AI Readable 데이터를 만드는 데는 단순히 많은 데이터를 모으는 것이 아니라, 사용 목적에 따라서 필요한 데이터를 분류하고 불필요한 부분은 제거하여 정돈된 상태로 만드는 것이 중요하다. 이를 위해 첫 번째 단계는 AI가 해결해야 할 구체적인 문제나 목표를 명확히 하는 것이다. 목표가 정해지면, 그 목표에 맞는 데이터를 ERP, HR, DataLake 등 기존 시스템에서 추출하고, 데이터의 의미와 관계를 정의해야 한다.

이제 AI 에이전트가 활용할 데이터가 준비되었다면 AI 에이전트가 적용할 기초를 만든 것이다. 이렇게 AI 에이전트를 활용하기 위해 해결하는 문제 중심으로 데이터의 구조를 만드는 대표적인 방법 중 하나가 '온톨로지(Ontology)'이다. 온톨로지 방식은 데이터를 카테고리별로 분류하고, 각 데이터 간의 관계를 명확하게 정의하는 데서 시작한다. 예를 들어, 고객 데이터를 '고객 정보', '구매 내역', '서비스 요청' 등으로 나누고, 이들 사이의 연결고리를 분명히 한다면 AI는 어떤 데이터가 어떤 상황에서 중요한지 쉽게 이해할 수 있게 된다. 온톨로지는 이렇게 정돈된 데이터를 기반으로 AI가 복잡한 기업의 문제를 해결할 수 있도록 돕고 있다.

딥시크 R1 모델과 같이 AI의 사고 능력, 즉 'Reasoning'이 발전하면서 많은 사람들이 AI에 대해 다시 한번 큰 기대를 갖게 되었다. 하지만 아무리 AI가 똑똑해져도, 기업의 데이터를 이해하지 못하면 기대하는 결과를 내기 어렵다. 기업들은 AI를 도입하기를 원하면서도 기업의 데이터를 준비해야 한다는 사실에 부정적인 반응을 나타내기도 한다. 그도 그럴 것이 이전에 빅데이터 도입에 막대한 비용을 투자했지만 기대했던 만큼의 효과를 얻지 못한 경험을 가진 기업이라면 데이터 준비에 비용이 발생하는 상황이 탐탁지 않을 것이다.

하지만 AI 적용을 위한 데이터 준비는 이전 빅데이터 도입과 다른 면이 있다.

첫 번째, AI Readable 데이터는 분명한 비즈니스 목표를 중심으로 구성된다. AI를 적용할 분야를 정하고 여기에 적합한 데이터에 한정하여 준비한다. 처음부터 방대한 데이터를 준비할 필요 없이, 필요한 데이터만을 선별하고 그 의미를 명확하게 정리하는 것이 핵심이다.

두 번째, AI 에이전트 적용 케이스가 많아지면서 각 케이스에서 준비한 데이터를 통합할 수 있다. 한번 만들어진 AI Readable 데이터는 한 번만 사용되는 것이 아니라 다른 AI 에이전트가 활용할 수 있다. 이런 과정을 반복하게 되면 기업의 업무를 하나씩 하나씩 디지털 공간으로 옮길 수 있게 된다. 기업의 업무 전체를 디지털 공간에 재현하게 되면 기업은 기존의 업무 방식보다 빠르고 정확하면서 효율적인 의사결정을 내릴 수 있게 될 것이다.

모두가 AI 에이전트를 이야기하고 있는 상황이지만 AI 에이전트를 적절하게 잘 도입한 기업의 예를 찾아보기가 쉽지 않다. 장기적인 계획 없이 시장에 우리 회사도 AI 에이전트를 도입했다는 뉴스 한 줄을 내기 위한 조급한 마음으로 추진하는 소모적인 단발적 AI 에이전트 도입 프로젝트도 많이 보인다. 하지만 AI Company로의 변화는 한 번에 이루어지는 것이 아니라, 장기적인 안목을 갖춘 준비와 점진적인 도입을 통해 차근차근 이루어져야 한다. 팔란티어의 고객 사례를 봐도 하나의 Use Case를 만들기 위해서 팔란티어의 AI/Data 전문가들과 기업의 전문가들이 2년에서 3년씩 준비하여 만든 케이스가 많다. 그 기간 동안 기업이 해결하려는 문제를 정의하고 그 문제와 연관된 업무의 프로세스를 분석하며 문제를 해결하기 위한 데이터를 준비하여 최종적으로 AI를 활용해서 문제를 해결해 나간다. 이렇게 하나의 문제를 심도 깊게 바라보고 준비하면서 기업 내부적으로도 AI 에이전트와 함께 일하는 방식을 배우고 업무 프로세스에서 데이터까지 AI 에이전트와 함께 일할 수 있는 형태로 변화하게 되는 것이다.

이처럼 기업의 미래를 좌우할 AX(AI Transformation)는 단순히 외부에서 특정 솔루션을 도입한다고 완성되는 것이 아니다. 기업이 AI를 이용해 해결하려는 문제를 명확히 정의하는 것에서 시작하여, AI가 효과적으로 활용될 수 있도록 기존 시스템을 포함한 **AI Readable한 데이터**를 준비하는 과정이 필수적이다.

그리고 이러한 환경을 갖춘 기업이라면, 그것 자체가 다른 기업이 쉽게 모방할 수 없는 **AI 시대의 경쟁력**이 된다. 아무리 OpenAI에서 **GPT-5 혹은 GPT-6**가 출시되고, **딥시크 R1** 이상의 오픈 소스 AI 모델이 등장하더라도, AI 에이전트를 적용할 환경이 갖춰져 있지 않다면 이러한 기술은 무용지물일 수밖에 없다. 반면에 AI Readable 데이터를 기반으로 AI 에이전트를 활용할 수 있는 환경이 잘 구축되어 있다면, 진보한 AI 모델이 등장할 때마다 기업의 경쟁력도 한층 더 높아질 것이다.

결국, AI 모델의 성능 개발은 OpenAI, 마이크로소프트, 구글과 같은 거대 기술 기업에 맡기고, 개별 기업은 변화하는 AI 환경에 맞춰 **최신 모델을 효과적으로 활용할 수 있는 구조를 구축하는 것**이 효과적인 방법이다. 이는 마치 뉴턴이 말한 것처럼, **거인의 어깨 위에서 더 넓은 세상을 바라보는 것**과 같다. AI라는 파도에 휩쓸리지 않고, 파도를 타듯이 AI를 **전략적으로 수용하고 활용할 수 있는 기반을 마련하는 것**이야말로 기업의 장기적인 경쟁력을 좌우하는 핵심 요소가 될 것이다.

AI 에이전트 시대에 기업은 자신들의 데이터를 얼마나 잘 이해하고 활용할 수 있는지가 다시 한번 중요한 과제로 떠오르고 있다. AI 모델은 구축하기 어렵다고 생각할 수 있지만, 의외로 효과적인 모델을 비교적 쉽게 도입할 수 있는 시대에 접어들었다. 그러나 기업이 AI에이전트를 통해 실질적인 경쟁력을 확보하기 위해서는 AI에이전트가 다룰 데이터를 얼마나 잘 이해하고 준비했는지가 성패를 좌우한다. 데이터의 품질과 준비 수준은 AI에이전트의 성과를 결정짓는 핵심 요소로, 이를 소홀히 한다면 AI에이전트의 도입 자체가 무의미할 수 있다.

13.2
AI 시대에 기업의 성장 전략

오늘날 기업들은 치열한 경쟁에 더불어 디지털 트랜스포메이션(DX)을 통한 비즈니스 혁신을 요구받고 있다. 거기에 더해서 AI 기술의 부상과 AI 기술이 비즈니스를 크게 변화시킬 것이라는 기대에 따라 DX의 영역을 넘어서, AI를 중심으로 한 혁신(AX, AI Transformation)이 점차 주목받고 있다. 쉽게 생각해 보면 고객 경험 혁신과 업무 효율 증대, 그리고 새로운 비즈니스 기회의 창출이라는 본원적 경쟁력을 확보하기 위해서 AI를 잘 사용하면 되는 것이다. 하지만 DX나 AX뿐만 아니라 그 어떤 혁신도 말처럼 쉽게 이루어지는 건 아니라는 사실을 우리는 수많은 경험을 통해서 이미 알고 있다. 그럼 어떻게 하면 AI 기반의 비즈니스 전환에 성공할 수 있을까? 이제부터 AX의 성공을 위한 핵심 전략에 대해 살펴보자.

DX와 AX는 무엇인가?

디지털 트랜스포메이션(이하 DX)과 AI 트랜스포메이션(이하 AX)은 모두 기업이나 조직이 기술을 활용하여 변화를 추구하는 과정이라고 말할 수 있다. DX는 디지털 기술 전반을 활용하여 업무 효율성을 높이고, 비용을 절감하며, 고객 만족도를 향상시키는 것을 목표로 한다면 AX는 그중에서도 특히 인공지능(AI) 기술에 집중하여 새로운 가치를 창출하고, 더 나은 의사결정을 지원하며, 경쟁력을 강화하는 것을 목표로 한다. 좀 더 자세히 살펴보자면 DX는 디지털 기술을 적용해 기업의 운영, 조직, 문화 전반을 변화시키는 과정이다. 다시 말해서 기업의 비즈니스 속도와 효율성을 높이기 위해서 기존의 일 처리 방식을 클라우드, 모바일 앱, 빅데이터 분석 같은 첨단 기술을 위해서 새롭게 만들어 가는 과정이라고 할 수 있다. 반면 AX는 DX 과정에서 축적된 데이터를 기반으로 인공지능 기술을 활용하여 의사결정과 업무 프로세스를 더욱 자동화하고 지능화하는 것을 의미하는데 DX의 기술적 한계로 해결하지 못했던 비즈니스 문제를 AI를 이용하여 해결하는 데 방점이 있다.

사례로 살펴보는 DX와 AX의 단계적 적용

예를 들어 매일 주요 외신을 종합하여 보고서를 쓰는 업무가 있다고 하자. DX 이전에는 국가별 혹은 외신별 담당자들이 개별적으로 인터넷에서 뉴스를 하나씩 확인하여 중요 기사를 선별 후 요약 리포트를 만드는 방식이 일반적이었다. 하루에 적게는 수만에서 수십만 건의 새로운 기사가 쏟아지는 가운데 요약 리포트를 작성하는 작업에는 외국어에 능통한 조직 내 전문가 팀이 필요했다.

DX를 적용한 이후에는 어떻게 바뀌었을까? 우선 주요 외신 기사들을 자동으로 수집하는 뉴스 수집 도구(News Crawler)가 정해진 시간에 정해진 언론사 기사를 수집한다. 담당자는 출근해서 이메일로 자동으로 수집된 뉴스 현황을 확인한다. 밤사이 수집된 뉴스는 정해진 규칙에 따라서 자동적으로 분류되고 필터링된다. 이 단계에 해당 기업에서 중요하게 생각하는 키워드나 최근 업계 인기 검색어 등이 포함된 기사를 제외한 나머지 기사는 중복 기사와 함께 최종 수집 리스트에서 제외된다. 이렇게 대략 수만 건의 신규 기사 중에서 최종 약 2,000~3,000건의 기사가 중요한 기사의 후보로 남겨진다. 이제 담당 전문가들이 하나씩 기사를 빠르게 읽어 보면서 리포트에 포함할 뉴스 기사를 최종적으로 선택한다. DX가 적용된 효과로 팀 단위로 수행하던 주요 기사 요약 업무는 전담자 1명이 수행하게 될 정도로 효율성이 높아졌다.

이렇게 DX를 적용했음에도 아직까지 해결하지 못하는 업무 영역은 두 가지가 있다.

첫 번째, 중요하다고 최종적으로 선정된 수십 건의 뉴스 기사를 요약하는 일이다. 요약은 생성형 AI가 매우 잘할 수 있는 일 중 하나이다. 요약 리포트의 문서 양식들만 잘 알려 주면(Few shot, Format) AI는 기업에서 바로 사용할 수 있는 양식의 보고를 만들어 낸다. 물론 다양한 외국어로 된 기사들이라고 할지라도 생성형 AI는 어렵지 않게 자동으로 번역하여 한국어 요약 리포트를 만들어 준다.

두 번째로 DX 영역에서 하지 못했던 일은 사람처럼 각 기사의 중요도를 판단하는 일이다. DX(필터링, 키워드 매칭 등)를 잘 적용해서 중요한 뉴스 후보가 많이 줄어들었다고 하지만 아직도 사람이 직접 읽고 중요도를 판단해야 하는 2,000~3,000건의 기사가 남아 있다. 이렇게 기사의 중요도를 판단하는 업무에 생성형 AI를 적용하여 자동화할 수 있다. 중요 판단 기준을 명문화(프롬프트)하여 생성형 AI에게 판단을 맡기면 AI가 거의 사람의 판단과 유사한 수준으로 판단해 준다. 이렇게 AI를 이용한다면 DX 적용으로는 완전히 대체할 수 없었던 사람의 인지 판단 능력이 필요한 영역을 대체할 수 있다. 그리고 이렇게 AI를 이용해서 인지 판단 업무를 자동화하게 되면 기존의 비즈니스를 다른 차원으로 확대할 수 있는 기회가 열린다.

이전에 중요 기사 요약 리포트 작성 업무는 기술, 인력의 제한으로 하루 한 건의 리포트를 만드는 것이 한계였다고 한다면 AI를 이용한 자동화가 완성되면 하루 한 건이 아니라 필요에 따라서 부서별, 직책별, 시간별로 기사 요약 리포트를 작성할 수 있게 된다. 예를 들어 기업의 외신업무 담당팀이 외신 기사 요약 리포트 사업을 AX화하였다면 기업 내의 여러 부서의 중요 기사 판단 기준에 맞춘 개별 리포트를 생성하여 제공할 수 있다. 거기에서 끝나는 것이 아니라 다른 산업군에 있는 관계사의 각 부처, 각 담당자에게 맞는 맞춤형 리포트를 제공할 수 있고 외부 고객사를 대상으로 새로운 비즈니스로 확대할 수도 있을 것이다. 그리고 단순 뉴스 요약 서비스에서 더 나아가서는 누적된 기사와 리포트에 대한 통계 기반 서비스로 고도화도 생각할 수 있다. 이처럼 AX는 DX에서 커버할 수 없었던 비즈니스 문제를 커버하면서 새로운 가치를 창출할 수 있는 기회를 제공한다.

이러한 변화는 기업이 경쟁력을 유지하고 새로운 기회를 창출하는 데 매우 중요한 역할을 한다. 오늘날의 고객들은 언제나 더욱 편리하고 개인화된 서비스를 원하며, DX와 AX를 적극 활용하는 기업은 운영 효율을 극대화하여 비용을 절감하고, 동시에 새로운 사업 기회를 모색할 수 있는 기회를 얻는다. 기업의 리더들은 이런 혁신이 한 번으로 끝나지 않고 플라이휠 효과처럼 반복되고 점차 가속화되어 조직 전체가 빠르게 변화할 수 있도록 역량을 집중해야 한다.

변화의 어려움

그러나 모든 변화가 순탄하지만은 않다. 기존의 방식을 고수하려는 조직 내 저항, 명확한 전략 부재, 전문 인력 부족, 그리고 오래된 시스템의 한계 등 다양한 도전이 존재한다. 또한 부서마다 따로 관리되는 데이터나 낮은 데이터 품질은 AI 적용 효과를 제한하고, 개인 정보 보호와 보안 문제 역시 간과할 수 없는 과제로 남아 있다.

기업이나 조직의 입장에서는 각종 뉴스에서 AI를 적용하여 성공한 다양한 사례들을 보면서 조바심을 느낄 수도 있을 것이다. 그리고 이런 부담은 급하게 AI를 도입하려는 유혹을 느끼게 한다. 그러나 이렇게 조급하게 적용한 AI가 기업의 경쟁력을 높인 성공적인 사례로 남기는 쉽지 않다. 오히려 급하게 진행하는 AI 프로젝트는 대부분 용두사미(龍頭蛇尾)로 끝나고 '시도는 했지만 이런저런 이유로 큰 성과는 없었다'라는 씁쓸한 유종의 미 만을 남기게 된다.

이것은 마치 SNS를 보면 나를 제외한 모든 사람들이 화려하게 살아가는 것처럼 보이고 상대적으로 제자리에 머물러 있는 것 같은 생각에 우울감마저 느껴지는 현상(FOMO, Fear Of Missing Out)과 비슷한 것이 아닐까? SNS로 인한 상대적 박탈감을 극복하는 현명한 방법을 찾아보면 '내 삶에 집중하기' 혹은 '나만의 가치 찾기'가 나오는데 기업의 AX에 대한 경영자 마인드셋도 이와 비슷해야 하지 않을까 생각한다.

기술은 어디까지나 기술일 뿐이다. 기술을 도입한다고 갑자기 비즈니스가 알아서 변화하는 일은 없다. 조금 더 긴 호흡을 가지고 비즈니스 문제에 집중해야 한다. 비즈니스 경쟁력을 어떻게 높일지 고민하고 비즈니스 문제를 해결하기 위한 도구로 AI를 어떻게 활용하는 것이 좋을지 다양한 상상과 실험이 필요하다. 최근 주식 시장에서 뜨거운 관심을 받고 있는 팔란티어의 다양한 성공 사례를 보면 다른 기업들은 어렵지 않게 AX를 달성한 것처럼 보인다. 그리고 AX에 성공한 기업들은 팔란티어와 같이 고비용, 고성능 서비스를 사용할 수 있는 환경이 되었기 때문이라고 쉽게 생각할지도 모르겠다. 하지만 조금만 더 찾아본다면 팔란티어를 도입하여 성공한 사례로 소개되는 기업들은 보통 2년에서 3년까지 AX를 성공시키기 위해서 팔란티어 프론트라인팀과 동고동락하면서 노력했다는 사실을 알 수 있다. IT 전문가와 현업 전문가로 구성된 One Team을 만들어서 비즈니스의 현장에서 변화를 위한 실마리를 찾기 위해 노력한다. 이런 과정을 통해서 기업은 단순히 AX 솔루션을 도입하는 것이 아니라 기업의 중장기적 변화를 이끌어 갈 수 있는 자체 역량을 갖추게 된다.

AX를 위해서 업의 본질에 대해서 질문을 해야 한다

　AX 기반의 혁신은 단순히 내부 시스템의 업그레이드에 그치지 않고, 기업의 전반적인 업무 방식을 변화시켜야 한다. 새로운 성장을 원하는 기업은 지향하는 미래의 모습을 분명히 정하고 이런 변화를 현실로 만들기 위해 '무엇을' 그리고 '어떻게'라는 질문을 쉬지 말고 던져야 한다. 문제를 분명히 정의하는 것에서 문제의 해결은 시작된다. 처음부터 모든 것을 한꺼번에 바꾸기보다는, 차분히 긴 호흡을 가지고 차근차근 성공 사례를 만들어 가다 보면 일하는 방식, 도구, 조직의 문화가 서서히 변화하고 처음 변화를 상상하던 그 이상의 성공을 이룰 수 있을 것이다.

13.3
생성형 AI와 로봇의 만남이 만드는 시너지

로봇에 관심이 있는 사람이라면 닌자처럼 텀블링을 하는 보스턴 다이나믹스의 아틀라스 영상을 보면서 적잖은 충격과 함께 사람의 형상을 한 휴머노이드 로봇을 조만간 일상에서 볼 수 있을지 모른다는 기대를 가졌을 것이다. 하지만 아쉽게도 아틀라스가 산업 현장이나 실생활에서 적용되기보다는 사족보행 로봇인 스팟이 여러 산업, 재난 구호 혹은 군사용으로 사용되는 모습을 보면서 사람과 같은 휴머노이드 로봇의 실용화는 현실성이 없는 이야기로 서서히 사람들의 관심 밖으로 밀려났었다. 그러던 휴머노이드가 생성형 AI와 전기구동계의 등장으로 새로운 국면을 맞이하고 있다. 인류가 지구의 지배자가 된 것에는 높은 지능, 집단 지성과 함께 이족보행으로 인한 두 손의 자유가 큰 요소가 아닐까 생각한다. 그리고 2025년 현재 지능, 집단 지성, 이족보행과 자유로운 손을 사용할 수 있는 휴머노이드 로봇이 미래 산업 전환의 열쇠로 다시 한번 주목받고 있다.

전통적인 산업용 협동 로봇(Cobot)은 자동차 제조 공정에서 사용되는 커다란 팔을 가지고 있는 로봇들을 말한다. 단순 반복 작업을 위해 특수

설계된 관절형 매니퓰레이터로 안정성과 정밀도 면에서 뛰어나서 자동차 생산과 같은 공정에서는 빼놓을 수 없이 중요한 요소로 자리 잡고 있다. 하지만 이런 산업용 협동 로봇은 인간처럼 다양한 작업을 유연하게 수행하는 데는 한계가 있다. 예를 들어 숙련된 용접 작업은 기존의 산업 협동 로봇이 수행하기는 거의 불가능해서 아직까지 전문 숙련공들이 담당하고 있다. 그러나 베이비붐 세대(Baby-boomer Generation)의 은퇴 시기가 다가오면서 오랜 기간 숙련된 용접공들이 담당했던 작업을 은퇴 후 대체할 새로운 인력이 부족해 생산 라인에 공백이 생기는 문제에 대한 우려의 목소리가 있다. 이러한 문제를 해결하기 위해 휴머노이드 로봇은 사람의 신체 구조와 움직임을 모방해 인간과 유사한 작업을 수행할 수 있다는 점에서 주요한 대안으로 고려되고 있다. 서두에서 이야기했던 보스턴 다이나믹스의 아틀라스 이외에도 전기차로 유명한 테슬라의 옵티머스 Gen3, 그리고 Figure AI의 Figure 01과 같은 다양한 시도들이 빠르게 발전하고 있다. 휴머노이드 로봇 시장이 주목받고 있는 원인에 대해서 알아보자.

ChatGPT와 같은 초거대 언어 모델이 세상에 엄청난 영향을 미쳤다는 사실은 누구도 부정할 수 없을 것이다. 휴머노이드 로봇 역시 초거대 언어 모델의 영향을 크게 받은 분야 중 하나라고 할 수 있다. 로봇과 언어 모델은 왠지 거리가 있을 것 같은데 어떤 영향을 받았을까?

유튜브에서 휴머노이드 로봇을 검색해 보면 보는 순간 깜짝 놀랄 만한 성능을 보이는 휴머노이드 로봇 영상을 쉽게 찾을 수 있다. 영상만 본다면 머지않아 휴머노이드 로봇의 상용화가 될 것 같지만 실상은 그렇지 않다. 그 이유는 영상에서 보이는 동작을 구현하기 위해서 로봇 개발자가 아주 오랜 시간 프로그래밍을 통해서 세세한 동작 하나하나를 지정해 줘야 했고(사전 프로그램 방식), 실제 로봇이 정해진 동작을 수행할 때 주변 환경의 영향 때문에 기대만큼 동작 수행 성공률이 높지 않았다. 이렇게 일반 대중을 상대로 사전에 정해지지 않은 행동을 할 수 있어야 하는 휴머노이드 로봇의 상용화 기준을 통과하기란 어려워 보였다. 이때 사람의 언어를 학습하여 확률 계산으로 사람과 같이 말하고 생각하기까지 하는 초거대 언어 모델의 등장은 휴머노이드 개발자들에게 새로운 영감을 주었다. 휴머노이드 진영에서는 기존의 개발 방식을 버리고 초거대 언어 모델의 학습 방법과 같이 방대한 데이터를 미리 학습하여 언어와 행동의 일반 원리를 습득하는 방식으로 선회하였고 이를 바탕으로 휴머노이드 로봇이 복잡한 환경에서도 스스로 판단하고 학습할 수 있게 되었다.

대표적으로 엔비디아의 GR00T 프로젝트는 자연어 처리와 물리적 동작 학습을 결합한 혁신적 접근법을 보여 준다. 이 시스템은 인간의 언어 명령을 3차원 공간에서의 동작 벡터로 변환하는 데 성공했으며, 2024년 말 기준으로 120개 이상의 서로 다른 물리적 환경에서의 적응 실험을 완료하여 휴머노이드 로봇을 위한 학습을 가상공간에서 진행할 수 있게 되었다. 엔비디아 옴니버스 기반의 Isaac Sim은 가상 환경에서의 대규모 병렬 학습을 가능하게 하는데 Figure AI의 Figure 02 개발 과정에서 생성된 2,300시간 분량의 합성 데이터는 실제 공장 데이터와 결합되어 로봇의 물체 인식 정확도를 89%에서 94%로 향상시킬 수 있었다.

이에 더해서 사람의 행동을 직접 보고 따라 하면서 로봇이 사람처럼 행동하는 방법을 학습하는 모방 학습 방식과 로봇 스스로 반복적으로 학습하면서 점차 스스로의 행동을 개선하는 재귀 학습 방식도 휴머노이드 로봇 발전에 한몫을 하고 있다. 또한 산업 현장에서 휴머노이드 로봇이 단일 개체만 배치되어 일하는 경우보다는 수백, 수천 대의 휴머노이드 로봇이 집단으로 일하게 될 것으로 예상된다. 이렇게 여러 로봇이 협력하여 하나의 목표를 원활하게 수행할 수 있도록 마치 벌이나 개미처럼 각각의 로봇이 서로 정보를 공유하면서 원활하게 함께 움직일 수 있도록 관리하는 군집 통제 기술도 주목받고 있다.

그러나 이러한 기술 발전에도 불구하고 휴머노이드 로봇은 여전히 몇 가지 중요한 기술적 한계도 분명하다. 현재 사용되는 배터리 기술은 무게와 에너지 밀도 면에서 한계를 보이며, 고부하 작업 시 작동 시간이 단축되는 문제가 있다. 이로 인해서 현재까지 휴머노이드 로봇의 평균 작동 시간이 4~6시간에 머무는 경우가 대부분이다. 또한, 고품질 학습 데이터를 확보하는 문제도 여전히 도전 과제로 남아 있다. 실제 산업 환경의 다양한 상황을 반영한 데이터 수집은 쉽지 않아, 데이터 부족이 로봇이 복잡한 작업을 정확히 수행하는 데 제약을 줄 수 있다.

그럼에도 불구하고 AI와 함께 휴머노이드 로봇의 개발 속도는 매우 빨라 테슬라에서 주장하는 2만 불 정도 가격에 구매 가능한 양산형 제품 출시에 대한 기대가 높다. 기업에 AI를 잘 적용하기 위해서는 AI에 적절한 환경이 필요한 것처럼 앞으로 휴머노이드 로봇과 함께 일하기 위한 미래를 상상하고 휴머노이드를 잘 활용하기 위해서 무엇을 준비해야 할지 고민이 필요한 시점이라고 생각한다.

14

K-스타트업과 AI

14.1
스케일업(Scale-Up)과 피보팅(Pivoting)이 시작이자 마지막이야!

필자가 음성을 통해 Perplexity에서 무언가를 검색을 하다 보면, 내가 알고 싶은 질문을 내 목소리로 이야기했는데 Perplexity라는 생성형 AI가 질문 자체를 정확하게 알아듣지 못하는 경우를 만나게 된다. 내가 분명히 이야기했는데 AI는 인식을 못 하는 것이다. 너무 당황스럽다. 이런 경우가 회사를 창업한 대표가 갖는 회사에 대한 느낌이지 않나 싶다. 나는 분명히 시장을 이해하고 기술을 적용하여 제품과 서비스를 만들었는데 시장이 나를 이해하지 못하고 있다고 느낀 것이다. 그러나 아니다. 대표인 내가 바뀌어야 한다.

스타트업 회사는 제한된 사업 아이디어와 제한된 인원으로 창업한다. 그리고 경쟁적이고 역동적인 비즈니스 환경에서 생존하고 성장하기 위해 초기 비즈니스를 검증하고 보완해 나간다. 스타트업 회사에서 스케일업(Scale-Up, 확장)과 피보팅(Pivoting, 전환)은 중요한 개념이지만, 그 목적과 방법은 다르다. 먼저, 스케일업은 주로 기존의 비즈니스 모델을 그대로 유지하면서 제품이나 서비스를 확장하여 시장 점유율과 수익성을 제고하는 것을 목표로 한다. 새로운 지역이나 소비자를 대상으로 시장을 확장하거나, 이러한 확장을 위해 추가적으로 기술을 업그레이드한다. 물론 이를 위해 필요한 인원을 충원하고 벤처 캐피털 등으로부터 투자를 유치한다.

이에 비해 피보팅은 근본적으로 비즈니스 모델이나 제품 전략의 방향을 수정하는 과정을 말한다. 즉, 초기 비즈니스 모델이 예상한 만큼의 성과를 내지 못하기 때문에 새로운 기회를 탐색하거나 BM(Business Model)의 방향을 전환하는 것이다. 이를 위해서는 먼저 고객과 시장의 분석을 다시 실시한다. 기존에 평가하고 준비했던 BM의 기본 가정에 대한 문제점을 파악하기 위함이다. 문제점이 파악되면 새로운 제품이나 서비스를 대상으로 비즈니스 모델을 재설계한다.

원래 피보팅은 체육과 관련한 용어로서 몸의 중심축을 한 다리에서 다른 다리로 이동시키는 것을 말한다. 기업은 시장에 대한 예상을 기반으로 제품이나 서비스를 개발한다. 그러나 시장이나 소비자의 니즈가 사전에 분석한 내용과 차이가 발생하면 목표했던 매출이 일어나지 않게 된다. 그러면 기존의 제품이나 서비스를 수정해야만 목표했던 매출을 달성할 수 있게 된다. 이것이 비즈니스의 피보팅이다.

결국 스케일업이 기존의 성공적인 비즈니스 모델을 기반으로 시장 점유율을 확대하는 과정이라면, 피보팅은 기존의 비즈니스 모델의 성과가 저조한 경우 이를 해결하기 위해 혁신적인 비즈니스 모델을 마련하는 과정이라고 할 수 있다. 하지만, 이들은 상호 배타적이거나 순차적으로 진행되지 않는다. 대표는 도전과 기회에 직면하면서 스케일업으로 사업을 지속적으로 확장하고 동시에 방향을 전환해야 한다.

스케일업과 피보팅의 성공적인 스타트업의 예가 에어비앤비(Airbnb)이다. 에어비앤비는 원래 사람들이 여행객들에게 거실의 에어 매트리스를 임대할 수 있게 도와주는 온라인 플랫폼으로 시작되었다. 이후 네트워크 효과, 입소문, 파트너십을 활용하여 여러 여행 경험을 공유하고, 호텔까지도 시장을 확장하는 등 스케일업과 피보팅을 여러 번 진행하였다.

백종원 대표가 장사가 너무 어려워 자살까지 생각한다는 분을 설득하는 장면이 생각이 난다. 백종원 대표는 과거 부모님이 사업을 반대했는데도 불구하고, 음식 장사를 해서 망했던 시기를 이야기해 준다.

"난 빚만 17억 원이 있었어요. 내가 잠이 오겠냐고. 난 자존심이 무척 센 놈이에요. 부모님에게 손도 못 벌리고. 난 죽으려고도 했었어요. 근데 그것을 계속 머릿속에 가지고 있었으면 지금 성공 못 했겠지. 그때 일어나는 게 더 중요하다고 느낀 거예요. 그래서 일어났어요. 사장님도 이제 본인이 바뀌지 않으면 빚을 갚을 수가 없어요. 바뀌어야 해요. 계기가 있어야 해요."

백종원 대표의 설득의 멘트에서 '계기'가 있다. 이런 계기를 바탕으로 바꾸어 가는 것이 스케일업과 피보팅이다. 2024년 11월 6일 백종원 대표의 더본코리아는 유가증권시장(코스피)에 상장되었다. 더본코리아의 60.78%를 가진 대주주가 백종원 대표이다. 1993년 원조쌈밥집으로 외식업을 시작해 25개의 외식 브랜드를 운영하며, 호텔·지역 축제·해외 소스 유통 사업 등으로 사업을 다각화하였다. 빚 때문에 죽으려고 했던 백종원 대표는 바뀌어야 한다는 계기를 살려서 이제 5,000억 원대 자산가가 되었다.

바꾸어 가는 과정에는 지향하는 목표점이 있어야 한다. 백종원 대표는 많은 자영업자들의 롤 모델이다. 롤 모델(role model)이란, 회사를 운영하거나 개인적으로 이루고자 하는 목표가 있는 경우, 그 목표를 달성한 사람을 선정하고 그 목표에 도달하기 위해 그 사람의 행동과 사고방식 등을 따라 하는 것을 말한다. 롤 모델은 자신이 원하는 목표를 달성하는 가장 효율적인 방법으로 알려져 있다.

어릴 때부터 신동이었던 피카소는 10대 시절에 벨라스케스의 〈시녀들〉에 감명을 받게 된다. 그리고 벨라스케스를 롤 모델로 하여 많은 모작을 그린다. 비슷하게 모작을 그리면서 피카소는 벨라스케스의 〈시녀들〉과는 다른 본인만의 그림을 그려 낸다. 벨라스케스의 〈시녀들〉은 있는 그대로의 모습을 따뜻하고 아늑한 색감을 사용하여 그려 냈다. 하지만, 피카소는 벨라스케스의 〈시녀들〉을 해석하면서 색채보다는 그림 속 시녀들의 형체를 분해하고 재해석하여 추상화로 그려 냈다. 벨라스케스를 어마어마하게 존경은 했지만, 결국 피카소는 본인만의 화풍을 정립한 것이다.

롤 모델을 찾는 1차 목적은 원하는 목표를 이루기 위해 그를 따라 하는 것이지만, 궁극적인 목적은 1차 목표를 이루고 나서 롤 모델에서 벗어나 자신만의 모델을 만드는 것이다. 초기에는 롤 모델을 따라 하지만 결국은 롤 모델로부터 독립을 하는 것이다.

피보팅도 결국 기존의 비즈니스 모델을 바탕으로 생태계 내에서 아이디어와 실천 방안을 반영하는 것이지만, 궁극적으로는 생태계에 더 새로운 자신만의 비즈니스 모델을 계속해서 생성해 나가는 것이다. 단순한 모방을 피보팅이라고 하지 않는다. 피보팅을 하면서도 자신의 BM의 성공을 위해 본질은 잡고 있어야 한다.

가령 햇빛과 좋은 경치를 가진 바닷가 해변에 여행을 갔다고 하자. 너무 마음에 들어 도시의 모든 것을 정리하고 이곳으로 이사 오기로 했다. 그래서 집이 필요하다. 집을 짓는 두 가지 방법이 있다. 바다와 가장 가까운 해변에 집을 짓는 것이다. 아침에 일어나서 창문을 열면 바로 옆에서 바닷물이 짤랑거리는 소리를 들을 수 있다. 모래 위라 기둥을 바닥에 심기도 쉽다. 그래서 비용도 적게 소요된다. 다른 방법은 비록 해변 바로 옆에 집을 짓고 싶지만 모래가 아닌 안전한 반석 위에 집을 짓는다. 큰 돌 위에 기둥을 내리기 위해서는 비용과 시간이 더 필요하다. 그리고 해변까지 거리가 있다. 그런데 두 방법의 본질적인 차이점은 폭풍우라는 어려움이 왔을 때에 나타난다. 해변 모래 위의 집은 폭풍우에 무너지고 떠내려간다. 하지만 반석 위에 지은 집은 폭풍우가 와도 큰 문제가 없다.

참고로 현재 세계에서 가장 높은 빌딩은 부르즈 할리파이다. 아랍에미리트 두바이의 신도심 지역에 있는 높이 828m의 마천루이다. 2009년 10월 1일에 완공되었으며, 2010년 1월 4일 개장하였다. 지상층에서 최고층까지 초고속 엘리베이터로 약 1분이 걸린다. 2017년 준공된 한국의 롯데월드 타워가 555m라는 것을 생각하면 828m가 어느 정도인지 상상할 수 있다. 부르즈 할리파를 건설할 때 가장 신경 썼던 것이 바람이다. 중동의 강한 모래바람이 건물을 지나가면서 밀고 당기는 힘을 발생시키는데, 이 힘으로 건물이 흔들리게 된다. 이러한 영향을 줄이기 위해 나선형 건물 모양을 선택하였다. 그리고 지반이 약한 두바이 현장을 고려하여 지반 공사에만 2년을 사용하였다. 총공사 기간은 5년이었다.

스타트업 회사의 BM은 집과 같다. 너무 쉽게 만든 BM은 쉽게 매출을 올릴 수 있다. 하지만 다른 회사가 유사한 BM을 만들어 낸다. 시장을 쉽게 내줄 수 있다. 하지만 기술을 기반으로 만든 BM은 시간과 자금이 필요하지만 투자를 받아 성공시킬 가능성이 높다.

가끔 스타트업 회사의 IR 보고서를 보면 기술과 연구 개발의 진전 없이 용역 사업을 수주하기 위해 보고서 용도로 작성된 페이퍼를 보게 된다. 해마다 정부의 지원을 받기 위해 보고서를 작성하지만, 본질의 회사는 발전하지 못한다. 기술의 개발과 매출의 핵심인 마케팅과 시장에 대한 구조적인 피보팅이 없다. 피보팅이 없는 보고서를 가지고는 민간 투자를 받을 수 없다. 보고서 안의 BM이 투자를 받게 하는 것이 아니다. 진짜 BM이 필요하다.

처음부터 시장을 정확하게 이해하고 제품과 서비스를 출시할 수는 없다. 그래서 지속적으로 시장의 변화를 제품과 서비스에 반영하여 회사의 모습을 바꾸어야 한다. 몸의 중심축을 힘이 들어가지 않고 편하게 이동시킬 수 있어야 한다. 창업 초기 어깨에 힘이 들어 있던 대표도 이제는 힘을 빼야 한다. 이러한 변화를 필자는 피보팅이라고 말한다. 피보팅은 말은 쉽게 할 수 있다. 하지만 기존의 제품이나 서비스, 특히 사업의 방향을 변환시키는 것이기 때문에 구체적이고 전문적으로 최대한 정확한 분석을 기반으로 해야 더 좋은 결과와 성과를 낼 수 있다. 피보팅은 결국 AI 기술을 기반으로 쓰여진 《굿바이 레거시 2》의 PT(presentation)의 시작과 마무리이다.

최근 들어 딥시크가 시장에 준 충격을 이겨 내면서, 2025년 2월 9일(현지 시간) OpenAI의 최고경영자인 샘 알트만은 인공지능의 발전 속도가 우리의 예상보다 훨씬 빠를 것이라고 예측했다. 알트만은 AI 학습에 필요한 데이터와 연산이 늘어날수록 AI 모델 성능이 향상되고, 매년 AI 사용 비용이 10분의 1로 줄어들면서 시장에서의 AI 사용은 더욱 늘어날 것으로 예측했다.

이제 우리는 결정해야 한다. AI라는 변화를 이제는 상수(constant)로 인정하고 우리의 BM을 피보팅해야 한다. 'AI와 함께하는 우리의 삶의 모습'을 잘 되돌아봐야 한다.

14.2
플랫폼은 서로 연결(connected)되는 거야

2024년 7월 말 프랑스 올림픽 현장. 한국의 '방탄소년단(BTS)'의 맏형인 진도 '2024 파리 올림픽' 성화 봉송 주자로 올림픽을 축하했다. 과거 파리에서 프랑스 혁명의 100주년을 기념하기 위해서 파리 만국 박람회가 1889년에 개최되었다. 그리고 파리 만국 박람회를 축하하기 위해 1889년 5월 에펠탑이 만들어졌다. 독일과의 전쟁에서의 참패와 잦은 혁명으로 인한 불안한 국가라는 부정적인 이미지를 말끔히 씻어 버리고, 최첨단 건축 기술을 보유한 국가로서의 이미지를 갖게 한 것이 에펠탑이다. 에펠탑은 철과 콘크리트를 활용하여 당시 세계에서 가장 높은 인공 구조물이 되었다. 이후 에펠탑의 건축 기술은 철도 역사, 교량, 라디오 및 텔레비전의 송신, 무선통신용 안테나 설치 등에 많이 활용되고 있다.

당시 높이 300m로 세계에서 가장 높은 인공 구조물이었던 에펠탑 건축에 있어서 눈여겨봐야 할 것이 에펠탑 건축에 활용된 기술이다. 에펠탑을 건축하면서 건축가 구스타프 에펠은 용접이 아닌 250만 개의 리벳(rivet)을 활용하여 바람의 저항을 견딜 수 있도록 철 자재를 연결(커넥티드, connected)하였다. 숙련된 다리 건설자로서의 경험을 바탕으로 바람의 저항을 이길 수 있는 자재 연결 기술로 리벳을 선택한 것이다. 세상을 바꾼 선택이다. 리벳은 철판에 구멍을 뚫고 영구적으로 결합시키는 자재이다. 한쪽 지름이 다른 쪽 지름보다 큰 특징을 가지고 있다. 용접보다 진동에 강하기 때문에 현재는 철골 구조물, 교량, 조선, 기계부품 등에 많이 이용되고 있다.

플랫폼(platform)이란 다양한 이해관계자들이 서로 커넥티드되어 가치를 만드는 체계를 말한다. 이를 위해서는 플랫폼 안에 재화나 서비스를 공급하는 공급자와 이를 소비해 주는 수요자가 필요하다. 과거 오프라인의 시장에서 벗어나 이제는 온라인에서까지 공급자와 수요자가 만나고 있다. 온라인 쇼핑몰에서 만나는 공급자와 수요자는 편리한 쇼핑을 통해 서로가 윈윈할 수 있다.

이런 플랫폼은 중세 프랑스어에서 유래했는데, '평평한 형태'라는 의미이다. 19세기 철도가 발달하면서 승강장이 필요해졌고, 그러면서 플랫폼의 의미가 기반이라는 것까지 확장되었다. 20세기 들어서는 IT 분야에서 온라인 쇼핑몰을 중심으로 다양한 이해관계자들이 연결되어 가치를 만들어 가는 체계로까지 의미가 확대되었다. 현재 성공한 사업은 플랫폼 하나씩은 있어야 하는 것으로 인식되고 있다. 이제 플랫폼은 생태계를 만들 때 반드시 갖추어야 하는 체계가 되었다.

스포츠에서 커넥티드된 사례가 있다. 미래의 가치를 정확하게 알아본 레전드의 사례이기도 하다. 바로 최동원과 류현진 선수에 대한 이야기이다. 최동원은 야구나 삶에서 중도 하차하지 않겠다는 아버지와의 약속을 지킨 아들이었다. 2006년 신인 드래프트가 있었다. 신인 드래프트란 고교나 대학 선수들이 프로 리그에서 경기를 할 수 있도록 아마추어 선수들을 지명하여 영입하는 프로야구의 연례 행사이다. 해당 연도에는 대상이 되는 선수 중에서 유독 스타 선수들이 많았다. 인천 출신이며 동산고 에이스였던 류현진도 이들 중의 한 명이었다. 원래 류현진은 지역 연고로 SK 구단의 우선지명이 지배적인 예상이었다. 그런데 류현진의 팔꿈치 부상 이력 등으로 불가피하게 SK 구단은 다른 선수를 지명하게 된다.

이때 한화 구단의 코치진은 류현진의 미래 잠재력을 보고 류현진 선수를 지명하였다. 당시 한화 구단은 경기에 투입한 선수층이 풍부한 상황이었다. 그럼에도 레전드인 최동원 한화 투수 코치가 류현진 선수를 적극 추천하였다. 대학과 프로 선수 시절 이외에, 고교 야구에서도 타의 추종을 불허할 정도로 좋은 성적을 보였던 최동원 코치. 결국 당시 고3이었던 류현진 선수는 레전드 최동원 코치와 만나게 되고, 미국 프로야구에서 아시아인 최초로 평균자책점 타이틀(1.53)을 가질 정도로 한국을 대표하는 투수가 되었다.

AI 생태계에서도 협업(Collaborative)을 하는 회사가 있다. 엔비디아의 협업 플랫폼 이야기이다.

엔비디아는 2024년 GTC에서 엔비디아 옴니버스라는 실시간 교환, 협업 및 공유 가상 세계를 위한 개방형, 클라우드 플랫폼을 발표했다. 엔비디아가 단순한 GPU 제조회사가 아닌 본격적인 AI 시대 생태계를 이끌어 가는 회사가 된다는 선전 포고가 시작된 셈이다. 이 옴니버스는 기본적으로는 다양한 디지털 콘텐츠 제작자들이 실시간으로 협업하고, 물리적으로 정확한 시뮬레이션과 렌더링을 수행할 수 있도록 하는 플랫폼이다. 이 플랫폼은 다양한 산업에서 사용되고 있으며, 옴니버스를 활용하면 공장 제조, 로보틱스, 자동차, 건축, 엔지니어링, 각종 미디어 및 엔터테인먼트 산업에 필수적인 협업과 시뮬레이션이 가능해진다.

2025년 1월 취임한 도널드 트럼프 대통령도 '스타게이트 프로젝트(Stargate Project)'인 AI 인프라 투자 계획을 발표했다. 총투자 규모는 720조 원 수준으로, ChatGPT 개발사인 OpenAI와 세계 2위 소프트웨어 회사인 오라클, 일본 소프트뱅크가 합작사를 설립해 데이터 센터를 구축한다는 것이 주된 계획이다. 이들은 협업을 통해 미국의 AI 리더십을 계속 키워 나가려는 것이다. 이러한 협업에는 초기에 약 143조 원 수준의 투자가 이루어질 계획이고, 향후 4년에 걸쳐 최대 5배로 투자 규모를 키운다는 계획도 가지고 있다. 참고로 2024년 말 현재 전 세계에는 약 1만 개 이상의 데이터 센터가 있고, 이 중 50% 수준의 데이터 센터가 미국에 있다고 한다.

한국에서도 스타게이트 프로젝트에 참여하는 것을 적극적으로 고려하고 있는 기업들이 있다. 삼성전자를 포함하여 SK 하이닉스, 카카오 등 하드웨어와 서비스 회사들이 OpenAI가 이끌고 있는 'AI 협업 연합'에 참여 의사를 밝히고 있는 것이다. 이러한 협업은 AI와 연계되어 있는 반도체 생태계 변화와도 연결되어 있다. 한국이 반도체 칩 생산에 많은 관심을 가지고 있기 때문이다. 반도체 메모리 시장에 대한 전망은 다양하지만, 대부분 현재 고가 중심의 AI 메모리 시장에서 중저가 시장으로 확장될 것으로 예상하고 있다. 그래서 스타게이트 프로젝트 참여를 통해 반도체 칩 시장의 변화에 선대응하면서도 엔비디아가 추진하는 시장 기술 개발 변화에 뒤처지지 않고자 하는 전략으로 해석된다.

대기업과 중소기업 간의 오픈 이노베이션이 있다. 중소기업 간 협업을 지원하는 중소벤처기업부의 협업 지원 사업도 있다. 그리고 소규모 회사와 스타트업 회사도 커넥티드되고 있다. 커넥티드되면, 매출도 실현하고 외부에 아웃소싱하던 것을 내부에서 적은 비용으로 해낼 수 있다. 스타트업 회사와 소규모 회사 사이의 협업을 보자. 소규모 회사는 현재의 안정된 매출 이외에 새로운 사업을 찾고 있다. 하지만 신규 사업의 위험은 줄이고 싶다. 스타트업 회사는 혁신적인 본인의 아이디어를 보호하면서 매출처를 찾고 싶어 한다. 스타트업 회사끼리만으로는 협업의 영역은 매우 부족하다. 그래서 협업을 위해 스타트업 회사와 소규모 기업을 커넥티드했다. 협업은 소규모 회사와 스타트업 회사 모두를 성장시킨다. 오픈 이노베이션이다. 회사 외부와의 협업을 통해 성장을 한다. 커넥티드된 소규모 회사와 스타트업 회사는 K-스타트업 생태계라는 플랫폼 멤버가 된다.

14.3
봄철의 사과 가격

아침에 아싹하고 달콤한 사과는 건강에도 좋아서 모두가 좋아한다. 입시를 6개월 앞두고 있는 아이에게도 학교에 가기 전에 부모들은 사과를 먹이려고 한다.

연합뉴스 2024년 3월 13일 뉴스에 따르면 2024년 사과 가격이 1년 전보다 123.4% 올랐다고 한다. 그래서 물가가 걱정이라고 한다. 그런데 왜 제철도 아닌 사과를 가지고 물가를 이야기하는지 궁금하다. 사과는 가을이 제철인 과일이다. 수확이 되면 사과는 냉동 보관할 것이다. 봄철에 사과를 먹으면서 사과 가격이 비싸다고 한다. 봄철에 먹는 사과는 냉동 보관된 사과라는 이야기인데 말이다. 당연히 제철에 나는 과일을 먹는 것이 가장 신선하고 맛있다고 생각해야 한다. 그런데 제철도 아닌 사과를 봄철에 먹으면서 가격이 비싸서 걱정이라는 분위기가 있는 것이 이상하다는 것이다.

참고로 봄철 제철 과일은 당연히 딸기이다. 여름에는 수박, 블루베리,

토마토가 제철 과일이고, 가을에는 배와 사과가 제철 과일이다. 겨울에는 귤이 대표적인 제철 과일이다.

사과는 봄에 꽃을 피우고 여름에 과일이 열린다. 그리고 추석 차례상에 사과는 당연히 올라온다. 사과나무는 4월에 꽃이 핀다. 그런데 날씨가 과거보다 따뜻해지면, 사과는 꽃을 피워야 한다고 생각하고 꽃을 피운다. 4월 이전에 말이다. 그런데 꽃샘 추위가 오면 사과꽃은 얼어 죽을 수 있다. 그래서 사과꽃이 너무 빨리 피면 농부들은 냉해 때문에 꽃이 얼어 버릴 수 있다는 걱정을 한다. 불행히도 최근 5년 동안 냉해가 발생하지 않은 해는 2022년뿐이었다고 한다.

사과꽃 입장에서는 생각해 보면 참 황당한 일이다. 날씨가 따뜻해지면 당연히 꽃을 피워야 하는 시기가 왔다고 생각한다. 그래서 꽃을 피우고 나와 보니 날씨가 다시 추워져 죽게 되었다. 아마도 사과꽃은 날씨에게 사기를 당했다고 생각할 수 있다.

이런 사과꽃 이야기는 스타트업 대표들에게 비슷한 감정을 갖게 할 수 있다. 주위에서 이런 사업을 해 보면 좋을 것 같다는 이야기를 자주 듣는다. 과거 비슷한 이야기를 듣고 따라 하지 않았다가 핀잔을 들은 경험이 있다. 그래서 이번에는 추천받은 사업을 하기로 했다. 그런데 예상했던 대로 되지 않아 새로 하게 된 사업은 포기하기로 했다. 누구에게 하소연하기도 어렵다. 이런 경험은 모든 대표들이 많이 가지고 있을 것이다. 사기당해서 입게 되는 피해가, 하지 않아서 보는 기회 손실보다 더 크다는 것을 기억해야 한다.

 아래 사과꽃 사진은 필자에게 사과꽃에 대한 이야기를 해 준 분에게 부탁을 해서 받은 것이다.

14.4
오늘을 역사로!(Make today EPIC)

2024년 말을 지나면서 세계 경제가 요동치고 있다. 그러면서 투자에 대한 관심도 많아지고 있다. 가치투자, 성장주 투자를 기본으로 하는 장기투자는 자산을 늘려 집을 마련하고자 하는 모든 이들에게 매우 매력적인 방법이다.

가치투자란 가치주(Value Stock)에 투자하는 전략을 말한다. 이때 가치주란 펀더멘털에 비해 시장에서 저평가된 주식, 낮은 가격에 거래되고 있는 주식을 말한다. 워런 버핏이 대표적인 투자자이다. 그는 투자·보험 기업인 버크셔 해서웨이의 회장 겸 CEO이다. 본인이 계산한 기업의 적정 가치보다 낮은 가격인 주식에 투자한다. 이를 통해 1965년부터 2014년까지 연평균 21.6%의 수익률을 실현하였다.

이에 비해 성장주(Growth Stock) 투자란 미래에 높은 이익을 얻을 수 있는 기업에 투자하는 전략을 말한다. 시장의 유동성이 풍부하고, 기술 기업의 가치가 급격히 오를 때 높은 수익을 실현할 수 있는 투자 방법이다. 손정의와 필립 피셔가 대표적인 대주주이다. 필립 피셔는 워런 버핏이 꼽은 스승이다. 그는 1955년 통신 기업인 모토로라(Motorola, Inc.)를 발굴하여 2004년 사망할 때까지 보유하였는데, 이 기간 중 수익률이 250,000%이었다.

'1911년에 가장 잘나가던 50개 기업 중에서 현재까지 살아남은 것은 GE 하나뿐이다'라는 유명한 말을 한 사람이 찰리 멍거(Charlie Munger)[1]이다. 찰리 멍거의 말은 수익을 내는 시장에 대해 경쟁자들이 얼마나 무섭게 공격하는지를 말하고 있다.

필자는 《굿바이 레거시 1》에서도 "목표시장 유지의 어려움"이란 주제로 한 회사에 대해 이야기한 적이 있다. 이 회사는 한국에서 아이폰의 등장으로 처음에는 큰 수익을 얻을 수 있었지만, 갤럭시가 시장 점유율을 늘리고 핸드폰 액세서리가 돈이 된다는 것을 알게 된 이들이 저렴한 모방제품을 팔기 시작하면서 수익이 급감하게 된다.

창업 초기 목표로 했던 시장에 대해 한번 살펴보자. 좋은 예가 아이폰과 관련된 한국의 스타트업이다. 이 회사는 창업 첫해 직원이 5명이었다. 이 회사가 판매했던 제품은 핸드폰 케이스 등 아이폰 액세서리였다. 이 회사는 설립되고 나서 바로 매출 100억 원을 기록했다.

---

1) 찰리 멍거는 워런 버핏의 단짝이다. 찰리 멍거는 1959년 오마하에서 평생을 함께할 사업 파트너 버핏을 만났다. 멍거는 훗날 버크셔의 부회장이 되고 2023년 11월 세상을 떠난다.

이 회사의 영업이익이 이때 얼마였을까? 56억 원이었다. 필자는 3년이 지나고 나서 이 회사 대표를 다시 만났다. 매출은 그대로 100억 원을 유지했었다. 그럼 영업이익은 얼마나 되었을까? 2억 원이었다.

찰리 멍거는 가치투자를 강조한다. 찰리 멍거가 말한 가치투자를 사업으로 바꾸어 생각해 보면, 계속적으로 시장의 틈새를 찾는 것이 스타트업 회사의 기본 전략이 되어야 한다는 것을 알게 된다. 중형차를 타건 소형차를 타건 차 안에서 바라보는 세상은 모두 똑같다. 다만 차 밖에서 보는 차 모습만 다를 뿐이다. 차 크기가 목적지로 가는 시간을 결정하지 않듯이, 시작하는 사업의 규모가 사업의 성공을 보장하는 것은 아니다. 중형이건 소형이건 차를 타고 틈새시장을 찾아서 가야 한다.

EPIC이란 단어는 서사라는 단어로 해석된다. 서사란 이야기(story)를 뜻한다. 이야기가 만들어지려면, 이야기 안에 인물, 배경, 그리고 사건이 있어야 한다. 투자를 위해 대표를 만났을 때, 대표에게 늘 하는 질문이 "왜 창업을 하게 되었나요?"이다. 창업의 이유 안에는 대표가 비즈니스 모델을 만들게 된 배경과 사건이 포함되어 있다. 그러면 이러한 창업 이야기는 서사가 된다. 백 없이 돈 없이 성공한 스토리가 하나의 서사가 된다. K-스타트업 생태계도 4명의 수강생을 위해 4시간을 달려갔던 3년 동안의 시간이 쌓여서 오늘의 모습이 되었다. 스타트업 회사가 민간 투자를 받고 성장하게 되면 오늘의 이야기는 전설의 한 장이 된다.

14.5
저스틴 칸도 실패할 수 있다!

성공한 창업자는 계속 성공할 수 있을까? 수많은 스타트업 성공 스토리는 여러 자료를 통해 들을 수 있다. 하지만 실패한 이야기는 듣기 어렵다. 필자가 생각하기에 실패한 사람은 자연스럽게 시장에서 사라지기 때문이 아닌가 싶다. 그래서 소규모 회사들이 함께하는 생태계에 필요한 것이 성공과 실패를 동시에 경험한 창업자 이야기일 것이다. 그런 경력을 가진 분이 트위치[2] 창업자 저스틴 칸(Justin Kan)일 것이다.

저스틴 칸은 법률 스타트업 에이트리움(Atrium)의 실패 스토리를 가지고 있다. 트위치 창업자가 설립한 스타트업이란 사실 하나만으로 많은 투자를 받을 수 있었다. 하지만 결국 2020년, 설립 36개월 만에 7,500만 달러(한화 975억 원대) 손실을 기록하고 폐업하였다.

---
2) 트위치(Twitch)는 게임 카테고리 방송을 주로 하였다가, 2014년 아마존에 인수된 후 엔터테인먼트, 스포츠, 음악 등 다양한 콘텐츠를 제공하고 있다. 테슬라, 애플, 아마존 등이 게임을 사업의 주요 축으로 삼으면서 트위치도 아마존에 매각된 것이다. 한국에서 BTS가 소속된 하이브도 같은 전략을 수립하였는데, 《굿바이 레거시 1》에서 하이브의 사례를 소개하였다.

에이트리움은 2017년 법률 회사와 소프트웨어 회사를 합친 하이브리드 형태로 등장하였다. 기본 세계관은 법률 잡무는 컴퓨터에게 맡기고 변호사는 클라이언트 문제에 집중하게 하자는 것이다. 필자가 주장하는 'Hospitality'이다. 비싼 법률 자문 업무를 자동화했다는 사실이 에이트리움의 주된 혁신적 아이디어이다. 변호사는 시간당 비용을 지불한다. 그래서 자동화를 통해 시간이 절약되면 클라이언트의 비용은 크게 줄 수 있다.

아트리움도 여러 번 피보팅을 시도했다. 바람직하다. 그런데 피보팅하면서 문제가 발생했다. 회사의 변호사를 해고하고 소프트웨어 스타트업에 더욱 집중해서 수익을 내고자 한 것이다. 같이 일했던 파트너와 임직원을 해고할 때는 진짜 잘해야 한다. 감정선을 건드려서는 안 된다. 그런데 그렇게 하지 못했던 것 같다. 해고된 일부 변호사는 독립하면서 회사의 클라이언트를 데리고 나가고 이는 회사의 성장 모멘텀에 문제를 발생시켰다. 회사 성장에 제동이 걸리면서 비용을 줄이기 위해 일부 부서들을 없애기 시작했다. 그러나 회사 성장은 다시 회복되지 못했고, 더 많은 해고가 이어지는 악순환이 발생했다. 결국 저스틴 칸은 회사를 접기로 결정했다.

2013년, 한국에서 100만 원만 맡겨도 AI를 통해 투자 관리를 해 준다는 사업 모델이 등장했다. AI와 투자를 연결한 모델이다. 이 회사를 창업한 분은 굉장히 성공한 사업가이다. 얼마나 멋있는가? 그런데 최근 이 회사에 대한 소식은 좀 충격적이었다. 회사를 만든 창업자들이 이 회사의 매각을 추진하는데, 그렇게 좋지 않은 가치에 시장에 나왔다는 것이다.

가장 근본적인 이유는 어떻게 투자를 AI에 맡기냐는 것이다. 먼저 돈이 많은 고액 투자자들을 생각해 보자. 이들 투자자들은 5% 수익만 얻어도 만족한다. 그런데 이들 고액 투자자들은 돈을 이 모델에 맡기지 않는다. 왜냐하면 고액 투자자들은 VIP 센터에 가서 대접받고 싶어 한다. 매번 은행에 갈 때 지점에서 기다리면서 은행 업무를 보기 싫다는 것이다. 그러니 VIP 센터에 가서 대접받으면서 투자에 대한 컨설팅도 받기를 원하는 것이다. 그런데 소액 투자자들은 투자에 대해 다른 생각을 가지고 있다. 이들에게 5%는 의미가 없다. 그래서 이들은 소액으로 코인 시장으로 갔다. 결국 AI를 통한 투자라는 프로젝트는 당시 고액 투자자와 소액 투자자에게 외면받은 것이다.

또한 AI는 학습을 통해 경기나 주가를 예측할 수 있다. 그런데 학습이라는 것을 잘 생각해 보아야 한다. 학습이란 과거 패턴을 공부하고 이를 바탕으로 미래에도 유사한 패턴이 있을 것이라고 가정하게 된다. 그런데 코로나 팬데믹은 학습할 만한 데이터가 없다. 그래서 팬데믹은 AI 모델을 통한 예측이 불가능하다. 그리고 이 모델의 예측은 평균적인 수익률을 추구하게 되어 있다. 그래서 보다 투자에 최적화된 AI 엔진 개발을 통해 더 높은 투자 수익률을 올릴 수 있는 비즈니스 모델로 피보팅했어야만 했다.

그러면, '법률과 같은 전문 비서 모형과 투자 전략'에는 AI 도입이 맞지 않는 것일까? 필자는 그렇게 생각하지는 않는다. 실패한 사례가 있다. 하지만 실패한 사례는 미래의 성공을 만들어 가는 데 필요한 많은 것을 이야기해 준다. 최근 들어 머신러닝과 최첨단 알고리즘 등 AI를 활용해 투자 전략을 수행하는 기업들이 종종 소개된다. 투자자 자신의 투자 성향, 목표 수익률 등을 설정하면 AI는 그에 맞추어 자산을 운용해 준다. 블랙록, 골드만삭스 등이 이러한 AI 전략을 채택한 대표적인 월가의 금융기관이다.

필자가 생각하는 AI 투자 전략에서의 실천적인 방안은 'AI와 인간의 협업'이다. 단기적인 수익률이나 비용 절감만을 기준으로 해서는 안 된다는 것이다. AI는 휴식을 취하지 않아도 24시간 방대한 데이터 처리와 패턴 분석, 시장 모니터링 및 관련 정보 수집 등을 할 수 있다는 장점이 있다. 이에 비해 인간은 통찰력과 예측이 어려운 상황에서의 위기 대응에 장점을 가지고 있다. 그래서 AI와 인간의 협업이 필요하다.

14.6
민성, 온유 그리고 민승이의 '징스' 게임

'징스'라는 게임이 있다. 어린아이들이 많이 하는 간단하고 유쾌한 게임이다. 두 사람이 우연히 동시에 같은 말을 할 때 시작된다. 이때 먼저 "징스"라고 외치고 상대방의 팔등을 건드리면 상대방은 더 이상 말을 할 수 없게 된다. 이것이 게임의 시작이다. 말을 못 하는 아이가 다시 말을 할 수 있는 게임의 해제 조건은 "touch wood"라고 이야기하고 나무를 만지거나, 징스라고 이야기한 사람이 "bring me the soda"라고 이야기하고 말 못 했던 사람이 소다를 가져다주면 다시 이야기할 수 있게 된다.

〈문 섀도우(In the Shadow of the Moon)〉라는 미국 영화가 있다. 2019년에 개봉된 짐 미클 감독의 SF, 미스터리 영화이다. 어느 날 후드를 쓴 여인이 나타나 누군가를 살해하고 사라진다. 그리고 다시 9년 후 여인은 같은 장소로 돌아와서 또 누군가를 살해한다. 이 여인은 미래에서 과거로 9년마다 돌아온다. 돌아와서는 미래에 혼란을 주는 사람을 찾아 제거하는 역할을 한다. 9년이 지나 달이 뜨면 같은 모습의 여인이 미래에서 현재로 돌아오는 것이다. 미래 더 좋은 세상을 만들기 위해 과거를 바꾸고 있는 것이다.

오늘 '징스' 같은 만남이 생겼다. 우리들이 아무리 냉정하고 합리적이어도 '마음이 열리면'이라는 주문이 다가오면 무슨 일인가 벌어진다. "징스"라고 이야기한다. 그러면 세 명 중 한 명은 다른 사람의 주문을 기다린다. 그리고 주문이 풀리면 다시 이들은 까르르 웃는다. 다시 모두가 이야기하며 놀 수 있기 때문이다. 미래를 만들기 위해 현재 현실에서 열심히 살아왔다. 미래의 방향에 대해 누군가 "징스"를 외치고 미친듯이 일을 한다. 그러면 다른 사람은 멈추고 기다린다. 기다릴 수 있는 신뢰가 상대방에게 생긴 것이다. 이는 '마음의 열림'이 있기 때문이다. 이러한 협업이 모든 조건과 결과를 바꿀 수 있다. 그래서 또 하나의 축복을 기대하게 된다.

자신의 삶을 나눈 시간이 지나면 나의 과거가 다시 나를 흔든다. 그래서 '과거로 돌아가 나의 미래에 상처를 주고 떠난 이와의 만남을 회피하면 얼마나 좋을까?'라는 생각도 하게 된다. 하지만 이는 불가능하다. 만남은 이미 벌어진 일이다. 현실은 영화가 아니다. 마음의 단단함이 있고 언제나 당당하게 현실을 이겨 낼 수 있다고 이야기하지만, 언젠가는 내 마음에 쌓아져 있는 상처가 드러나게 되어 있다. 이럴 때 옆에서 "징스"라고 이야기해 주고 싶다. 왜냐하면 나에게도 똑같은 상처가 있기 때문이다. 아마도 새로운 축복은 서로의 어려움을 풀어 주는 레거시와 레전드의 주문 표현일 것이다.

주문을 사업으로 연결하면 어떨까? 마케팅에 달란트를 가진 미래 레전드와 프로젝트를 통해 '가치'라는 무형의 자산을 구체화하는 레거시가 만난다면 어떤 열매가 맺어질까? 비즈니스 매너를 이야기하는 레거시가 밝고 진취적인 미래의 레전드를 만나서 만드는 5년 후의 미래가 어떤 기술을 선택하게 될까? 과거의 레거시도, 미래의 레전드도 지금은 아무것도 모른다. 하지만 "징스"라고 같은 것을 동시에 이야기할 수 있는 공통점은 가지고 있다. 레거시가 여러 고민과 연구를 통해 만든 비즈니스 모델을 젊은 레전드는 이미 실천하고 있다. 그래서 레거시는 레전드를 보면서 웃을 수 있다. 미래를 향해 우리의 손을 내밀어 본다.

이 사진은 더블엠소셜 컴퍼니의 햅틱 디바이스 사진이다. 햅틱이란 핸드폰이나 게임기 등에서 촉감이나 움직임을 느끼게 해 주는 기술을 말한다. 스마트폰의 진동 모드에서 전화가 오는 것을 촉감으로 알 수 있듯이 게임, 가상 현실, 원격 수술 등에 많이 활용되는 기술이다. 이는 1950년대 중반 원자로 작업 로봇의 원격 제어를 위해 시작되어, 현재는 실제 세상

을 디지털 세상으로 전환시켜 줌으로써 의료 교육, 과학 수사, ESG 등에 많이 활용되고 있다.

이 회사의 김채현 대표는 '2024 미디어뉴테크대전'에서 과학기술정보통신부 장관상을 수상하기도 했다. 미디어와 기술 분야의 미래 혁신 기업으로 인정된 것이다. 디지털 기술로 눈에 보이는 세상을 가상 현실로 전환하여 세상을 바꾸고 있듯이, 현실 속 운명적인 반복을 피보팅시키기 위해, 미래를 알고 과거로 돌아와 더 나은 미래를 만드는 방법을 현재에 적용시키는 영화 속 주인공과 같다. 미래를 현재와 연결하여 새로운 세계관을 만들어 간다. 침묵 속에서 자유를, 반복 속에서 해방이라는 길을 만들어 주고 있다.

15

스타트업 생태계에 남아 있는 레거시

양날의 칼날에 선 스타트업 대표들

내가 레거시라고 판단이 되었을 때 이를 해결하는 현실적인 방법은 무엇일까? 가수 박진영이 있다. 1971년 12월 13일에 태어났다. 50대 중반을 바라보는 박진영을 보고 많은 사람들이 흰머리가 없다고 놀란다. 그러면 박진영은 이렇게 이야기한다.

"난 염색하지 않아. 40대 초반에 처음으로 흰머리가 나기 시작하더라고. 나는 60살 될 때까지 춤을 추어야 해. 그래서 흰머리가 나기 시작한 때부터 노화가 왜 일어나는지 생물학과 의학을 집중적으로 공부했어. 그리고 늙지 않는 방법을 찾으면 직접 해 보았어. 그랬더니 어느 날 흰머리를 딱 뽑았는데 뿌리가 검은색으로 바뀌어 있더라고. 그러고는 더 이상 흰머리가 안 나기 시작했어. 더구나 주름도 많이 없어졌어."

그랬더니 주위 사람들은 무엇을 먹냐고 질문을 하기 시작했다. 이에 대한 박진영의 답변은 재미있다.

"사람들은 항상 무엇이 건강에 좋은가를 찾아. 무엇이 건강에 좋으니 그걸 먹으라고들 말하지. 그런데 말이야. 좋은 걸 먹는 게 중요한 것이 아니야. 좋지 않은 것을 먹지 않는 것이 중요해."

스타트업 회사가 망하지 않으려면 망하는 회사가 했던 것을 하지 않으면 된다.

15.1
Death Valley? 늘 다른 길을 찾아서 가라

Window of time이란 무언가 할 수 있는 시간적 여유를 말한다. 그리고 동시에 역설적으로 시간에 대한 기회가 제한적이라는 뜻을 담고 있다. 이런 의미에서 스타트업 회사에 데스 밸리(Death Valley, 죽음의 계곡)라는 시간적 제한이 있다. 언제가 데스 밸리의 시작 시점일까? 필자가 보기에는 대표와 회사의 운영비, 대출에 처음으로 연체가 시작되는 시점이라고 생각된다. 누군가 "저 회사 자금 사정이 어려운가 봐"라고 말하기 시작한다. 시장에서 이런 부정적인 말은 금방 퍼진다. 그러면 회사는 금방 어려워진다. 이때가 대표에게는 매우 난감한 순간이다. 창업해서 BM을 만들려고 기술 개발을 위해 높은 연봉의 CTO도 영입하고, 정부의 지원을 받아서 인력도 채용했는데, 이것이 고정비 부담이라는 양날의 검으로 다가왔다. 망할 수 있다는 두려움이 급습한다. 무엇이 언제부터 잘못된 것인지 난감하다.

2024년 투자를 집행하는 한 벤처펀드는 100개 기업의 투자 자료를 보고서도 1개 기업 정도에만 투자하고 있다. 너무 많은 IR 자료가 와서 정확히 보지도 못한다. 대상이 되는 기업은 스타트업이라는 7년 미만의 기업도 있고 7년이 넘는 기업도 있다. 물론 혁신적인 기술을 가진 기업은 스타트업 회사가 많다. 그러나 혁신적인 기술을 가진 회사가 처음 시작할 때 느끼는 죽음의 계곡 시기에 소액이라도 투자를 해 주는 사람은 엔젤(천사)과 3F뿐이라고 한다. 여기서 3F는 패밀리, 프렌즈, 바보인 풀을 말한다. 가까운 사람에게만 돈을 빌릴 수 있다는 것이다. 그만큼 민간 투자를 받는 것은 매우 어렵다는 것이다.

그래서 데스 밸리를 지나는 스타트업 회사는 버텨야 한다. 모든 대표에게 버텨야 하는 시기가 꼭 있다. 흐르는 물을 버티고 서야 한다. 흐르는 물살이란 결제해야 하는 자금, 내 가족에 대한 불안, 남들의 평가 등이다. 내가 자꾸 물에 부딪혀서 서 있지 못하게 하는 것들이다. 그런데 어느 순간에는 이를 역류하고 올라가야만 한다. 버티면서 조금씩 나아가야 한다. 기적처럼 조금씩이라도 나아가야 한다. 욕심내서 막 뛰어가려고 하면 더 힘들다. 걸어가다가 좀 힘들면 물살을 좀 버틸 수 있는 곳을 찾아서 버텨야 한다. 버티다가 힘이 조금 생기면 다시 발을 떼서 올라가야 한다. 다시 올라가다 보면 나도 모르게 빵과 물을 먹을 수 있는 쉴 만한 곳에 다다를 수 있다.

이제 2023년의 스타트업 회사에 대한 투자 현황을 소개하고자 한다. 2023년 투자시장을 분석하고자 하는 이유는, 펀드 조성이 거의 없고 만들어진 펀드 자금도 거의 소진된 2023년과 2024년의 현실을 직시하기 위함이다. 스타트업 회사를 포함하여 100개 회사 중에 1개 회사만이 투자를 받는 현실을 직시하자는 목적이 있다. 현실을 직시해서 다시 돌아올 투자 붐에 맞추어 투자 매력도를 준비하기 위함이다.

옆 회사가 구조조정하면 불황이고, 내 회사가 구조조정하면 공황이라 했다. 대다수 스타트업 회사들이 데스 밸리를 지나면서 불황과 공황을 경험한다. 그래서 회사를 계속 운영해야 하는지를 고민하는 대표들은, 현재의 어려움에 지쳐 손을 놓고 회사를 폐업하거나 청산할 수 있다. 아니면, 단순한 어려움에 묶여 있기보다 스타트업 회사가 민간 투자자들에게 투자를 받을 만큼 미래 가치(upside)를 가질 수 있는 회사로 피보팅시킬 수 있는 방법을 찾아야 한다. 두 가지 모두 한 가지 목적은 분명하다. 나는 언젠가는 빛나는 별처럼 성공한다는 것이다. 성공을 위해 투자자 네트워크를 찾아야 한다. 지금 망해도 다시 일어날 방법을 찾아야 한다.

2023년 11월 중소벤처기업부의 벤처 투자 관련 보도자료에 의하면, 3년 미만의 창업 기업에 대한 투자 비중은 정부의 지원으로 27% 수준을 지키고 있다. 가장 최근의 벤처 투자 붐인 2021년 이후 전체적인 투자 규모는 축소되어 절대 규모는 줄었지만 초기 창업 기업에 대한 투자는 오히려 비중이 늘어났다. 이는 초기 창업 기업에 대한 정부 지원은 일정 비중을 지키는 것으로 해석될 수 있고, 이를 잘 활용하는 스타트업 회사가 현명한 것이다.

다만, 창업한 지 4년에서 7년 사이의 기업에 대한 투자가 급속히 감소한 것을 눈여겨보아야 한다. 투자회사는 투자가 집행되어야 수수료 수입이 생긴다. 투자는 해야 하지만 그래도 위험이 상대적으로 많은 회사에는 투자를 꺼린다고 해석된다. 오히려 창업한 지 7년이 넘은 회사는 위험이 상대적으로 낮다고 판단하고 투자를 늘리고 있다. 이러한 민간 투자 현실을 받아들여야 한다. 이러한 투자자의 투자 행태를 이해해야 한다.

설립된 지 3년 미만의 기업들은 일정한 비중으로 정부의 지원을 받고 있다. 그러나 3년이라는 기간은 매우 짧다. 3년 동안 경영을 하면서 어느 정도는 매년 자금을 지원받을 수 있다고 느끼는 순간, 바로 매우 어려운 시기가 온다. 민간 투자를 충분히 받기 이전에는 정부 지원을 최대한 활용하고 비즈니스 모델을 피보팅하면서 성공하고 성장해야 한다.

강원도의 어떤 스타트업 회사의 대표에게서 질문을 받은 적이 있다. "회사가 왜 망하는 거예요?" 이 질문을 받고서 필자는 갑자기 많은 생각이 들면서 바로 답을 하지 못했다. 문제가 어려워서일까? 회사는 스스로 망하는 것이 아니라 대표가 회사에서 손을 떼면 망하는 것이다. 손을 뗀다는 것은 자금이 부족해졌을 때 대표가 더 이상 돈을 마련하지 않는 것이다.

필자가《굿바이 레거시 1》에서 E-스포츠를 이야기하면서 빈 살만 사우디 왕세자와 네옴시티에 대해 언급한 내용이 있다.

2022년 기준으로 한국 나이로 37살이었던 빈 살만 사우디 왕세자가 즉위 이후 시행한 것이 사회와 문화 개방이다. 2022년 11월 한국을 방문했던 빈 살만 사우디 왕세자는 E-스포츠와 게임 산업에 많은 관심을 쏟고 지원을 하고 있는 것으로도 유명하다. 이를 통해 왕세자는 사우디 젊은 층의 많은 지지를 받고 있다.

그런데 이런 빈 살만 왕세자가 만들고자 하는 세계가 있다. 가상 세계가 아닌 현실 세계이다. 서울시의 44배 규모인 네옴시티가 바로 그것이다. 여기에는 670조 원이 필요하다. 네옴시티는 친환경 직선도시 '더 라인', 바다 위 첨단 산업도시 '옥사곤', 그리고 친환경 산악 관광단지 '트로제나'로 이루어진다. 이 중에서 가장 큰 관심을 가지게 했던 것이 더 라인인데, 더 라인은 롯데월드 타워와 비슷한 500m 높이의 초고층에 길이 170km인 초대형 프로젝트이다. 네옴시티가 완성되면 빈 살만이 그렸던 가상 세계가 현실 세계로 실현된다. 이때 네옴이라는 말은 새로운 미래를 의미한다. 그러면 빈 살만에게 새로운 미래란 무엇인가? 이는 기존의 석유에서 벗어나 새롭게 장기적인 발전을 하는 모습, 즉 새 시대를 말한다. 더구나 이처럼 빈 살만이 네옴시티에 많은 관심을 집중하는 이유는 2032년이 사우디의 건국 100주년이 되기 때문이다. 이 시기에 맞추어 젊은이에게 새로운 미래를 제시하고자 하는 지도자로서의 비전인 것이다.

이런 네옴시티가 2024년 4월 자금 문제가 있다고 분석되기 시작했다. 그리고 이를 해결하기 위해 전 세계 투자자 수백 명을 초대하여 투자설명회를 진행한다고 한다. 기존까지는 런던이나 뉴욕에서 화상으로 투자설명회를 진행했었다. 그러나 이번에는 네옴시티 현장에서 적극적으로 투자설명회를 한다는 것이다. 빈 살만 왕세자가 추진하는 프로젝트인데도 결국 자금 문제의 어려움은 피해 갈 수 없는 것 같다. 원인은 실행 가능성이지만, 늘어난 비용 때문이라는 분석도 있다. 원래 670조로 예상되던 원가가 3배 이상 늘어나 2,000조가 필요하다는 것이다. 더 라인의 경우도 원래 계획보다는 규모가 줄어들 것으로 보인다.

영화 〈남한산성〉에서 이조 판서 역할의 김윤석 배우가 이런 대사를 한다.
"이 겨울이 참으로 모질고 깊습니다."
이에 최명길 역할을 한 이병헌 배우가 우리 가슴에 와닿는 대사를 한다.
"겨울이 깊었으니, 봄이 멀지 않았을 것입니다. 모진 겨울을 견뎌 낸 것들이 그 봄을 맞을 테지요."

데스 밸리는 모두에게 알려진 위험일 뿐이다. "그렇게 최악의 상황은 결국은 많이 오지 않잖아요. 설마 굶기야 하겠어요?" 이런 믿음이 필요한 것이다. 선택한 길에서 답을 찾을 수 없다면 다른 길이 기다리고 있다는 믿음을 가지면 된다. 대표는 외롭다고 느끼지 말고 어떻게 지혜 있게 넘어야 하는지만 결정하면 되는 것이다.

15.2
스타트업이 투자받기 어려운 진짜 이유

실력이 좋은데 인맥이 없으면 실력을 알리지 못하고, 인맥은 좋은데 실력이 없으면 투자를 받을 수 없다. 그래서 실력도 키워야 하고 인맥도 넓혀야 한다. 이것은 시간과 에너지가 제한된 대표에게 주어진 숙제이다.

벤처 캐피털 심사 역은 현장을 다니며 투자 대상 업체를 발굴한다. 벤처 캐피털에 입사한다고 해도 좋은 기업을 발견하는 방법은 누구도 알려주지 않는다. 알려 줄 인센티브가 벤처 캐피털 내 동료에게는 없기 때문이다. 그래서 입사하면 본인 스스로 수단과 방법을 가리지 않고 찾아내야 한다. 출근 여부는 중요하지 않고 결과로만 평가를 받는다. 내가 좋은 투자를 얼마나 했고 얼마를 회수했느냐, 수익률이 얼마냐 등 결과가 중요하다.

그러면 벤처 캐피털 심사 역이 투자 심사 업무를 시작한 직후 만나는 회사는, 투자를 받을 수 있는 실질적인 가능성은 없으면서 회사 및 시장에 대한 정보만을 심사 역에게 제공할 가능성이 매우 높다. 그래서 대표가 심사 역을 만나려고 할 때, 벤처 캐피털 심사 역의 경력과 벤처 캐피털이 실제로 투자할 자금을 가지고 있는지에 대한 확인이 필요하다. 그러기 위해서는 투자시장에 대한 이해와 인맥이 매우 중요하다. 그런데 본업에 전력을 다해도 시간과 에너지가 부족한 대표가 투자자 인맥, 그것도 투자시장에 대한 맥을 짚을 수 있는 인맥까지 확보하는 것은 매우 어렵다. 그래서 효율적으로 인맥을 확보할 수 있는 방법이 필요하다.

검사 숫자보다 투자 심사 역의 숫자가 적다는 말이 있다. 검사 숫자는 2,200명 수준을 최근 유지하고 있다. 2024년 6월 현재 210곳의 VC(Venture Capital)가 한국 벤처 캐피털 협회에 등록되어 있다. 한 VC에 평균 3명의 심사 역이 있다고 하면, 630명의 심사 역이 있는 것이다. 벤처 캐피털 심사 역은 시장에서 600명 수준으로 이야기한다. 대략 숫자에 대한 확신이 든다. 이 심사 역 중에서 시장을 배우는 심사 역을 제외하고 실무적으로 본인의 의사결정으로 투자 여부에 영향을 줄 수 있는 심사 역은 600명보다 훨씬 적다.[3]

2024년 투자시장에서 드라이파우더(dry powder)라고 투자할 수 있는 펀드자금 여력을 가지고 있는 심사 역은 훨씬 더 적다. 실무적으로 투자 의사 결정에 영향력을 줄 수 있는 심사 역이라 하더라도 지금은 투자할 자금의 여력이 없는 경우가 많다. 그래서 투자할 자금을 가진 심사 역은 7년 이상 업력을 가지고 안정적인 매출을 실현하는 회사이거나 초기 기업이지만 100배를 벌 수 있는 기업을 찾는다. 그러면 스타트업 회사는 투

---

[3] 검사 정원은 '검사정원법'에 따라 2,292명으로 규정되어 있다.

자를 받을 가능성이 더욱 희박해진다.

회사가 돈이 필요하면 투자를 받을 수도 있고 대출을 받을 수도 있다. 초기 자본금이 충분하지 않다면 투자를 받기 전까지 회사들은 불가피하게 은행 대출을 받아야 한다. 소규모 회사들은 은행권의 대출을 받을 수 있고, 스타트업 회사들은 중소벤처기업진흥공단과 기술보증기금 등에서 2%대 대출을 받는다. 가령 스타트업 회사가 받은 대출이 2년 거치 10년 분할 상환 조건이었다고 하자. 이자만 내는 2년 동안에는 그나마 문제가 드러나지 않는다. 그런데 이자만 내는 2년은 금방 지나간다. 원금 상환 기간이 돌아오면 이때부터는 고정비 이외에 원금을 상환할 만큼 돈을 벌어야 한다. 그러면 '은행은 날씨가 좋은 날에는 우산을 빌려주지만, 비만 내리면 우산을 회수한다'라는 표현이 체감된다. 잔혹한 이야기이다. 회사가 부채의 무게로 주저앉을 수 있다. 그래서 투자가 필요하다.

한국 VC의 90% 가까운 자금이 정부 자금에 연계되어 있다고 한다. 한국은 미국과는 달리 모태펀드라는 정부의 매칭형 투자 펀드를 통해 스타트업 회사들이 민간 투자를 받을 수 있는 투자 환경을 만들었다. 그래서 한국의 VC는 공적인 성격이 많이 드러난다. 이는 투자 IR에서도 드러나는데, 정부가 원하는 방향과 비전이 잘 반영되어 있는 회사가 그렇지 못한 회사에 비해 투자받기가 조금이라도 쉽다.

투자와 더불어 한국 정부는 스타트업으로 불리는 청년 회사들에게 많은 지원도 해 오고 있다. 가령 청년창업사관학교, 스케일업 팁스 등이 그러한 예이다. 그러다 보니 이런 창업 지원 프로그램을 거쳤다는 것은 이제는 민간 투자시장에서는 당연한 것으로 간주된다. 정부 지원을 받았다는 것이 이제는 투자에 특별한 가산점은 아니라는 것이다.

아이디어의 POC[4]가 마무리되었으니 투자를 해 주는 것이 투자자의 기본 의무와 역할이 아니냐는 생각이 대표들에게는 많이 있다. "그래서 얼마 투자해 줄 수 있어?" 당연한 듯 물어본다.

그러나 POC가 바로 투자의 필요충분조건은 아니라는 것을 알아야 한다. 기술이 좋고 우수하다는 뉴스가 나왔다고 해서 투자로 이어지는 것은 아니다. 투자와 기술에 다른 기준이 있다는 것을 대표들은 알아야 한다.

만일 투자를 받고자 했는데 투자자가 투자하기를 꺼리는 경우, 대표가 그냥 불평만 하는 것이 맞는지는 생각해 보아야 한다. 투자를 받을 만한 핵심 역량을 가지고 있어야 한다. 그리고 투자자를 잘 매칭하여 찾아야 한다. 그 사이에는 정부 지원 과제를 추진하면서도 회사의 성장에 필요한 부분을 개발하는 것이 현실적인 전략이다.

---

4) POC(Proof of Concept, 개념 증명)는 기존 시장에 없었던 신기술을 도입하기 전에 이를 검증하기 위해 타당성을 증명하는 것이다. POC는 과거 IT 분야에서 많이 적용되었다. 가령 은행에서 당시 해외에서는 사용이 되지만 한국 시장에서는 적용되지 않았던 시스템이나 프로그램을 구매하기로 결정한 경우, 계약 전 관련 업체들을 불러 시스템이나 프로그램의 성능과 기능을 미리 제시하도록 한 뒤 구매를 결정하게 된다. 이러한 과정이 POC이다. 현재는 영화 산업(Filmmaking), 공학(Engineering), 보안(Security), 소프트웨어 개발(Software development), 신약 개발(Drug development) 등에 다양하게 사용되고 있다.

[POC - lab 개발 - 레퍼런스 구축 - 안정적인 매출 실현]이라는 과정에 대해 명확한 판단이 필요하다. 그래야 투자자 생태계를 이해할 수 있고 투자자의 입장에서 투자가 가능한 기업을 만들 수 있다. 제품을 만들 때 소비자의 니즈를 파악하고 소비자가 구매할 제품을 개발하여야, 시장에서 판매가 가능한 제품이 만들어지는 것과 같은 원리이다. 작은 회사 주위에는 작은 회사만 있다는 말이 있다. 이를 벗어나서 투자 네트워크를 찾아 이들과 대화를 해 나가야 한다.

투자를 받기 어려운 현실과 대표의 변화에 대한 이야기를 마무리하면서 마지막으로 대표의 비즈니스 매너에 대해 이야기하고 싶다. 스타트업 회사의 대표를 만나 보고 느낀 하나의 아쉬움이 비즈니스 매너의 부족이다. 전화를 했는데 받지 못했다면 반드시 리턴 콜(return call)을 해야 한다. 어색한 환경이 오면 사라지는 '잠수'는 절대 해서는 안 된다. 약속을 지키지 못하면 반드시 사전에 본인이 먼저 연락하고 약속을 수정해야 한다. 사정이 있을 수 있고 미안한 마음에 연락을 하지 않거나 어색한 문자로 연락을 할 수도 있다. 하지만 이는 지극히 개인적인 일일 때의 이야기이고 함께 사업을 할 대표가 취할 태도는 아니다. 상대방의 입장에서 생각해 줄 수 있는 기본적인 비즈니스 매너가 투자를 받을 수 있는 대표의 기본 소양이다. 이는 너무나도 단순한 매너이다. 대기업에 입사한 신입 직원이 3년 정도 배워 나가는 매너이다.

대표를 처음 만나 이야기하면 대표가 어떤 비즈니스 매너를 가지고 있는지 알지 못한다. 그나마 생태계에서 협업을 하고 서로 일정과 조건을 맞추다 보면, 자연스럽게 회사의 현실과 대표의 비즈니스 매너에 대해 더 구체적으로 알 수 있다. 구체적으로 부족한 매너를 알게 되면, 멤버사 간의 협업을 마무리하기 위해 부족한 매너를 이야기하고 이러한 매너를 투자를 받기 전에 익숙하게 몸에 스며들게 해야 한다. 투자를 받고 나서 실적을 알고자 연락을 하는데 리턴 콜도 없고 잠수를 타면 이는 진짜 문제이다. 대표 개인의 문제를 넘어 생태계 전체의 문제가 된다.

15.3
세상을 바꾸는 기술을 가지고 있는가?

최근까지 투자자들 사이에서 가장 주목받았던 회사가 AI나 IoT(사물인터넷) 같은 기술을 가진 딥테크 기업이다. 많은 투자자들이 관심을 가지게 된 이유가 무엇일까? 이유는 간단하다. 생존율이 뛰어났기 때문이다. 그러면 딥테크 기업의 생존율이 뛰어난 이유는 무엇일까? 그 중심에는 기술이 있다. 보유하고 있는 기술을 활용한 사업 안정성과 확장 가능성, 사업 매각 및 통합 등에서 기술의 유연한 적용이 뛰어났기 때문이다. 모방은 할 수 있다. 하지만 창조와 창의는 기술이 있어야 가능하다.

2024년 디즈니 플러스에서 한국 드라마 〈지배종〉이 방영되었다. 〈지배종〉은 주지훈과 한효주가 출연하였다. 생명공학기업인 BF(Blood Free)의 1차 전략은 자연 파괴를 최소화하고자 '배양육'을 만드는 것이다. 육류, 생선육에 이어 농식품의 배양 기술을 개발한다. 그래서 세계적인 기업이 되었다. 그러나 BF의 2차 전략은 인간의 장기 배양 및 수술 기계를 만드는 것이다. 1차 목표가 인간을 먹이사슬에서 해방시키는 것이라면, 2차 목표는 인간을 생로병사에서 해방시키는 기술을 개발하는 것이다. 세상을 바꾸는 것이 BF가 지향하는 방향이다. BF 그룹을 이끄는 대표 '윤자유'는 과거 쌍둥이 동생이 인간 광우병으로 인해 사망하자 동생을 잃은 슬픔과 절실함으로 BF를 만들었다. 그리고 의사를 포함한 엔지니어를 모아 팀을 만들었다. 물론 변호사와 같은 전문가도 팀에 포함된다. 하지만 BF 본사 지하에 출입이 허락되는 인원은 의사와 엔지니어들이 중심이 된다.

필자는 〈지배종〉을 보면서, 기술이 무엇이고 어떻게 세상을 바꿀 수 있는지, 그리고 이러한 기술을 만드는 팀을 어떻게 만들어야 하는지에 대해 생각하게 되었다. 이러한 퍼즐이 맞추어지면서 투자와 자금이 만들어진다. 그런데 기술의 완성도가 높지 않고 팀 구성이 이루어지기 이전에 투자를 받는 방법은, 창업을 한 대표의 개인적인 자산과 네트워크를 최대한 활용하는 것이다. 대표가 엔지니어이자 교수로 대학교에 있으면서 정부의 여러 프로젝트에 참여하여 기술과 정책 방향에 대해 정확한 시장 변화를 알 수 있다고 하면, 창업한 지 6개월 만에 회사 가치는 200억 원을 인정받는다. 10% 지분을 기준으로 투자가 이루어지면 20억 원의 자금이 회사로 들어오게 된다. 화장품과 건강식품 기초 재료를 만드는 회사가 3년 만에 300억 원의 투자를 받은 것은 대주주의 자금이 대부분이다. 그러나 이런 배경을 가진 대표는 일반적이지 않다. 그래서 일반적인 기업은 기술을 개발하려고 노력한다.

그렇기에 필자는 멤버사 대표를 만나 회사에 대해 이야기를 들으면서 이 회사가 가지고 있는 핵심 기술이 무엇인지를 중요하게 생각한다. 그래서 이를 특허를 통해 증명하도록 추천한다. 과거의 자료이지만 2005년 경제 잡지 이코노미스트에 따르면 1980년대 미국 회사의 75%는 지적재산권[5]을 기반으로 사업을 시작했다고 한다.

세상에 하나뿐인 아이디어이어도 투자까지 이어지기 위해서는 여러 단계를 거쳐야 한다. 그리고 사업 모델도 여러 번 피보팅해야 한다. 그러면서도 핵심 기술은 지켜야 한다. 핵심 기술을 지키는 것은 대표의 능력이다. 대표의 능력이라는 것은 남들보다 한 발자국 앞서서 핵심 기술을 특허로 받아 놓아야 한다는 것이다. 그러면서도 투자를 받기 위해 협업을 통해 매출과 자금 흐름을 개선해야 한다. 그래서 협업을 하면서도 내 기술의 특허를 계속 출원하고 등록해야 한다.

---

5) 지적재산권(intellectual property, IP)이란 인간의 창조적 활동이나 경험 등을 만들거나 발견한 지적 창작물에 부여된 권리를 말한다. 지식·정보·기술, 표현·표시 등 무형이지만 재산적 가치가 있다.

15.4
세상에 대한 ESG 임팩트를 주고 있는가?

　임팩트란 사회적으로 문제가 되고 있는 이슈가 개선되어서, 사회에 긍정적인 변화를 가져오는 상태 또는 변화 그 자체를 말한다. 이때 말하는 사회적 문제는 다수의 사람들에게 영향을 미치는 시대적, 지역적, 환경적인 이유로 발생한다. 만일 사회적 문제가 개선이 되지 않으면 이는 다수의 사람들이 부정적인 영향을 받고 있다는 의미이다. 예를 들어, 상대적으로 저렴한 패스트푸드를 먹는 습관으로 성인병이 증가되고 있는 사회적 문제가 있다고 하자. 그러면 왜 상대적으로 저렴한 패스트푸드를 먹게 되었는가를 살펴보아야 한다. 이유 중의 하나가 낮은 소득과 높은 외식비이다. 그러면 임팩트란 나트륨 함량이 낮은 패스트푸드를 저가로 시장에 공급함으로써 이러한 성인병 문제를 해결하는 것이다.

　한국의 지방 소멸도 또 다른 사회 문제이다. 지방 소멸은 지역마다 인구 자체가 줄어들고 있는 사회적 이슈이다. 인구 고령화와 더불어 저출산이 함께 진행되고 있다. 그럼 왜 저출산으로 인해 지방 소멸의 문제가 이렇게까지 심각하게 되었는지 궁금하다. 여러 사회학자들은 농경사회에서의 자녀와 현대 사회에서의 자녀의 개념이 달라졌기 때문이라고 지적한다. 즉, 농경사회에서 자녀는 성인이 되면서 농사를 지을 수 있는 생산재였다고 한다. 자녀가 많을수록 더 많은 수확을 거둘 수 있었다. 그래서 자녀가 많을수록 부자로 살 수 있었다. 더구나 부모는 나이가 들면서 자연스럽게 자녀의 봉양을 받을 수도 있었다. 사회안전망이 자녀였던 것이다. 하지만 현대 사회에서 자녀는 부모 입장에서는 소비재의 역할이 더 커졌다. 소비재란 부모 입장에서 돈이 들어가는 대상이라는 것이다. MZ 부모들은 자신들이 학생의 시기를 지나면서 부모에게서 받아왔던 지원을 받았다. 그래서 자신들도 자녀에게 금전적으로 지원을 해 주어야 한다는 생각을 자연스럽게 갖는다. 처음으로 경험하는 육아는 자신의 경험을 기반으로 이루어지기 때문이다. 그래서 이들에게 자녀는 성년이 되기까지 최소한 금전적으로 지원해야 하는 대상이 된 것이다. 등골을 빼먹을 수 있는 자녀라는 인식이 기저에 있다. 이제야 한숨 돌리고 살 수 있는데 내가 다시 등골이 빼앗길 수 있는 자녀로 인한 고생의 문으로 다시 들어가기가 겁나는 것이다. 그래서 출산하기가 겁이 난다.

2024년 2월 14일 전라남도는 22개 시군과 함께 지방 소멸을 막기 위해 소득과 관계없이 출생아에게 매월 20만 원씩, 18년 동안 출생 수당을 지급하기로 했다고 발표했다. 전남에서 세 명을 낳으면 많게는 1.3억 원을 받을 수 있게 되는데, 이는 현재 전국에서 가장 높은 수준이다. 이러한 파격적인 조건은 전라남도가 처한 인구 소멸의 사회적 문제에서 기인된다. 현재 전라남도의 출산율은 0.97명이다. 지난 10년 사이 인구는 10만여 명이 줄었고, 오는 2043년에는 현재 180만 명 수준인 인구가 150만 명대까지 감소할 것으로 예상된다. 이를 해결하기 위해 출생 수당 조건을 파격적으로 제시한 것이다.

한국고용정보원에서 〈지방 소멸 위험 지역의 최근 현황과 특징〉이라는 보고서가 2023년 3월 발표되었다. 이 자료에서는 통영, 포천, 충주 등 11곳의 기초지자체가 신규 소멸 위험에 진입함으로써, 2023년 2월 기준 소멸 위험 시군구는 118곳으로 전국 228개 시군구의 약 52% 수준까지 확대됐다고 발표했다. 특히 부산도 이제는 16개구 중 7곳이 사라질 수 있다고 분석되고 있다.

2025년 2월 9일 영국 파이낸셜타임스(FT)가 부산의 인구 문제를 심층 분석해서 보도했다. 〈멸종 위기: 한국 제2의 도시, 인구 재앙을 우려하다〉라는 제목의 기사였는데, 시민들과의 인터뷰도 포함하고 있다. 그중 하나가 부산의 신모(32·여) 씨와의 인터뷰였는데, 신모 씨는 부산에서 직장 생활을 하고 있다. 그녀는 출산과 육아를 고려하면 수도권으로 이주하는 것이 더 유리하다고 느끼고 있었다. "부산도 살기 좋은 도시이긴 하지만, 보육 시설이나 교육 환경을 고려하면 아무래도 서울이나 경기 지역이 더 낫다"는 현실적인 이유를 말하고 있다. 실제 부산은 1995년부터 2023년까지 60만 명의 인구가 줄어서 330만 명 수준이며, 이 중 노인 인구 비율은 24% 수준이나 된다.

지방 소멸과 함께 걱정이 되는 것이 지방의 질적인 생활 여건이다. 소멸 위험이 높은 지역의 일자리는 정상 지역 대비 평균 임금이 20%p 이상 낮게 나타났다. 이 지역의 평균 임금은 250만 원 수준으로, 소멸 위험이 높은 지역의 일자리 자체의 질도 낮은 것이다. 젊은이들은 일자리를 찾아 수도권으로 몰린다. 기업은 직원 채용을 위해 수도권에 몰린다. 동상이몽이다. 자생적인 지방경제 생태계가 없어진 것이다. 지방 소멸을 해결할 수 있는 생태계의 회복이 필요하다. 임팩트로 풀어야 할 문제이다.

사회 문제가 너무 다양해지면서 임팩트에 대한 설명이 더욱 복잡해졌다. 이를 해결하기 위해 2015년 UN총회에서 UN SDGs를 결의하였다. SDGs는 Sustainable Development Goals의 약자로서 지속가능발전목표를 말한다. UN에서는 2030년까지 지속가능발전을 위해 달성하기로 한 인류 공동의 목표 17개를 인간, 지구, 번영, 평화, 파트너십이라는 5개 영역으로 나누어 제시하였다. 그리고 각 목표마다 더 구체적인 내용을 담은 세부 목표(총 169개)를 제시했다. SDGs는 사회적 기업이나 소셜 벤처를 포함한 스타트업 회사들의 창업 철학을 정리한 것으로 보면 된다. 다만 UN의 SDGs는 개발도상국을 대상으로 하는 것이다. 그래서 한국 입장에서는 이러한 지속가능발전의 주제를 창업과 임팩트로 해석하는 것이 맞는 것 같다.

한국의 경우 비즈니스와 관련된 임팩트를 생각해 보자. 삼성전자와 현대자동차가 미국에서 공장을 세우고 한국 경제의 새로운 동력을 찾고자 한다. 과연 이것이 좋기만 한 것일까? 미국에 공장을 세우면 한국의 청년들에게는 첨단 산업과 연관된 일자리가 줄어드는 것이다. 그러면 청년들은 다른 일자리를 찾거나 창업을 해야 한다. 한국은 일본처럼 스타트업 회사와 소규모 회사에 정부가 많은 지원을 하고 있다. 정부 예산은 세금이다. 세금은 우리가 내는 돈이다.

그런데 정부 지원을 받은 스타트업 회사 중에서 일부만이 민간 투자를 받고 있다. 즉 청년의 좋은 일자리는 줄어들고 있고 정부는 지원을 계속하는데 민간 투자를 받기에는 준비가 부족하다. 그래서 청년 창업 또한 사회 문제로 정의될 수 있다. 그러면 이런 사회 문제를 해결해야 한다. 청년 창업과 창업된 기업의 성장이라는 사회적 가치 제고와 지속 가능한 사회를 위한 적극적인 노력을 임팩트로 정의하고 이를 해결하는 살아 있는 생태계가 필요하다.

15.5
레거시 혁신 파괴자들: 액셀러레이터 & 컴퍼니 빌더

　2017년 영화 〈범죄도시〉에서 흑룡파의 2인자 위성락 역을 맡아 열연을 펼친 진선규 배우가 있다. 조선족 어투와 배역의 잔인함을 너무 리얼하게 연기했다. 이런 진선규 배우가 한 말이 있다. "물 들어왔을 때 노를 저어야 한다는 말을 많이 들었어요. 갑자기 유명해졌어요. 기회가 온 거지요. 그런데 저는 노를 저으면 안 될 것 같았어요. 어디로 가야 할지도 잘 모르는데 배를 그냥 띄우면 안 될 것 같았어요. 자리에서 빙글빙글 도는 배도 많았고, 딴 곳으로 가는 배도 많았잖아요. 그래서 맞는 방향으로 가는지 먼저 지도를 보고 싶었어요. 방향이 맞으면 배도 넓혀서 다른 사람도 태우고 싶었어요." 갑자기 유명해졌지만 겸손하고 깊이 있는 배우의 이야기이다. 내비게이션으로 목적지를 찾을 때 목적지를 정확하게 입력해야 가는 곳까지 정해진 시간 내에 도착할 수 있다. 중요한 것은 방향, 즉 회사의 전략을 정확히 세워야 한다는 것이다.

　스타트업 회사의 대표가 되면 사업이 재미가 있다. 돈 쓰는 재미가 있다. "내가 이 정도 돈을 써 가지고 내 공간을 만들고", "사람들 채용해서 일도 시키고", "사람들 앞에서 내 사업을 자랑도 하고" 등등이 모두 재미이다. 최소한 사업을 시작한 초기에는 그렇다. 하지만 그것은 경험이 아니다. 진짜 사업을 시작하려면 진짜 대표가 되어야 한다.

창업을 하고자 하면 주위에서 대표를 가만두지 않는다. "너는 최고야, 그러니 이렇게 하자." 하지만 그런 칭찬과 들뜸은 그리 길지 않다. 그래서 맞는 방향이 필요하다. 이런 역할을 하는 것이 액셀러레이터이고 컴퍼니 빌더이다. 여기에서 액셀러레이터와 컴퍼니 빌더에 대한 역할 및 각국의 사례를 소개하는 이유는, 이들이 스타트업 회사와 소규모 회사가 근본적이고 지속적인 영향력을 발휘하고 제 역할을 할 수 있는 게임 체인저가 될 수 있는 방법과 과정을 찾고자 하기 때문이다.

2022년 2월 24일 시작된 러시아와 우크라이나 전쟁으로 2024년 말까지 대략 2만 대의 전차와 장갑차가 두 나라에서 파괴되었다고 한다. 여기서 주목할 만한 사실은 드론에 의해 1만 대 이상의 전차와 장갑차가 파괴되었다는 것이다.

군사용 자폭 드론의 경우 대당 약 1만 달러로 생산이 가능한 것으로 추정된다. 반면 전차 한 대의 생산비용은 훨씬 더 높은데, 가령 러시아의 전차는 대당 약 900만 달러의 비용이 소요되는 것으로 알려져 있다. 더구나 종이로 만들어진 골판지 드론도 있다. 이러한 골판지 드론은 소형이고 소음도 작아 포착이 어렵고 종이의 재질 특성상 레이더에 거의 탐지되지 않는다. 제작 비용도 대당 500만 원 수준이다. 현대전은 하나의 유기체 같은 네트워크 중심전(Network Centric Warfare, NCW)의 성격이 강해졌다고 한다. 이런 네트워크 중심전에서 드론은 상대적으로 대량생산에 의한 저렴한 비용으로 생산하여 전쟁의 우세를 바꿀 수 있는 게임 체인저로 여겨지고 있다.

참고로 미 해병대의 AI 공격 드론의 공격 능력을 입증하는 자료를 보면, 30도 각도에서 발사된 드론은 일정 고도에 도착한 후 엔진을 분리한다. 그리고 시속 약 1,000km로 비행하다 미 해병대 전투기와 합류한다. 지상의 통제소에서 실시간으로 비행과 공격을 통제받는 것이 아니라, 사전에 임무를 부여하면 자율적으로 비행하며 공격하는 미래형 드론이다. 항속 거리가 5,500km나 되고 1톤 이상의 미사일과 폭탄을 싣고 공격하거나 자폭이 가능하다. 항속 거리가 5,500km라면 한국을 기준으로 러시아와 인도네시아의 일부 지역까지 그 대상이 될 수 있으며, 중국, 필리핀, 베트남이 모두 대상이 될 수 있다. 더 이상 전투기를 타지 않는다. 전쟁 상대방의 군사 시설, 핵 시설, 주요 인프라가 드론으로 우선 공격을 받을 수 있게 되었다. 이런 미 해병대의 AI 공격 드론이 실제로 전쟁에 참여하게 되면, 드론은 게임과 영화 속의 이야기가 아닌 현실 전쟁에서의 가성비와 게임 체인저[6]로서의 역할이 더욱 부각될 것이다.

---

6) 게임 체인저(Game Changer)란 문자 그대로 게임의 규칙을 바꾸는 사람이나 대상을 말한다. 기존의 관행이나 생각의 틀을 근본적으로 변화시키는 혁신적인 주체와 방법을 말한다. 레거시에 도전하여 새로운 방향을 제시함으로써 새로운 레전드로 바꿀 수 있는 특별 과외 선생님이다. 혁신적인 아이디어와 방법론으로 생태계에 근본적인 변화를 가져오는 지속적인 영향력을 가지게 된다.

액셀러레이터와 컴퍼니 빌더의 역할: 이젠 옛날의 내가 아니야

액셀러레이터와 컴퍼니 빌더는 스타트업 회사를 지원하는 기능을 담당하고 있다는 공통점이 있다. 액셀러레이터는 이미 설립된 스타트업들을 3개월 내외의 짧은 기간 동안 육성하고 적은 금액을 투자한 뒤 민간 벤처 캐피털 투자를 연결해 주는 역할을 한다. 2005년에 설립된 와이컴비네이터(Y-combinator)가 나오면서 액셀러레이터라는 용어가 나오게 되었다. 미국에서는 대기업들이 외부 액셀러레이터와 협업하는 경우가 많다. 가령 실리콘밸리의 대표 액셀러레이터인 플러그앤플레이는 450개가 넘는 스타트업 회사들을 한 장소에 입주시키고 멘토링 프로그램을 통해 육성한 뒤 투자 유치 기회를 제공한다. 플러그앤플레이는 130여 개가 넘는 대기업과 파트너십을 맺고 있다. 애초에 대기업이 원하는 기능이나 제품을 개발할 수 있는 스타트업 비즈니스를 기획하고 육성하는 것이 더 유리하다는 판단에서 기인한다.

액셀러레이터와 성격은 비슷하지만 다른 형태를 가진 것이 컴퍼니 빌더(company builder)이다. 컴퍼니 빌더는 창업 이전에 아이디어 개발부터 함께 시작해서 창업하고, 사업이 일정한 수준에 이르기까지 함께 회사를 운영한다. 그래서 컴퍼니 빌더는 창업 아이템 선정, 사업 방향 설정, 팀원 구성, 마케팅 전략 마련, 투자 유치 등을 스타트업 회사와 함께 한다. 이들은 스타트업 회사 경영에 깊은 이해를 바탕으로 조금 더 빨리, 조금 더 적극적으로 참여한다는 특징을 가지고 있다. 특히 목표로 하는 사업 영역에서는 외부 아이디어에 대한 투자뿐만 아니라 자체적으로 생각해 낸 아이디어를 통해 직접 창업을 하기도 한다.

컴퍼니 빌더의 시작은 미국에서 1995년에 설립된 아이디어랩(Idealab)으로 많이 이야기된다. 단순 투자가 아닌 적극적 개입을 통해 스타트업 회사의 창업을 지원하고 이들에게 투자하고 엑시트까지 한 사례가 많다.

스타트업 회사는 정부의 지원을 통해 BM을 고도화할 수 있는 시기를 잘 지나면서 소기업으로 성장한다. 이 과정에서 액셀러레이터와 컴퍼니 빌더는 스타트업 회사에 구체적인 지원을 해 준다. 시장의 다양한 전문가의 지원을 받을 수 있도록 스타트업 회사의 대표는 이들과의 관계를 잘 구축해야 한다. 고정비 관리와 BM을 어떻게 해야 하는지, 투자를 받을 수 있는 BM을 어떤 과정을 거쳐 만들어야 하는지 등에 대한 현장과 시장에 맞는 멘토링을 받아야 한다. 이런 구체적인 방법을 알아야 어려운 때에도 이겨 낼 수 있는 열정과 아이디어를 생각해 낼 수 있고 정서적으로도 안정감과 자신감을 충전받을 수 있다. "우리는 더 이상 난감한 시기를 지나는 옛날의 스타트업 회사가 아니야." 이런 말을 할 수 있도록 액셀러레이터와 컴퍼니 빌더와의 네트워크 속에서 나만의 방법을 찾아야 한다.

대기업과 스타트업의 콜라보: 퓨처플레이와 아모레퍼시픽

한국에서 만들어진 생태계는 한국의 기업 환경과 현실을 반영하고 있다. 그래서 한국의 컴퍼니 빌더를 살펴보는 것은 한국에서 기업을 하는 스타트업 회사나 중소기업들에게 실질적인 의미가 있다. 글로벌 사례는 참고하지만, 한국의 사례를 통해 보다 실질적인 생존과 성공의 방법을 찾아야 한다. 여기에서는 퓨처플레이(Futureplay)와 아모레퍼시픽 사이의 협업 케이스에 대해 이야기하고자 한다.

국내에서 두드러진 컴퍼니 빌더에는 퓨처플레이가 있다. 퓨처플레이를 이야기하려면 대표이사인 류중희 대표에 대해 이야기해야 한다. 1974년에 태어난 류중희 대표는 카이스트(KAIST) 박사 출신들을 중심으로 퓨처플레이를 만들었다. 세 번째 창업이다.

류중희 대표는 좋은 기술을 가지고 있는 한국의 연구자들이 창업을 꺼리는 현실을 바꾸고자 컴퍼니 빌더 형태의 퓨처플레이를 설립하였다. 정확히 말하면, 퓨처플레이는 벤처 캐피털이다. 그러면서도 류중희 대표가 가지고 있는 특징인 기술형 스타트업 인큐베이터 역할을 겸하고 있는 것이다. 10년 뒤 미래 인류 삶을 바꿀 정도의 임팩트가 있는 스타트업 회사에 투자한다는 생각이 강하다.

퓨처플레이는 2014년 6월에 설립되어 초기에는 미국 기업에 30% 이상을 투자하였고, 이러한 성과에 따라 글로벌 유망주에 투자한다는 평가를 받고 있다. 물론 이를 통해 한국의 대기업을 포함하여 여러 투자 프로젝트에 대한 문의가 이어졌고, 카이스트, 포항공대 출신의 창업자 사이에서 투자 선호 1순위 기업으로 선정될 만큼 인기가 많아졌다.

퓨처플레이가 한국의 대기업과 협업을 한 사례가 아모레퍼시픽이다.

화장품 업계에서 글로벌 10위에 위치하고 있는 한국 회사가 아모레퍼시픽이다. 아모레퍼시픽은 이미 2011년 CVC(corporate venture capital)를 설립하였고, 2016년에는 직원들을 대상으로 사내 벤처 프로그램을 시작하였다. 아모레퍼시픽의 우수한 인프라 및 사업 역량, 퓨처플레이의 전문적인 스타트업 육성 노하우를 연계한 방식이다.

아모레퍼시픽은 퓨처플레이와 2017년 2월 '테크플러스 1호'를 출범하였다. 뷰티와 헬스케어라는 제한된 영역을 목표로 시작하였는데, 100개 이상의 후보 기업 중 5개 기업을 선정하고 이들에게 초기 자금으로 5,000만 원을 투자하였다. 그리고 액셀러레이팅 프로그램이 끝나고 아모레퍼시픽은 5개 팀 중 마지막 졸업 심사 과정을 거쳐 1억 원을 추가로 투자하였다. 아모레퍼시픽은 퓨처플레이에는 화장품과 뷰티 관련 경험을 추가로 자문하고 퓨처플레이에서 발생하는 비용을 부담해 주었다.

아모레퍼시픽과의 협업에서 퓨처플레이는 좋은 스타트업 회사를 발굴하는 딜 소싱의 이점을 가지고 있다. 뒤에서 대기업이 전략과 비용으로 지원을 하는 경우 컴퍼니 빌더의 입장에서는 스타트업 회사의 전략 수립, 가령 매출처 확보 및 M&A 가능성을 높일 수 있어 자신감을 가지고 회사를 육성할 수 있게 된다. 스타트업 회사에게 퓨처플레이는 대기업의 전략적 투자를 연계하여 육성 및 투자를 제안하게 된다. 스타트업 회사의 창업자와 초기 투자자, 직원들까지도 주식을 통해 큰돈을 벌 수 있는 기회가 가까워졌기 때문에 더 열정적으로 프로그램에 참여하게 된다.

혁신의 대명사인 Y Combinator

현재 세계적으로 가장 유명한 액셀러레이터가 Y Combinator(와이컴비네이터, YC)이다. 특히 많은 초기 스타트업 회사 중에서 투자할 만한 회사를 골라내 주는 YC 활동은 초기 스타트업 회사에 대한 투자를 활성화시켜 주는 효과를 거두었다.

미국 실리콘밸리를 대표하는 YC는 2005년 폴 그레이엄이 창업하였다. 그는 창업 컨설팅 및 강연 등을 하다가 공동창업자들을 만난 뒤 아이디어를 구체화하면서 창업했다. 미국 최대 규모의 스타트업 액셀러레이터이며, 스타트업 사람들은 모두가 알고 있는 투자회사이자 액셀러레이터이다. 2014년에 샘 알트만이 회장으로 합류한 이후 에어비앤비, 스트라이프, 드롭박스, 코인베이스 등 전설적인 투자가 연달아 성공했다. 그래서 한국을 포함하여 전 세계적으로 유명하게 되었다. 한국의 스타트업 회사 중에서 미소, 숨고, 미미박스, 심플해빗, 시어스랩, 센드버드 등이 YC의 선택을 받았다.

YC는 학교에서 매 학기 신입생을 선발하듯이 여름(6월~8월)과 겨울(1월~3월)에 정기적으로 스타트업 회사들을 선발한다. 선발된 모든 스타트업 회사에게는 똑같은 기업 가치로 일정액을 투자한다. 그리고 이들에게 3개월간 특별한 프로그램을 제공한다. 비교적 소액의 투자금과 3개월간의 멘토링, 그리고 데모데이가 YC 프로그램의 핵심이다.

YC에서는 빠른 스타트업 회사의 성장 방법을 교육한다. 빠르게 프로토타입을 만들고 고객 반응을 얻어 개선해 나가는 스타트업 성장 방법과, 고객 방문 데이터/재방문율/각 마케팅 채널의 효과 등을 측정하고 적은 비용으로 고성장을 이끌어 내는 마케팅 기법을 강조한다. 참가자들은 매주 저녁마다 실리콘밸리의 주요 생태계 구성원(성공적인 기업가, 벤처캐피털, 창업자 동문, 상장사 임원 등)과 이야기하는 시간을 갖는다. 이들과의 미팅을 통해 창업과 관련된 뒷이야기를 들을 수도 있다.

3개월간 특별한 교육을 받은 스타트업 회사들은 실리콘밸리 투자자와 언론들을 대상으로 하여 졸업식인 데모데이를 갖는다. 3개월간의 성과를 발표하는 자리가 데모데이이다. 팀당 발표를 하는데, 발표 전부터 YC 파트너가 슬라이드 하나하나를 피드백하여 준다. 얼마나 투자를 받을지가 결정되는 중요한 순간인 것이다.

한국에서 YC에 지원하여 6번의 지원 끝에 액셀러레이팅을 받게 된 한 스타트업 회사에 따르면, YC는 지원한 회사 중에서 1.5~2% 정도를 선발한다고 한다. YC에 있는 풀타임이나 파트타임 파트너들이 두 명씩 짝을 지어 면접장에서 스타트업 회사들을 면접한다. 인터뷰는 일반적으로 30분 정도 진행되는데, 면접 한 번에 선발 여부가 결정되기도 하고 2차, 3차로 이어지기도 한다. 면접 횟수가 많다는 것이 부정적인 것은 아니다. 두 명씩 짝을 지은 파트너들은 사전에 스타트업 회사들의 서류를 보고 그중 인터뷰 대상을 선택하여 면접을 진행한다. 그래서 면접이 많다는 것은 파트너들이 중복해서 선택했다는 의미로 긍정적으로 평가하면 된다.

면접에서는 어떤 제품을 만드는지, 제품의 현재 실적과 자금 상황이 어떤지 등 실제 사업을 운영하는 데 필요한 부분에 대해 질문이 이어진다. 그리고 이 사업이 빅 비즈니스가 될 것 같은지, 일상을 어떻게 변화시킬 수 있는지에 대해서도 질문을 한다. 선발되기 위해 필요한 것은 크게 두 가지라고 한다. 하나는 구체적인 숫자로 표현해야 한다는 것이고 나머지는 간단명료한 답변을 해야 한다는 것이다. 수치로 매출, 성장률, 유저, 장기적 목표 등이 구체적으로 제시될 때 선발될 가능성이 높다고 한다. 숫자로 회사의 서비스와 가치를 설명할 수 있어야 한다는 것이다.

YC의 좌우명은 "사람들이 원하는 것을 만들기"이다. 이 프로그램은 창업자들의 제품, 시장, 팀을 중심으로 비즈니스 모델을 재정비하고 제품의 시장 적합성(product/market fit)을 높인다.

YC의 프로그램에 선정되면, 엔젤 단계에서 12만 달러의 펀딩과 컨설팅을 받게 된다. 선발된 회사는 7%의 보통주를 제공하고 다음 라운드 밸류에서 추가로 지분을 가져간다. 창업자로서 YC의 스탠다드 딜은 적지 않은 지분을 포기해야 하는 어려움도 있다. 그러나 이런 대가를 지불함에도 세계의 많은 스타트업 회사들이 YC 투자를 받고자 하는 이유는, YC 멤버가 될 수 있기 때문이다.

투자를 받게 되면 끝까지 YC 멤버라고 자랑스럽게 이야기할 수 있다. YC 멤버는 YC 내에서 서로 돕고 도움을 받을 수 있는 환경을 활용할 수 있고, 'YC Way'를 알 수 있다. YC 안에는 창업자 커뮤니티가 형성되어 있다. YC Way는 YC 멤버들의 비즈니스 방식이다. 주식을 나누는 것을 피를 나눈다고 한다. 투자를 받아 소속감을 갖게 된다는 것이다. 피를 나눈 형제자매는 집에서 싫어도 매일 만난다. 싸우면서 자란다. 지겹게 함께 한다. 하지만 형제자매는 패밀리 네임을 사용한다. 소속감이다. 주식명부에 올라가는 것이 피를 나누어 호적에 오르는 것과 같다. 이것이 YC 멤버이고 YC Way이다.

사실 YC Way란 우리가 모르는 것이 아니다. 즉, YC에 합류한다고 해서 몰랐던 사실을 새롭게 배우거나 하지는 않는다는 것이다. 하지만 YC에 합류한다는 것은 YC 멤버로서의 특별한 마인드셋을 갖게 되는 것으로 보면 된다. 마인드셋으로 자부심을 가지게 되는 것이 중요하다. 이에 더해서 YC 출신이라는 동문 네트워크를 통해 사업을 하다가 필요한 부분에 대해 물어볼 수 있는 채널도 가지게 된다.

패스트 팔로워인 로켓 인터넷(Rocket Internet)

컴퍼니 빌더의 처음이 미국의 아이디어랩이라면, 가장 성공적인 회사는 로켓 인터넷이라고 할 수 있다. 독일에서 2007년에 마크, 올리버, 알렉산더 잠버 3형제가 시작한 이 회사는 미국의 성공적인 인터넷 비즈니스를 변형하여 유럽 및 인도, 브라질 등에 빠르게 진출하였다. 그래서 회사 이름도 이러한 특징을 표현하기 위해 로켓 인터넷이라고 하였다. 미국 아마존의 제프 베조스, 중국 알리바바의 마윈과 함께 신흥 시장을 빠르게 장악한 올리버 잠버가 'IT 비즈니스의 빅 3'로 평가받는다.

로켓 인터넷은 스타트업 회사이지만 이미 성공한 IT 비즈니스를 벤치마킹하여 100여 개가 넘는 여러 국가에 빠르게 진출했다. 일반적으로 벤처 기업이 글로벌 시장에 진출할 수 없다는 생각에 도전하여 검증된 비즈니스를 빠르게 신흥국에 진출시켰다. 실제로 유럽 및 동남아, 아프리카, 중남미 등의 전자상거래 비즈니스는 대부분 로켓 인터넷이 장악하고 있다. 로켓 인터넷은 속전속결을 중시한다. 로켓 인터넷이 유럽과 인도 등에 설립한 알란도, 윔두(Wimdu)는 이베이와 에어비앤비를 각각 벤치마킹했다.

현재는 100여 개 국가에서 약 30,000명에 달하는 직원들이 로켓 컴퍼니에서 일하고 있으며, 2014년에는 독일 프랑크푸르트 증시에 성공적으로 IPO를 하였다. Food & Delivery, E-commerce, Marketplace, Fintech, Travel의 다섯 가지 사업 영역을 가지고 있으며, 모든 회사를 직접 내부에서 만들고 대주주 지분을 확보하고 사업을 진행한다.

오픈 이노베이션이 계속 필요한 이유

최근 들어 혁신을 부르는 개방이라는 뜻의 오픈 이노베이션(open innovation)에 대한 관심이 점점 더 많아지고 있다. 오픈 이노베이션은 기업이 혁신을 위해 기업이 보유한 내부 역량과 내부 자원에만 의존하지 않고, 외부의 기술과 지식, 그리고 아이디어를 적극적으로 활용하는 움직임이다. 기업 간, 산업 간 경계를 허물며, 다양한 이해관계자들과 적극적으로 교류를 하게 한다.

이 개념은 미국 실리콘밸리에서 오랜 현장 근무 및 컨설팅 경험을 가진 헨리 체스브로 교수가 2003년 처음 제시했다. 체스브로 교수가 제시하고 있는 오픈 이노베이션은 두 가지 형태로 나타난다. '인바운드(in-bound) 오픈 이노베이션'과 '아웃바운드(out-bound) 오픈 이노베이션'이다.

인바운드 오픈 이노베이션은 제품의 기술 혁신을 위해 기업이 내부적으로 가지고 있지 못한 기술과 지식, 그리고 정보 등을 기업 외부로부터 제공받는 것이다. 반면 아웃바운드 오픈 이노베이션은 기업이 보유한 지적재산권 혹은 브랜드 등을 사업화하는 데 적합한 외부 조직을 찾아 함께 사업을 진행하는 것을 말한다. 이를 통해 기업은 연구·개발·상업화에 이르는 혁신 과정에 외부 자원을 활용하면서 기술 개발에 필요한 비용을 절감할 수 있다. 기업들이 빠르게 변화하는 시장 환경에 대응하고 혁신의 속도와 효율성을 높이기 위한 전략이다.

삼성의 오픈 이노베이션 사례를 살펴보자. 삼성전자는 2012년부터 C-Lab을 통해 사내 벤처와 외부 스타트업을 동시에 지원하는 액셀러레이팅을 하고 있다. 치매 진단 및 조기 예방 스타트업 회사의 서비스를 실제 검증할 수 있도록 70대 실버분들을 모집해 주고, 삼성닷컴이라는 종합몰에 입점하게 해 주고, 온라인 교육 소통 플랫폼에 대한 지원, 투자 유치를 위한 IM 작업을 지원해 왔다. IM(Investment Memorandum, 투자 안내서)은 기업이 투자자를 유치하기 위해 작성하는 투자 제안서로 기업의 사업 모델, 재무 현황, 성장 전략 등을 투자자에게 설득력 있게 전달해야 하는 역할을 한다. 그런데 이런 IM을 투자를 해 줄 고객인 투자자의 입장에서 작성하는 것은 해 보지 않은 스타트업 회사로서는 매우 어려운 일이다. 이런 어려움을 오픈 이노베이션으로 삼성이 해결해 주고 있는 것이다.

삼성의 사례에서 알 수 있듯이, 현재 오픈 이노베이션을 통해 대기업이 스타트업 회사를 지원하는 방법을 정리하면 다음과 같다.

먼저, 스타트업 인수 및 투자가 있다. 스타트업 회사는 이자나 원금 상환 부담이 없는 투자를 희망한다. 적은 금액이라도 초기 투자를 받으면 이를 통해 당장의 자금 흐름을 개선할 수 있기 때문이다. 대기업들은 혁신적인 기술을 보유한 스타트업 회사에 투자하거나 인수함으로써, 새로운 기술을 확보하게 된다. 가령 삼성전자는 루프페이를 인수해 삼성페이를 개발했다.

다음으로 연구개발(R&D)에 대한 협업이다. 대기업 내부 연구개발에만 장기 기술 전략을 의존하지 않고, 외부 연구소, 대학, 그리고 스타트업 회사를 포함한 다른 기업들과 협력하여 새로운 기술을 개발한다.

추가적으로 대기업의 플랫폼, '기술과 특허'를 스타트업 회사에 오픈한다. 스타트업 회사의 BM의 기초는 기술 개발과 매출 실현이다. 이러한 기술 개발이나 판매가 스타트업 회사에 지원을 함으로써 스타트업 회사의 갈급함이 해결되고 있다.

대기업과 스타트업 회사가 서로의 강점을 활용하여 혁신을 추구하고 새로운 가치를 창출하는 오픈 이노베이션은 양 파트너에게 실질적인 혜택을 제공한다. 스타트업 회사들은 성장에 중요한 지원을 받게 되고, 대기업들은 기술 혁신의 다양한 시도를 알게 되며 ESG 경영을 강화하고 이를 IR 활동을 통해 일반에게 알릴 수 있다.

한국형 교원 창업, 구축 APT와 신축 APT의 연결

우리나라는 자원이 없는 만큼 결국 R&D를 통해 사업화를 하고 경제를 일으켜야 한다. 그렇게 하기 위한 하나의 방법이, 대학에서 수행되는 기초 연구를 기반으로 하는 원천기술 창업을 지원하고 활성화하는 것이다. 이러한 형태가 교수 창업[7]이다. 새로운 항체 기술, 지놈 정보, AI 활용 등 첨단 기술의 상용화는 전 세계적으로 교수 창업으로 시작되는 경우가 많다.

교수라는 직업을 가진 분들의 특징은 아마도 독립성과 다양성, 개인성이라고 할 수 있을 것이다. 이러한 특성이 원천기술 연구라는 성과를 내면서 경제 생태계에 존재한다. 그래서 창업 교수의 역할이 기술 전쟁에서 더욱 중요하다. 인구가 급감한다는 걱정에 비해 한국은 가진 것이 너무 많다는 이야기도 있다. 한국이 기술이 너무 좋기 때문이다. 가장 전도유망한 신산업인 2차 전지와 반도체, 전기자동차, 그리고 이를 뒷받침하는 IT 기술을 다 잘하는 나라는 세계에서 한국이 유일하다고 한다. 반도체만 잘하는 대만, IT를 제외하고 다 하기는 하지만 한국보다 점점 경쟁에서 뒤처지는 일본이 있다. 유럽은 이러한 기술에 이미 많이 뒤처져 있

---

7) 교원 창업이 맞는 용어이나 여기에서는 이해를 돕기 위해 교수 창업으로 기술한다.

다. 2024년 상반기 미국에서 전기자동차의 시장 점유율을 보면 테슬라 다음으로 한국의 현대자동차가 10%로 2위를 차지하고 있다. 이 내용을 보면 한국은 모두 다양한 분야에서 기술력을 확보하고 있음을 알 수 있다. 이런 기술 개발에 직간접으로 연결되어 있는 사람이 바로 교수이다.

한국연구재단의 2024년 1월 〈2022년 대학 산학협력활동 조사보고서〉에 의하면, 2022년 말 기준으로 한국에는 총 411개의 대학, 전문대학, 대학원대학이 설립되어 있다. 이 숫자는 2011년 433개에 비해 22개가 줄어든 숫자이다. 이에 비해 2022년 전체 대학 연구비는 8.8조 원 수준으로 4년 전인 2018년 대비 42.3% 증가되었다. 대학의 숫자는 줄고 있는데 연구비는 늘고 있는 것이다. 이 중 90.3%(8조 원)는 과학기술 분야 연구비이고, 9.7%(0.8조 원)는 인문사회 분야 연구비이다. 대부분 과학기술 분야에 집중되고 있다.

2022년 지적재산권은 16,200개 수준으로 연간 7.6%씩 증가하는 추세이다. 전체 지적재산권 출원의 37.3%는 IT 분야와 관련되어 있고, 바이오 분야가 28%의 비중을 보이고 있다. 이는 교수 창업에 대한 연구비 지원이 과학기술 분야에 집중되고 특허 출원이 하나의 중요한 산학협력활동의 평가 지표가 되고 있기 때문이 아닌가 싶다.

대학 교수의 역할이 교육과 연구를 넘어 창업 분야로까지 확대되고 있다. 교수는 높은 수준의 지식과 원천기술을 보유해 성공 가능성이 상대적으로 높다. 특히, 이러한 대학 교수의 잠재적 창업가로서 역할을 평가 받아, 국내에서는 1997년 교수의 회사 직원 겸직을 허용하는 '벤처기업 육성에 관한 특별 조치법(벤처기업법)'이 제정되었다.

교수 창업은 교수가 대학에서 연구개발한 개인의 연구 성과를 사업화하여 창업을 하는 것을 말한다. 초기에는 의과나 생명공학과 교수들의 바이오 기업 창업이 대부분을 차지했으나, 최근 들어서는 예체능으로도 분야가 확대되고 있다. 직장인이 세운 스타트업 회사는 현재 시장에 알려진 기술과 시장의 틈새를 공략하는 경우가 대부분이다. 반면 교수 창업은 현재 시장에서 아직 검증되지 않은 첨단 신기술이나 신개념의 제품 개발에 집중하는 경우가 많다. 우리가 아는 대형 블록버스터 의약은 거의 이런 교수 창업의 결과라고 보면 된다. 교수 창업이 고위험 신기술 개발을 하게 되면, 이러한 기술이 필요한 대기업이나 제약사가 이를 인수함으로써 시장의 건전한 성장을 만들어 가게 된다.

하지만 창업을 한 교수나 이러한 교수를 관리해야 하는 대학 입장에서는 아직도 많은 어려움이 있다. 먼저, 벤처기업법 제16조 및 제16조의2는 창업한 교수의 부담을 덜어 주기 위해 '창업 교원 휴·겸직 제도'를 보장하고 있다. 휴직과 겸직이 가능한 해당 제도를 도입한 대학은 점점 늘고 있지만, 아직도 겸직을 선택하고 있는 교수가 대부분이다. 이는 실제 창업을 한 교수가 창업을 하면서 겪는 운영자금의 어려움과 관련이 있다. 교수가 창업이라는 역할에 집중하고자 해도 초기 매출이 없고 자금이 많이 필요해서 급여라도 받아서 자금을 충당해야 하기 때문이다. 결국 교수는 창업에 집중하고 학교 수업에는 소홀해질 수 있는 환경에 노출되게 된다.

다음은 창업 교수의 평가 시스템에 대한 구조적인 어려움과 관련이 있다. 창업 교수의 재임용이나 승진, 정년 보장 등에 대한 평가에는 창업 성과보다는 논문 작성 등이 더 많이 반영되는 것이 교수의 현실이다. 그래서 실제 교수들은 정교수 이전까지는 승진을 위한 논문 업적에 신경 쓰느라 창업을 하려는 엄두를 내지 못한다고도 어려움을 이야기한다.

관련하여 교수 인원 관리를 해야 하는 대학 입장에서의 어려움도 있다. 대학에서는 창업 교수도 정원으로 인정되기 때문에 추가적인 교수 충원이 어렵다. 창업 교수를 배려하여 책임강의 시간을 감면해 주는 등 보완 제도가 시행되고 있기는 하다. 그리고 그 시간을 외부 강사를 활용하기도 한다. 하지만 이는 결국 학교의 비용 부담과 수업의 질적인 하락에 대한 걱정도 있다. 이런 이유로 창업 교수는 회사의 대표로서 회의나 미팅 등에 참여해야 하는 업무를 수행하면서도 대학에서 학생을 가르쳐서 수업 시수를 채워야 하는 부담이 있다. 아마 이는 현재 일부 대기업에서 사내 창업에 참여하는 직원들이 감소하는 현상과도 같은 것이다.

이러한 문제점들을 해결하면서 창업 교수의 경제적 역할을 제고하고자 미국의 창업 모델을 한국에도 도입해야 한다는 주장이 있다. 즉, 미국처럼 '벤처 캐피털' 중심의 교수 창업 모델을 함께 도입해야 한다는 것이다. 이와 관련하여 가장 많이 참고되는 것이 2022년 과학기술정책연구원(STEPI) 김석관 선임연구원이 작성한 〈한국과 미국의 교수 창업 제도 비교와 시사점〉 보고서이다. 김석관 선임연구원은 과학기술정책연구원에서 주로 바이오 분야의 기술혁신 패턴 및 산업혁신 체제 등에 대한 연구를 하고 있다. (출처: 김석관, 한국과 미국의 교수 창업 제도 비교와 시사점, 2022.5.10, 과학기술정책연구원)

이제 한국과 미국의 교수 창업 현황에 대해 비교해 보자. 한국의 창업 교수는 대부분 대표이사 CEO(최고경영자)를 맡는다. 그래서 창업 교수는 이사회 및 자금, 매출을 포함한 창업 활동의 거의 모든 책임을 부담하게 된다. 한국의 대학들도 교수 창업 시 CEO, CTO 등 상임직 겸직을 허용하고 있고, 주당 겸직 활동 시간에 거의 제한을 두지 않는다. 그리고 학생 고용과 학내 시설/장비 활용도 대부분 허용한다. 이런 환경이다 보니 창업 교수는 회사의 경영 전반을 책임지는 동시에 학교에서의 연구, 강의, 행정 등의 업무도 모두 수행하고 있다.

하지만 미국 창업 교원의 대부분은 자문이나 컨설턴트 등 비상임직을 맡고, 상대적으로 위험을 덜 부담하는 CTO(최고기술경영자)로 참여한다. 대부분 창업자 지위와 소수 지분을 가지게 된다. 그리고 자금 조달이나 마케팅 등은 전문 경영인이 담당하게 한다. 부담이 적으니 연구와 교육에 대한 부담도 적어지고, 연속적인 창업을 가능하게 한다.

대학에는 우수 인력이 집중되어 있고, 연구를 위한 인프라가 잘 갖춰져 있다. 교수들은 선진국의 혁신 기술을 빠르게 받아들이고, 이를 자신의 연구 성과 및 특허로 구체화하는 능력이 뛰어나다. 이러한 기술은 교수 창업을 하게 한다. 창업 교수가 개발한 기술은 이후 사업의 경쟁력을 제고하기 위해 대기업의 투자와 합병의 대상이 된다. 이때 교수는 재무적 보상을 받게 되고 다시 연구실에서 새로운 기술을 개발하게 된다. 미국의 교수 창업의 선순환 구조이다.

　미국에서는 겸직에 대해 더욱 엄격하고, VC 등의 자본이 중심이 되어 직접 대학의 기술을 가진 교수와 협업하여 창업을 한다. 창업과 동시에 전문 경영인을 영입하여 회사를 운영하게 한다. 이때, VC가 대규모 자본을 투입함으로써 대주주가 되고, 창업자인 교수들은 상대적으로 소수 지분을 가지게 된다. 그렇다면 소수 지분을 가진 창업 교수는 창업의 엑시트에서 소외되는 것일까? 그렇지 않다. 모더나의 창업자 로버트 랭거(Robert Langer)[8] 교수는 MIT 화공과 교수로 재직하며 40여 개의 기업을 연쇄 창업하여 수조 원의 자산가가 되었다고 한다. 소수 지분을 가지고 창업에 참가하지만, 여러 창업에 참여할 수 있고, M&A나 IPO 시에도 소수 지분을 가지고 있어 엑시트가 오히려 용이할 수 있기 때문이다.

　2024년 10월 18일 로제와 브루노 마스의 듀엣곡 〈아파트〉가 발매를 시작했다. 로제는 2024년 6월 현재 YG엔터테인먼트 산하 기획사인 더블랙레이블 소속이다. 뮤직비디오는 발매 22일 만에 3억 뷰를 돌파하고, 영국과 미국 차트에서 상위권을 기록하며 큰 사랑을 받고 있다. 22일 만에 3억 뷰는 한국 솔로 아티스트로서는 최단 기록이다. 물론 2012년 발표된 싸이의 〈강남스타일〉은 유튜브에서 최초로 10억 뷰를 돌파했다. 하지만

---

8) 로버트 랭거 교수는 2010년 창립 후 코로나19(COVID-19) mRNA(메신저 리보핵산) 백신을 개발한 모더나의 창립자이며, 별명은 '바이오 창업의 신'이다. 랭거 교수는 제약 및 생명공학 분야 등에서 1,250여 편에 달하는 연구 논문을 발표했다. 학계에서는 드물게 1,050건이 넘는 특허를 보유하여 세계 최다 특허권 보유자로도 알려져 있다. 현재 미국뿐만 아니라 한국의 바이오 벤처의 고문 및 사내이사 역할을 하고 있다.

최단 기록은 로제가 가지게 된 것이다. 더 재미있는 것은 가수 윤수일이 1982년 발표한 원곡 〈아파트〉도 같이 관심을 받게 되었다는 사실이다. 국내에 도시화가 급속히 진행되는 상황에서 아파트를 보면서 윤수일이 직접 작곡한 곡이 〈아파트〉이다. 로제의 〈아파트〉가 알려지자, 국내 노래방 차트에서 윤수일의 〈아파트〉도 2024년 11월 초 350위에서 11위로 성큼 올라왔다고 한다. 42년 간격을 사이에 둔 두 곡이 함께 인기를 끌고 있는 것이다. 새로운 레전드가 과거의 레거시를 다시 살리고 있는 것이다. 아파트로 비교하자면, 신축 아파트가 구축 아파트의 인기를 다시 불러내는 진짜 아파트 단지가 된 것이다.

로제는 처음에는 미국에 있는 친구들에게 한국의 술 게임에 대해 시간이 있을 때마다 알려 주었다고 한다. 당시 로제의 친구들은 한국에 대해서도 전혀 몰랐는데, 로제가 게임을 가르쳐 주니 다들 엄청 재미있어했다고 한다. 그래서 로제는 이 재미있는 게임을 노래로 만들면 대박이 날 것이라고 생각했다.

이 노래는 한국의 술 게임을 바탕으로 반복적으로 '네가 할 일은 단지 아파트에서 나를 만나면 돼'라고 이야기한다. 저기 멀리 있는 사람은 "Hold on, I'm on my way"라고 말한다. "기다려! 나 지금 너에게 가는 중이야"라고 이야기한다. 상대방을 꼬셔 보려고 부르고, 그리고 그 사람을 꼬시기 위해 가는 그런 Gen-Z의 느낌을 전달하는 보이스가 있다. 그런데 이런 반복적이고 단순한 가사와는 다르게, 뮤직비디오에서는 레트로 감성 속에서 현대적인 감각을 조화롭게 제공하고 있다. 가사의 단순함 속에서 그리움과 애정이 솔직하게 드러나게 하고 듣는 이로 하여금 보는 이에게 공감을 느끼게 한다. 단순함이 과거와 현재를 연결하는 조화와 공감을 얻어내고 있다.

로제는 어릴 때부터 음악에 많은 관심을 가지고 있었다. 이를 옆에서 바라본 로제의 부모님은 후회하지 않게 초등학교 때부터 그렇게나 좋아하는 춤과 노래를 해 보라고 응원했다고 한다. 그리고 16살 때 YG 글로벌 오디션을 보게 된다. '700:1'이라는 숨 막히는 경쟁률을 뚫고 드디어 로제는 연습생 생활을 시작한다. 4년간 훈련을 받았다. 작곡과 악기, 춤 등이 모듈처럼 로제를 기다리고 있었다. 매주 월, 수, 금요일에는 그룹 댄스 레슨을 받았고, 화, 목요일에는 언어 수업을 받았다고 한다. 로제는 주 1회 기타 레슨을 받았다. 모든 것이 계획적으로 세워져 있었고, 그냥 학교처럼 진행이 되었다고 한다.

연습생으로서 로제는 낯선 회사에서 많은 규칙을 지켜야 했고 순간순간의 어려움으로 점점 자존감이 떨어져 갔다. 이런 로제, 한국인 채영이를 지켜보고 있던 부모님은 언제든 힘들면 돌아오라고 채영이에게 이야기했다고 한다. 그러나 로제는 "그건 아니야. 그런 말 하지 말아 줘"라고 정색하며 말했다고 한다. 그리고 로제는 모든 것을 쏟아부어 성장하고 자신이 원하는 것을 이룰 수 있게 되었다. 로제는 전 세계인의 고막을 녹여 내리고 있다. 아무리 들어도 질리지 않는 보이스이다. 로제는 1997년 2월 11일에 태어나 2025년 기준 28세이다. 영문 이름은 로젠 박이며 한국에서의 본명은 박채영이다. 로제는 뉴질랜드와 대한민국 복수 국적 소유자이다.

네트워킹 데이, Wow Effect and more

강원 테크노파크가 2024년 평창에서 강원도 내 중소기업의 성장을 위한 네트워킹 데이를 개최하였다. 그 전해에 이어 두 번째였다. 이 행사에는 회계사와 변리사, 변호사, 투자자 등 총 24명이 전문가로 참여했고, 강원도 내 중소기업 10곳이 참가하였다. 참가 기업도 사전 심사를 거쳐 선별되었다.

1박 2일의 공식적인 네크워킹 데이를 가지기 전에, 서울에서 전문가들이 참여하는 사전 미팅이 있었다. 2023년의 계획과 실적을 다시 한번 살펴보고, 2024년의 진행에 대해 강원 테크노파크와 전문가 그룹이 의견을 교환하는 자리였다. 이때 한 교수님이 지난해 한 회사가 전문가들의 자문과 이야기를 통해 오래된 어려움을 해결하였다는 사례를 이야기했다. 실질적인 효과가 있었다는 것이다. 중소기업들은 자신의 진짜 문제를 모르기도 하고 공개하기도 꺼린다. 그래서 공개할 수 있는 수준까지만 회사가 전문가들에게 문제를 오픈했고, 결국 성공을 위한 문제와 솔루션을 찾았다는 것이다. 이런 이야기는 참여하는 모든 전문가에게 작년의 보람과 올해의 설렘을 주었다.

지역별 특성화 발전을 위한 기술과 벤처 기업 지원의 구체적인 실행 주체가 테크노파크이다. 특히, 지역 내 기업의 성장을 위해 다양한 네트워크를 제공하고 있다. 현재 전국 17개 시·도에 18개의 테크노파크가 지역산업 발전 및 지역경제 활성화를 목표로 활동하고 있다. 해외 선진국에서도 1970년대부터 기술 혁신과 벤처 기업 창업 요람의 역할을 하는 테크노파크를 경쟁적으로 만들기 시작했다. 현재 세계적으로 테크노파크는 약 1,200여 개가 운용되고 있다. 바이오에 강점이 있는 영국의 케임브리지 사이언스파크, IT에 강점이 있는 미국의 노스캐롤라이나 리서치파크, 아시아의 협업을 이끌고 있는 일본의 가나가와 사이언스파크 등이 대표적인 사례이다.

다른 테크노파크와 달리 강원 테크노파크가 연속으로 마련한 네트워킹 데이는, 참가한 중소기업에게 현장에서 전문가들과 네트워킹을 하게 한다. 네트워킹이란 참가한 중소기업과 전문가의 네트워크를 강화하는 것을 말한다. 이를 위해 먼저 중소기업별로 기업의 현황과 대표가 고민하는 애로사항을 오픈한다. 그러면 현장에서 바로 전문가들이 기술, 수출, 투자, 노사, 경영 등 각 부문에 대한 의견을 나눈다. 기술과 투자 등에 대한 다른 이견이 있을 수 있다. 하지만 있는 그대로 전문가들은 자신의 의견을 이야기한다.

만일, 개별 전문가의 의견 중에서 더 자문이 필요한 내용이 있으면, 해당 기업의 대표는 바로 옆에 마련된 공간으로 전문가를 모시고 와서 추가로 이야기를 나눈다. 강원 테크노파크가 초대한 전문가는 해당 분야별로 두 명 이상이기 때문에, 발표 중에 한 명의 전문가가 잠시 발표 장소를 떠난다 해도 다른 발표 기업에는 피해가 없다. 오히려 정해진 점심시간이나 휴식 시간을 넘어 자문과 토론이 이어질 정도로 대표의 절실함과 열정이 전문가의 전문성과 경험을 받아내고 있다.

중소기업의 대표는 참가한 24명 전체 전문가의 연락처를 받게 된다. 그러면 이후에도 필요한 경우 각각의 전문가에게 의견을 받아 볼 수 있는 특별 과외 선생님들이 생긴 것이다.

네트워킹 데이는 1박 2일로 마무리되는 것이 아니다. 이후 별도의 심화 미팅이 이루어진다. 전문가와 개별 중소기업이 개별적으로 매칭된다. 그리고 전문가와 중소기업이 심도 있게 회사의 어려움을 해결해 나간다. 파트너를 선정하는 과정도 전문가 그룹은 전문가 그룹이 원하는 기업을 선택하고, 중소기업도 중소기업이 원하는 전문가를 선택한다. 그리고 테크노파크에서 최종 심화 미팅 대상을 선정하게 된다. 일회성 미팅이 아니라 실질적인 효과를 거둘 수 있도록 하는 구조이다.

이렇게 한자리에서 중소기업이 개별로 발표하고, 기술부터 투자와 수출에 이르는 종합적인 전문가 자문이 가능한 네트워킹, 그리고 일회성이 아닌 추가 심화 미팅을 구조화한 것은 아마도 한국에서는 처음이다. 작년에 처음 참석하고 느꼈던, '혹시 한 번 하고 더 이상 하지 않으면 어떻게 하나'라는 우려도 해결되었다. 예산이 삭감되어 의미 있는 만남이 더 이상 이루어지지 못할 것으로 생각했다. 그런데 올해도 계속 진행되었다.

필자는 작년에 네트워킹 데이를 마치고 두 개의 기업과 지금도 지속적인 관계를 맺고 있다. 물론 한 기업은 심화 미팅을 진행했던 기업이고, 나머지 한 기업은 대표의 열정으로 현재까지도 만남을 계속하고 있다. 두 기업 모두 여러 번 사무실과 공장에도 방문했다.

이번 네트워킹 데이가 끝나고도 세 명의 대표에게 전화를 받았다. 그리고 회사가 해결해야 하는 이슈들에 대해 이야기를 나누었다. 한 회사는 신사업을 하기 위해 증자도 해야 하고 기존 주주의 사업 동의를 받아야 했다. 이전에 투자를 받았던 주주에게 신사업과 관련하여 동의를 받아야 하는데, 기존 주주가 투자했던 기업 가치와 이번에 증자하려던 기업 가치에 차이가 발생했다. 새로운 사업을 위한 자본금 요건을 맞추기 위해 이번 증자는 대표만이 참여했다. 자본 요건이 아니고 자본금 요건이 필요했다. 그래서 대표는 액면가로 증자하기를 원했다. 그러면 기존 주주는 같이 증자에 참여하지 않기 때문에 신사업 추진에 동의하기 어렵다. 지분율이 낮아지기 때문이다. 당연하다. 그러면 기존 대표가 기존의 주주와 같은 배수로 증자에 참여해야 하는데, 이 경우 대표에게 더 많은 자금이 필요해진다. 자금에 여유가 없는 대표로서는 추가적인 자금을 마련하기가 어렵다. 이런 상황에 대한 자문이었다.

네트워킹 데이에는 춘천바이오산업진흥원, 원주의료기기테크노밸리, 강릉과학산업진흥원, 서울 테크노파크 등 다양한 유관 기관들이 참석해 각 기관이 지원하는 사업을 설명했다. 특히 서울 테크노파크가 사업 재편과 관련한 자세한 설명도 하였고, 1박 2일 내내 자리를 지키면서 강원 지역 중소기업의 사업 재편 지원에 대해 열정을 보였다. 매우 인상적이었다. 타 지역의 테크노파크가 네트워킹 데이에 참여하고, 사업 재편이라는 큰 지원 정책을 진심으로 소개했기 때문이다.

필자가 금년에 참가한 네트워킹 데이의 느낌은 "Wow!"였다. 이러한 느낌은 초반에는 놀라움을 주는 'Wow Effect'가 아니었다. 예산으로 어려움을 겪고 있지만 시작하면 열매를 맺겠다는 현실적인 목표를 가지고 있다는 확신이 있었다. 그래서 필자는 "Wow Effect and more"라는 닉네임을 네트워킹 데이에 붙여 준다.

K-스타트업 생태계 모형, No Grit, No Pearl

'No Grit, No Pearl'이라는 표현은 조개 안에 작은 돌이 없으면 진주도 만들 수 없다는 뜻이다. 진주를 만들기 위해서는 반드시 작은 자갈이나 모래가 조개 안에 있어야 한다. 조개 안 편안한 환경(cozy zone) 속에서 벗어나야 조개 안에서 진주가 만들어지는 것이다. 어려움을 이겨 내는 노력이 있어야 열매를 맺을 수 있다는 의미이다.

숨이 멎을 듯한 순간들을 고통이 아니라 나를 바꿀 신호로 받아들여야 한다. 마라톤 이야기를 해 보자. 1147번을 단 황영조 선수는 일본의 모리시타 선수와 경쟁하다가 40km 가까운 지역에 위치한 급경사 '몬주익의 언덕'을 만난다. 표정에서 느껴지는 고통이 TV 화면을 통해 한국에 전달된다. 내리막을 지나면서 2위와 단지 5m 간격을 유지하던 황영조 선수는 이후 스피드를 올리면서 65,000명이 기다리는 경기장에 먼저 들어섰다. 그리고 마라톤 월계관을 받았다. 이로써 황영조 선수는 1936년 베를린올림픽 손기정 선수에 이어 56년 만에 1992년 바르셀로나올림픽 마라톤 금메달리스트가 되었다.

당시 바르셀로나 경기 상황은 매우 어려웠다. 전 세계 상위 마라톤 선수 112명이 영상 30도를 웃도는 무더운 날씨에서 경기를 진행했다. 세계기록 보유자 에티오피아 벨라이네 딘사모(2시간 6분 50초)가 부상으로 불참하면서 2시간 7~8분대의 일본 선수들이 유력한 금메달 후보자로 부각되었다. 당시는 일본 마라톤의 전성기였다. 모리시타 선수는 1990년 아시안 게임 금메달리스트였고, 1991년도 도쿄마라톤 우승, 그리고 올림픽 직전 열린 벳푸 국제마라톤에서 2시간 8분 53초로 우승을 차지한 선수였다. 벳푸 국제마라톤 준우승자가 바로 황영조 선수였다. 일본 선수 세 명과 황영조 선수가 경쟁하였고 결국 금메달을 획득하게 되었다.

타고난 마라톤 천재라고 불리던 황영조 선수는, 본인은 천재가 아니고 다만 뛰면서 느끼는 고통을 이기는 방법을 찾고자 노력했다고 말한다. 그 노력이 마라톤 금메달이라는 열매를 맺게 한 것이다. 황영조 선수는 마라톤을 할 때 착지한 후 킥을 하면서 탄성으로 몸을 튕겨 주어야 하는데, 이때 선수들이 많이 부상을 입는다고 한다. 그래서 마라톤을 하고자 하는 선수는 힘으로만 뛰어서는 안 되고, 몸무게에 맞는 본인의 밸런스를 찾는 것이 중요하다고 말한다. 황영조 선수는 이러한 지속적인 노력을 통해 무릎을 보호하면서 결국 마라톤 선수로서 성공한 것이다. 이처럼 사업을 하면서 순간순간의 어려움과 고통이 찾아온다. 그러면 대표는 이를 회사의 성공을 찾아가는 신호로 받아들이고 사업의 성공 요인을 찾는 노력을 계속해야 한다.

K-스타트업 생태계를 시작하면서 다음과 같은 작은 소망이 있다. 먼저

스타트업 대표가 가지고 있는 생존과 성장이라는 양립할 수 없을 것 같은 두 목표를 같이 해결하고 싶다. 생존을 위해서는 기술 개발보다는 현실적인 매출을 실현시키는 데 인원을 집중하면 된다. 그러나 현재의 매출에만 머물러 있으면 투자를 유치할 수 있는 기술 개발에는 소홀히 하게 된다. 그러면 성장은 어려워진다. 대표는 머리가 아프더라도 생존과 성장을 동시에 해결할 수 있는 경영 능력과 판단 능력을 갖추어야 한다. 이때 만들어지는 것이 바로 "No Grit, No Pearl"이다.

정부의 막대한 지원 체계를 통해 매 순간 폐업이라는 두려움을 느끼는 스타트업 회사에게 안정감과 해결책을 제시하고 싶다. 스타트업 대표에게 내가 지켜야 할 내 가족과 성장해야 하는 개인적인 이유를 소중하게 지켜 주고 싶다. 이러한 소망 가운데서 K-스타트업 생태계가 만들어졌다.

경제 성장을 위해 물자와 사람을 신속하게 실어 나를 수 있도록 만든 것이 경부고속도로이다. 고속도로가 완성되면 자동차가 필요할 것이고, 자동차가 만들어지면 자동차를 수출할 배가 필요하다. 배가 필요하면 배를 만들 조선소가 필요하다. 이런 먹거리 BM이 경부고속도로와 함께 이루어진 것이다.

고속도로가 만들어지면 고속도로로 가야 빨리 갈 수 있다. 국도로 갈 이유가 없다. 그래서 스타트업 회사와 소규모 회사가 민간 투자를 받는 고속도로로 K-스타트업 생태계를 만들었다. 스타트업 회사와 소규모 회사가 느끼는 어려움을 해결하고 싶은 작은 소망에서 시작했던 플랫폼이다. 경부고속도로를 만들고 나서 아무도 경험하지 못한 세상이 왔고 해야 할 비즈니스가 너무 많아졌다. 변화를 만들어 가는 새로운 길인 고속도로. 이런 모습을 K-스타트업 생태계에서 다시 볼 수 있게 될 것이다.

1953년 11월 5일 부산 부산진구 전포동 743번지 일대 1,055평에 삼성의 이병철 회장이 대한민국 최초로 설탕 공장인 제일제당을 준공하였다. 당시 설탕의 가격이 너무 비싸서 우리 손으로 설탕을 만들면 가격을 반 이상 낮출 수 있다는 판단에서 이병철 회장이 시작한 것이 설탕 사업이다. 이병철 회장이 가장 먼저 한 일은 적당한 공장 부지를 확보하는 것이었다. 그런데 이병철 회장이 찾은 토지를 소유하고 있던 사람은 이병철 회장에게 땅을 팔 생각이 없었다. 여러 번 설득을 해도 거절만 당한 이병철 회장이었다. 그러던 중 점심으로 국수를 먹게 된 이병철 회장은 토지 주인이 별표 국수의 맛을 기억하고 있다는 것을 알게 되었다. 이병철 회장은 1938년 대구 서문시장 인근에서 삼성상회를 창업했었다. 그리고 삼성상회의 대표적인 제품 중 하나가 별표 국수였다. 별표 국수는 당시 가격은 비쌌지만 맛이 좋아 1960년대 말까지도 대구와 인근 지역에서 큰 인기를 끌었다. 이 별표 국수를 만든 사람이 이병철 회장이라는 사실을 알게 된 토지 주인은 결국 이병철 회장의 '하나를 만들어도 제대로 만들어야 한다'는 경영 철학에 믿음을 갖게 되면서 토지를 팔게 된 것이다.

이병철 회장은 이렇게 자신에 대한 시장의 신뢰를 바탕으로 토지를 마련하였다. 그리고 1953년 8월 핵심 설비들이 설치될 300평 규모의 공장이 모습을 드러냈고, 이어 원당 창고, 제품 창고, 기관실, 시험실 등이 10

월 하순에 준공되었다. 그런데 마지막으로 설탕을 만들기 위해 시험 생산에 들어가면서 다시 문제가 발생하였다. 설탕을 대량으로 만들 수가 없었던 것이다. 제일제당 직원들과 이병철 회장은 설탕을 대량 생산하기 위해 설탕 만드는 기계에 대해 며칠 밤낮을 연구하였다고 한다. 그러나 대량 생산을 하는 기계의 성능 개선은 매우 어려웠다. 그러던 그때 의외의 상황에서 해답이 나왔다. 공장에서 주변을 지나가던 한 용접공이 설탕을 대량으로 만들기 어려운 것은 기계의 문제가 아니고, 원료를 한 번에 너무 많이 넣어 그런 문제가 발생한 것이라는 이야기를 하였다. 이에 자존심이 상한 제일제당 직원들은 이를 무시하였지만, 이병철 회장은 용접공의 말을 듣고 무언가 답을 얻을 수 있다는 느낌이 왔다. 그래서 용접공의 의견을 존중하고 즉시 원료의 양을 줄이라고 이야기했다. 그랬더니 그렇게 문제가 있었던 기계에서 설탕이 문제없이 대량으로 생산되기 시작했다는 것이다. 참고로 당시 직원 한 달 급여는 20만 환이었고, 이는 20평 크기 집 한 채를 사고도 남는 돈이었다고 한다. 이런 급여 체계가 가능했던 이유는 당시 설탕 사업이 하이테크 기술 기반의 사업이었기 때문이다.

결국 기술이라는 핵심 성공 요인을 제대로 만들어 나가야 사업을 성공시킬 수 있다. K-스타트업 생태계 내에서도, 한 멤버사의 기술 신뢰는 다른 멤버사에게도 같은 신뢰를 얻을 수 있게 한다. 이병철 회장의 국수에 대한 기술이 설탕 공장 부지 확보라는 어려움을 극복할 수 있게 한 것과 같다. 그리고 멤버사 간의 협업 과정에서 민감하게 받아들일 작은 아이디어는 혁신의 시작이 될 수 있다.

투자를 받을 수 있는 회사로 만드는 것이 고속도로의 내비게이션이다. 투자를 받을 수 있다는 것이 시대의 변화를 따라가고 있다는 증거가 된다. 내비게이션에서 목적지를 찾는 조건에는 가장 빠른 길, 무료로 가는 길 등이 있다. K-스타트업 생태계에서는 투자를 받는 고속도로로 협업이라는 조건을 명시화했다. 협업이 생태계의 하나의 규범이다. 영어로 자기소개하라고 하면 모두 익숙하게 영어로 이야기한다. 그런데 식사 자리에서 만나서 문화나 취미들을 영어로 이야기하기 시작하면 영어 실력이 드러난다. 언어는 살아 있는 문화를 전달하는 수단이다. 이렇듯 사무실에서 만나 컨설팅하는 것이 아니라, 프로젝트를 케이스로 해서 협업을 해야 멤버사가 투자를 받기 위해 보완이 필요한 부분이 드러나게 된다.

생태계라는 용어는 젊은 대표에게는 받아들이기에 무리가 없다. 그러나 한국을 지금까지 만들어 낸 60대 대표들은 다른 데 관심이 있다. 60대 대표들은 "그러니까 나에게 얼마나 돈이 되는 거야?" "투자는 어떻게 해줄 거야?" 등에 관심이 있다. 내가 회사의 직원들에게 무엇을 지시해야 하는지 질문한다.

그래서 필자는 30대 대표 이외에 60대 대표도 설득할 수 있는 구체적인 목표를 제시하고 싶었다. K-스타트업 생태계는 생태계에 참여한 지 3년 이내에 참여 기업의 20%가 민간 투자를 받게 되는 것을 성공으로 정의한다. 2024년 현재 100개 기업의 IR을 받고 1개 회사 정도에 투자하는 어려운 현실을 생각하면, 불가능해 보인다. 하지만 과정이 아니라 결과로 성공을 증명할 것으로 필자는 확신한다. 생태계 내에서의 협업을 통해 매출도 올리고 민간 투자를 받을 수 있는 실천 방안을 가지고 있다.

Investment라 쓰고 성공이라 읽는다

현재 K-스타트업 생태계는 다양한 기술과 목표 시장을 가진 회사가 최대한 많이 참여하게 멤버사를 최대한 늘리는 것에 주력하고 있다. 구체적인 1차 목표는 2025년 내에 20개 기업을 지분 교환을 한 멤버사로 활동하게 하는 것이다. 이후에는 이들의 그룹핑이 진행된다. 그룹핑하게 되면 멤버사 사이의 비즈니스 시너지 효과는 더 높아질 것이다.

20개 기업을 멤버사로 합류시키는 것은 시작이다. 멤버사가 되면서 K-스타트업 생태계는 임팩트 사업을 하는 플랫폼이 된다. 지금까지는 자금이 있는 개별 대기업이나 펀드가 중심이 되어 스타트업 회사들을 키워 내는 액셀러레이팅이 있었다. 하지만 대기업이나 펀드를 특정하기보다 대기업이나 펀드의 네트워크를 스타트업 회사나 소규모 회사와 커넥티드하고자 하는 것이 K-스타트업 생태계이다. 펀드나 대기업마다 각자 다른 목표와 성향을 가지고 있다. 원하는 투자 목표와 대상이 다르다. 그래서 다양한 대기업과 펀드를 연결하는 것이 하나의 대기업과 하나의 펀드에 묶여 있는 것보다 더 범용성도 있고 유연성도 있다.

각 대학마다 창업 캠프와 창업 경진 대회를 한다. 그런데 캠프에 참가한 대표들을 보면서 멤버사 스타트업 회사 대표와 비교해 보면, 타이틀은 대표로 같지만 '인턴 대표'가 필요하다는 생각을 많이 하게 된다. 학교에서 창업을 배우는 것과 더불어 실제 회사에 와서 회사의 운영과 BM을 어떻게 고도화하고 스케일업 하는가를 경험하는 것이 필요하다. '인턴 대표'가 필요하다. 그래서 대학생 대표와 K-스타트업 생태계도 커넥티드하고 있다.

다른 의미의 인턴 대표도 있다. 회사를 운영하다가 실패할 수 있다. 실패해도 결국 할 수 있는 것은 사업이다. 그래서 다시 창업을 한다. 하지만 투자를 받고 대출을 받아 사업을 하다가 실패하면, 처음 창업할 때보다 훨씬 더 자금을 마련하는 것이 어렵다. 3F, 가족과 친구 그리고 나를 위해 모아 놓은 쌈짓돈을 내놓는 바보 같은 엔젤도 이제는 없다. 정부의 재기 지원 프로그램이 있기는 하지만 현실에서 다시 사업을 재기하는 것은 매우 어렵다. 그래서 K-스타트업 생태계에서는 이들의 실패한 경험을 커넥티드하고 있다.

회사를 운영하는 대표도 대학생 대표와 커넥티드할 수 있지만, 과거 실패했던 대표가 대학생 대표와 함께 일을 할 수 있다면 시너지는 더 있을 것으로 확신한다. 정부 지원을 받을 수 있는 청년 창업과 CSO(Chief Strategy Officer)로서의 과거 대표가 커넥티드되는 것이다. 이러한 체계는 청년 창업이라는 임팩트를 현실에서 실현시키는 방법이 된다.

임팩트로서 K-스타트업 생태계는 대기업에는 필요한 성장 동력으로서 선별된 멤버사에 투자할 기회를 제공한다. 협업을 통해 대기업과 대화할 수 있는 대표와 멤버사로 피보팅된 투자 대상을 제공하는 것이다. 한 예로 대기업은 연말 ESG 보고서에 추가할 수 있는 사회적 책임의 한 실적으로 K-스타트업 생태계를 연계할 수 있다. 금융기관이 임팩트 펀드에 투자를 하고 임팩트 펀드의 실적을 금융기관 ESG 실적으로 포함시키는 것과 같다.

민간 투자를 받으면, 받지 않은 경우에 비해 내부적인 성장[9]이 더 가능하다. 우리는 생태계를 만들어 가면서 한국의 소규모 회사가 가지고 있는 사회적 문제를 해결하고 소규모 회사의 미래를 만들 수 있다고 믿는다. '돈의 존엄(dignity)'을 이야기하는 것은 아니다. 돈이 있고 없음이 가치와 존경의 기준이 되고 있는 현실에 동의하는 것은 아니다. 다만 K-스타트업 생태계를 통해 돈에 쫓기지 않고 사회 문제를 해결하는 '비즈니스 서사시'를 쓰고 싶다.

〈재벌집 막내아들〉이라는 드라마 이야기이다. 손주 진도준은 35년 전으로 환생한다. 그래서 미래의 일들을 기억할 수 있다. 미래의 일들은 예측하는 것이 아니었다. 미래는 현재를 시작으로 반전의 역사와 인간의 원초적 욕심을 담고 있다. 손주 진도준이 할아버지 진양철에게서 당시 옹기나 굽는 쓰레기 같다고 평가받는 분당 땅 5만 평을 받아내는 장면이나, IMF가 닥치기 전에 분당 땅을 통해 번 모든 돈 240억 원을 달러로 바꾸어 놓은 내용이 드라마에 있다. 장기판의 주인은 미래에 더 큰 돈을 가

---

9) 성공과 성장은 차이가 있다. 일반적으로 성공은 외부적인 평가 기준을 달성했느냐를 가지고 판단한다. 예와 아니오에 집중하는 목표 지향적인 성격을 가지고 있다. 이에 비해 성장은 내부 과정에서 일어나는 긍정적인 변화를 말한다. 이러한 배경을 바탕으로 여기에서는 투자를 받는 것을 성공으로 정의하고, 내부적인 BM의 스케일업이나 피보팅의 진행 과정을 성장이라 정의하였다.

지는 사람의 몫이다. 미래를 아는 진도준이 분당 땅과 달러 환전의 피보팅을 통해서 장기판의 주인이 된다. 미래를 안다는 공상 과학 만화 같은 이야기이다. 우리는 미래를 알기 어렵다. 하지만 K-스타트업 생태계의 멤버사가 추구하는 방향이 투자자들이 바라보는 미래의 모습과 같다면, 시장에서 투자를 받을 가능성이 높아진다는 현실을 받아들여야 한다.

진도준처럼 미래를 알거나 진양철이라는 할아버지 밑에서 자라는 특권을 가진 사업가는 아닐지라도, K-스타트업 생태계에서는 투자자의 인정을 빠른 시간 안에 받을 수 있다. 일본은 100년 이상의 장수 기업이 3만 3천 개가 넘고, 미국과 독일은 1만 개가 넘는다고 한다. 그런데 한국은 10개 수준이라고 한다. 시간이 성공을 보장하지 않는다. K-스타트업 생태계에서는 특권이 없는 스타트업 회사와 소규모 회사들이 100년 장수 기업으로 성공하고 성장하는 모습을 기대할 수 있다.

어느 한 분이 사랑이란 영어 단어의 스펠링을 아느냐는 질문을 했다고 한다. 다들 LOVE라고 이야기했다. 그런데 정답은 TIME이었다. 그리고 이렇게 답했다고 한다. "TIME이라 쓰고, 사랑이라 읽는다." 필자는 이렇게 이야기하고자 한다. 사업 성공의 영어 단어가 무엇인지 아느냐고 물어보고 싶다. 정답은 "INVESTMENT라고 쓰고, 성공이라 읽는다".

한국어에도 번역이 필요하다

2023년 8월 필자는 김포에 있는 한소닉이라는 회사를 방문하였다. 여기에서 최 이사를 처음 만났다.

HANSONIC
HANSONIC

이후 최 이사와 세 차례 미팅을 하였고, 세척기 시장 및 의료기 사업을 해 오던 한소닉이 왜 환경 사업, 탄소중립을 포함한 그린 뉴딜 사업을 신규 사업으로 추진하게 되었는지 알게 되었다. 그리고 한소닉이 가지고 있는 기술력에 대해 이야기를 나누었다. 이후 11월 초 필자는 최 이사와 송도에 위치하고 있는 환기연(한국환경기술연구원)에서 미팅을 가졌다. 점심을 같이 하고 커피를 마시면서 K-스타트업 생태계에 대한 합의를 하게 되었다.

재미있었던 것은 최 이사와 송도 미팅을 가지면서 서로의 공통점에 대해 알게 된 것이다. 필자와 최 이사는 각자가 멘토를 가지고 있다. 필자도 오랜 시절 멘토로 모시고 있는 분이 계시다. 그래서 보통 매월 한 번 찾아뵙고 여러 이야기를 나눈다. 그런데 최 이사를 만나기 전 갑자기 멘토가 "한 여성이 사업의 손을 내밀 것이니 놀라지 말고 서로 보완해 가면서 사업을 해 봐"라는 말씀을 하셨다. 뜬금없는 이야기였다. 그러나 멘토가 하신 말이라 가슴에 담고 있었다. 그런데 최 이사도 필자를 만나기 전 멘토가 "2024년 최 이사가 원하는 일을 할 수 있는 때가 올 것이고, 이를 위해 2023년 가을 누군가를 만나게 된다"라고 이야기를 했다고 한다.

삼성 고 이건희 회장님은 스포츠에서의 승리에 대해 이야기한 적이 있다. 1992년 올림픽 레슬링 자유형 74kg 박장순 선수가 결승전에 올라왔다. 상대는 1988년 올림픽 금메달리스트인 케니 먼데이(Kenny Monday, 1961년 11월 25일생)였다. 불리하다고 예상되던 박 선수는 예상과는 달리 금메달을 목에 걸었다. 이때 고 이건희 회장님이 박 선수에게 꽃다발을 전달하면서 진심 어린 눈으로 박장순 선수를 바라보는 장면이 TV를 통해 방송되었다. 아마도 이 회장님도 학창 시절 레슬링을 했었기 때문에 금메달 뒤에 숨겨진 많은 수고와 눈물을 볼 수 있었을 거라고 필자는 생각한다. 그러면서 이 회장님은 "스포츠를 통해 얻을 수 있는 교훈은 어떤 승리에도 결코 우연은 없다는 것이다"라는 유명한 이야기를 한다.

최 이사는 필자와 만나 나눈 이야기를 합의서를 통해 확인하고 K-스타트업 생태계를 시작했다. 그런데 재미있는 것을 알게 되었다. 단지 두 사람이 지난주에 나눈 이야기인데, 지난번 이야기했던 것을 확인하면 무언가 다른 의미로 기억하고 있었다. 그래서 다시 내용을 이야기하고 확인하고 다음을 이야기했다. 한국 사람이 한국어로 이야기하는데 다른 말로 해석을 하고 있는 것이었다. 그래서 우리는 이야기했다. "한국 사람이 한국 사람과 이야기를 해도 한국어 번역이 필요하다."

우리는 평론가는 아니에요

생태계에서는 멤버사들이 중심이 되어 함께 움직인다. 멤버사들은 각자 무엇인가 할 이야기가 있고, 실력도 있다. 그러나 두 멤버사가 그냥 일을 시작하면 프로젝트의 목적이 무엇인지 모르고 언제까지 무엇을 해야 할 것인지도 불명확하게 시작할 가능성이 많다. 특히 생태계 운영 초기 애매한 상황을 여러 번 경험했다. 그런데 최 이사가 나타나서 "자! 모여 보세요"라고 하면, 이상하리만치 최 이사의 말에 힘이 생기고 일이 일사 불란하게 진행되기 시작한다. 이것이 최 이사의 능력이다.

생태계 내에서는 멤버사가 필요로 하는 기술이나 매출 실현 방법 등에서 시너지 효과가 가능하도록 협업 방안을 찾아간다. 그러나 시너지 효과의 크기가 클수록 갈등의 여지도 점점 늘어난다. 시너지 효과가 커질수록 각 멤버사들이 자신의 이해를 중심으로 요구사항들을 이야기하기 때문이다. 특히 그 시기에 자금 문제 등에 어려움이 있는 경우 더 그렇다. 시너지가 커서 서로 나눌 것이 많으니 갈등이 적은 경우도 있지만, 항상 기술 개발이나 마케팅 확대를 원하는 멤버사들은 내부 성장을 위한 추가 요구를 하기도 한다. 이때 갈등 조정이 매우 중요하다. 이 역할을 최 이사가 하고 있다.

프로젝트를 시작하고 갈등을 조정하면서 필자와 최 이사는 자주 생태계 운영에 대해 이야기를 나눈다. 이때 우리는 평론가적인 시각은 가급적 배제한다. 결과에 대한 부정적인 원인은 언제나 존재한다. 그래서 평론가는 언제나 할 말이 있으며, 어떻게든 흠을 잡고, 어쩌면 조롱까지도 할 수 있다. 경고장도 날린다. 하지만 생태계는 비즈니스를 하는 곳이다. 평론가가 되는 것보다 더 쉽고 불쌍한 것이 없다는 말도 있다. 말로 하는 것보다 실제로 돈을 벌어 보아야 비즈니스를 이해할 수 있다는 것이다.

그래서 부정적인 시각보다는 하나라도 발전적인 사실에 집중할 필요가 있다. 비즈니스 모델이 시장에서 투자를 받을 수 있게 피보팅할 수 있도록 평론하는 것은 받아들일 수 있다. 자신의 주장이 아닌, 객관성을 유지하는 시장의 정보를 기반으로만 하면 평론가의 말을 받아들일 수 있다. 하지만 우리에게는 말로만 하는 평론보다는 현장에서 실력으로 필요한 문제를 해결하는 것이 더 필요하다.

15.6
K-스타트업 생태계의 독특한 구조

    K-스타트업 생태계 구조는 독특함을 가지고 있다. 이 구조는 블록체인에 있는 레이어 구조이다.

    가령, 멤버사에 100명의 직원이 있다고 하자. 일을 하기 위해 출근 시간에 맞추어 모든 직원이 회사 1층에 다 모였다. 그런데 100명이나 되는 인원이 1층에 모이게 되면 공간이 한정되기 때문에 일을 하기 위해 사람들이 움직이는 활동 공간이 좁아지게 된다. 그러면 서로가 부딪치게 되고 일의 효율이 떨어지게 된다. 이를 해결하기 위해서는 1층에서만 일을 하는 직원들을 2, 3, 4층으로 분산시켜 일을 하게 하면 된다. 전체 직원을 팀으로 구분하고 각 팀별로 직원들을 분산시켜 업무의 효율성을 올리면 된다. 이때 1층 또는 2, 3, 4층을 블록체인에서는 레이어라고 이야기한다. 레이어 1과 레이어 2는 1층과 2층에 있는 팀들이라고 생각하면 쉽다.

    K-스타트업 생태계에는 참여 비용이 없다. 하지만 들어왔다가 말없이 잠수를 타는 멤버사들은 가급적 피해야 한다. 그래서 작은 지분을 교환

하는 방법을 도입하였다. 누군가 자금을 가지고 투자하는 방식이 아니라 서로가 가지고 있는 지분을 교환하여 네트워크로 연결되는 방법이다. 전략적 동반자 관계이다. 피를 나눈 관계이다. 이때 지분 교환을 한 멤버사들은 레이어 1이라고 한다. 주식을 교환함으로써 계속적인 멤버사로서 활동을 하는 지위를 얻게 된다.

그리고 레이어 1 멤버사들이 협업을 진행하다가 궁금하거나 확인하고 싶은 전문적 내용이 있는 경우 전문가 서비스를 받을 수 있는데 이러한 전문가 집단(층)을 레이어 2라고 한다. 협업이 보다 신속하고 효율적으로 이루어지기 위해서는 보다 전문적인 서비스, 가령 마케팅이나 수출, 특허, 회계나 IT, 홍보와 투자를 위한 컨설팅이 필요하다. 시장에는 많은 전문가들이 있다. 그러나 K-스타트업 생태계에는 실물시장에서 20년 이상의 경험이 있고, 현재에도 모두 현장에서 직접 일을 하고 있는 전문가들이 참여하고 있다. 그래서 레이어 2의 서비스는 레이어 1 멤버사의 자체 비즈니스 및 협업을 확실하게 성과가 있게 하고, 서로 간의 이해 상충의 문제에 대해 시나리오를 제공하여 협의 자체가 가능하게 한다. 다양한 분야의 전문가들이 동시에 다양한 플랜을 제시하여 준다.

레이어 2의 전문가 층에서도 레전드가 있다. "저 박사님은 레전드였어요. 물론 지금은 나이가 있어서 현업에 있지만 뒷방에 있어요"라는 이야기를 많이 듣는다. 30여 년을 한 분야에서 일을 하고, R&D나 정부 지원 사업과 관련된 일에 분명한 역할을 하신 분이다. 그러나 이제는 레전드가 천천히 자리를 비워 주면서 후배가 그 자리를 채우고 있다.

레이어 1의 멤버사와 레이어 2는 사업이 어려울 때 함께할 수 있는 친구가 된다. 맥주 한잔하면서 넋두리를 할 수 있고 회사 직원에 대해 불평할 수 있는 친구 멤버사이다. '사업=성공과 성장'이라는 마인드셋이 흔들릴 때, 흔들리지 않는 우정을 느낄 수 있는 멤버사이다.

투자를 받는다는 것은 내비게이션의 고속도로 탐색 결과처럼 지금 진행하는 사업의 방향이 미래에 가치가 있다는 걸 알려 준다. 지금 내가 이 사업을 손에서 놓지 않을 힘은, 자금 확보뿐만 아니라 지금 회사를 올바른 방향으로 경영하고 있다는 확신이 있을 때 생긴다. 성장은 성공하면서 만들어진다. 이때 성공은 민간 투자를 받는 것이다.

단순히 과거의 데이터를 확보하는 것만이 아니라 데이터에 부여되던 규칙을 찾아 BM에 적용하고 서비스를 하도록 해야 한다. 그래야 생각보다 빨리 다가오고 있는 사업 환경에서 우리가 originality, 독창성을 가져갈 수 있다. 그래서 이러한 독창성을 만드는 레이어 1과 레이어 2 멤버들의 노력이 더욱 중요해진다.

은 주머니가 금 주머니로 바뀌는 생태계 시너지 효과

필요할 때만 연락을 하는 친구가 있다. 자기가 필요할 때만 연락을 해서 얄밉기도 하다. 그런데 생각을 해 보면 인간관계가 필요할 때만 연락을 하게 된다. 필요하지도 않은데 연락을 하는 것은 이상하기까지 하다. 문득문득 항상 생각나는 친구가 좋다. 내가 필요해서 온라인으로 주문하면 택배 기사가 주문한 물건을 배달을 해 준다. 내가 필요한 시기에 내 문 앞에 갖다준다. 그러면 나는 계산만 하고 혹시 만나게 되면 가볍게 "감사합니다"라고 인사만 하면 된다. 그러나 생태계에서는 택배 기사와의 만남을 기대하는 것이 아니다. 협업이라는 이벤트를 통해 문득문득 항상 생각나는 친구 관계를 만들어 간다.

고래 싸움에 새우 등이 터진다는 말이 있다. 드라마 〈재벌집 막내아들〉에서 진양철 회장이 진도준에게 한 질문이 있다. 고래 싸움에 새우 등이 터지지 않게 하는 방법에 대한 것이다. 이는 미래를 알고 있었던 진도준도 답을 알 수 없었다. 고민을 하던 진도준의 대답은 새우 숫자를 늘려서 새우를 고래만큼 키운다는 것이었다. 그래서 고래가 새우를 누르지 못하게 하는 것이었다. 이처럼 필자도 현재는 규모가 작지만 이런 새우 멤버사들을 고래처럼 키우고 싶다. 작은 물고기들이 모여서 크게 보이게 하여 큰 고기의 먹이가 되는 것을 막고자 하는 방법과 같은 것이다.

매출이 20억 원 정도인 소규모 기업이 20개가 모이면 단순하게 더해도 400억 원의 매출을 일으키는 생태계가 가능하다. 60개 회사가 모이면 1,200억 원의 생태계가 가능한 것이다. 그런데 누군가 일방적인 비용을 부담하지 않으면서 시장에 잘 학습된 회사의 네트워크가 있다면, 비즈니스와 기술의 **빠른** 트렌드를 감지하고 투자할 수 있는 기회를 찾는 회사에게는 좋은 투자 기회가 된다. 새로운 영화를 알리기 위해 토크쇼에 영화배우들이 출연한다. 출연해서 서로 이야기하면서 자연스럽게 새로운 영화를 홍보한다. K-스타트업 생태계는 임팩트 기업과 투자자가 모두 찾는 플랫폼으로 자리를 잡을 것이다. 그래서 자연스럽게 투자가 이루어질 것이다.

이들 멤버사들은 생태계 내에서 협업을 통해 매출 증대와 비용 절감을 향유한다. 이것이 협업의 1차 목표이다. 서울대학교에서는 폐기물 고효율 펠릿 제조 및 생산과 관련한 연구가 진행되고 있다. 열효율과 배합 비율에 대한 실험 데이터가 필요한데 나무 표피 폐기물이 대상이 될 수 있다. 한국에서 버려지고 있는 나무를 활용하여 14%에 머물고 있는 국내 목재 이용률을 올리고자 하는 회사가 있다. 이 회사는 수작업에 의존하는 목재의 껍질을 벗기는 작업을 자동화하는 사업 모델을 가지고 있다. 대단한 일이고 필자가 관심을 많이 가지는 사업 모델이다. 목재에서 남는 껍질은 고형 연료의 재료로 활용할 수 있다. 이 두 멤버사는 자연스럽게 협업을 통해 고형 연료를 만들어 매출을 올리면서 껍질을 버리는 폐기물 비용을 줄일 수 있다.

다른 협업은 인력에 대한 협업이다. 멤버사들은 현재의 비즈니스 모델과 현재의 자금이 가능한 범위에서 가족 같은 분위기에서 함께 일하고 있다. 그러나 피보팅되고 회사가 스케일업 되는 과정에는 다른 전문성이 있는 인력이 필요하다. 그렇지 않으면 대표는 더 바쁘게 되고 차분하게 회사 경영 내용을 챙기기가 어렵게 된다. 그렇다고 해서 추가 인력으로 인해 고정비가 늘어나는 것을 부담할 수 있을 만큼 자금이 풍부하지는 않다. 심지어 스케일업 하는 과정에 필요한 기술자는 시장에서 관심이 많은 분야의 인물일 가능성이 많다. 가령 AI 개발자와 같은 경우이다. 그러면 충분한 인건비를 챙겨 주지 못하면 있는 개발자도 조만간 이직하게 된다. 자신의 생활과 가정이 있는 개발자에게 계속 희망 고문처럼 기다려 달라는 말만 할 수는 없다. 이런 환경에서 어떻게 더 좋은 전문가를 모셔올 수 있겠는가?

그래서 과연 대기업에서는 어떻게 새로운 사업을 시작하는지 살펴보았다. 대기업에서 시작하는 신규 사업은 성공을 하거나 성공을 하지 못해도 일정의 매출을 실현한다. 일정 부분의 성과는 달성하고 있는 것이다. 그런데 스타트업 회사가 사업을 시작하면 그 많은 정부 지원이 있음에도 불구하고 왜 매출을 실현하는 데 어려움이 있을까 궁금하다. 이런 본질적인 질문에 솔루션이 필요하다. 아마도 스타트업 회사의 BM이 잘못되었거나 BM이 목표 시장에 적합하다고 해도 이를 실천할 수 있는 인력과 자금이 부족해서일 것이다.

생태계에서는 레이어 2에 이런 전문 인력을 보유하고 있다. 레이어 2의 인력이 각 멤버사의 현안을 해결해 주면서 자연스럽게 생태계의 가치를 올릴 수 있는 것이다. 물론 필요한 경우 레이어 1 사이에서도 필요한 일을 나누어 할 수도 있다. 우리 생태계에서 서로가 도울 수 있는 인력이 있다는 것은 개별 스타트업이나 소규모 회사에게 다양한 전문성을 가진 인력을 아웃소싱할 수 있다는 것이다. 그렇게 되면 스타트업 회사와 소기업은 본질에만 집중할 수 있게 된다.

한 멤버사에는 설계 인원이 근무하고 있다. 다른 참가 기업은 능력 있고 경험이 있는 인원이 필요하다. 능력 있고 경험 있는 설계 인력을 한 회사가 채용하기에는 인건비 부담이 매우 크다. 이런 경우 한 멤버사가 인건비 비용의 100%를 부담하기보다 비용을 나누어 부담하면서 각 회사가 필요한 설계 업무를 나누어 할 수 있도록 생태계 구조를 만드는 것이다. 각 참가 기업이 원윈하는 한도 내에서 비용의 외주화를 하는 것이다. 이때 설계하는 직원도 다양한 경험을 할 수 있고 한 회사가 인건비를 전부 부담하는 것이 아니라 여러 회사에서 비용을 나누다 보니 심리적으로 회사에 대한 미안함을 덜 가지게 될 수 있는 것이다.

그러면 협업을 하는 경우 프로젝트에 참가하는 개별 멤버사뿐만 아니라 생태계에 있는 다른 멤버사에게 어떤 영향이 있을지 이야기해 보자. 생태계에서는 협업을 하는 경우, 프로젝트에 참여한 회사에게만 협업의 기회가 있는 것은 아니다. 프로젝트를 진행하다 보면 추가로 다른 기술이나 서비스가 필요함을 알게 된다. 그러면 프로젝트에는 참여하고 있지 않은 회사에도 이번 프로젝트에 추가로 참여할 수 있는 기회가 있게 된다. 이번이 아니면 나중에라도 함께 새로운 프로젝트를 제안하고, 협업의 열매를 함께 누리게 된다. 우리는 이를 시너지 효과라고 한다.

또 다른 협업의 열매도 있다. 여러 스타트업 회사들을 포함한 소규모 회사를 컨설팅하다 보면, 회사들이 고민하는 것이 거의 다 비슷하다는 것을 알게 된다. 그래서 컨설팅 보고서는 겉표지만 바꾸어 여러 번 사용할 수 있다는 농담이 있기도 하다. 이 같은 현실을 바꾸어서 생각해 보면, 한 멤버사가 고민하는 문제를 해결하면 이때 얻어진 솔루션은 다른 멤버사에게도 적용될 수 있다는 것이다. 그래서 서로가 비슷한 공통적인 문제들은 환기연을 통해 해결하고 유사 사례를 다른 멤버사들에게 공유하면서 해결 방안을 찾아가고 있다. 아름다운 동행의 열매이다.

생태계의 멤버사들은 자신의 비즈니스에 진심이다. 그런데 대표들은 매번 자신이 움직여야 비즈니스를 할 수 있다. 이는 매번 깨끗하게 보이기 위해 계속 닦아 주어야 하는 은 주머니를 가진 것과 같다. 그런데 멤버사가 되면 은 주머니가 한 번 닦으면 언제나 빛이 나는 금 주머니로 바뀌는 것이다. 바꾸는 방법이 협업이다. 협업이 성공의 지름길이고 내부 성장의 방법이다.

투자자와 K-스타트업 생태계의 적과의 동침

K-스타트업 생태계는 민간 투자 유치를 목표로 한다. 그리고 생태계 내에서는 많은 협업 활동이 일어난다. 그러면 협업이 투자자에게 어떤 영향을 미칠 수 있을까? 투자를 위해서는 기업 실사(Due Diligence, DD)가 매우 중요하다. 그러나 VC 심사 역이 2개월 수준의 심사 기간 중에 기술, 생산 현장, 재무제표에 대한 기업 실사를 정확하게 하기에는 현실적인 어려움이 많다. 아무리 전문성이 있는 심사와 실사도 결국 투자가 이루어지고 난 이후에야 실사가 정확하지 않았다는 것을 알 수 있는 것과 마찬가지인 것이다.

민간 투자를 받고자 하는 K-스타트업 생태계는 투자자 시장에서 신뢰를 이끌어 내야 한다. 어떻게 가능할까? 본질은 K-스타트업 생태계의 멤버사에 투자를 하여 좋은 투자 실적을 달성할 가능성을 높여 주면 된다. 그리고 좋은 투자 BM을 가지고 있는 멤버사에 대해 투자회사가 진행해야 하는 투자 실사 과정에서의 심사 역의 어려움도 해결해 주면 된다.

K-스타트업 생태계는 생태계 내의 협업을 강조한다. 그런데 협업이란 서로의 비즈니스를 확인할 수 있는 기회가 된다. 협업을 하면서 프로젝트를 마무리하기 위해 중간중간에 진행 내용을 확인하다 보면 두 멤버사에 대한 사실을 모두 알게 된다. 기술이 있다고 하는데 기술이 어느 수준인지, 생산 설계 및 설비가 어떤 종류의 것인지, 마케팅 인프라가 어떻게 구성되어 있는지 등에 대한 확인이 가능하다. 가령 환경 매출이라고 해도 환경 관련 핵심 제품의 매출이 총매출에서 몇 %인지를 확인할 수 있다는 것이다. 이는 투자 심사에 있어서 매우 핵심적인 내용이다. 이러한 핵심적인 내용이 투자자에게 제공된다면 투자자 입장에서는 효과적인 기업 실사 내용이 된다.

만일 K-스타트업 생태계 전체의 투자 실적을 관리하기 위해, 생태계에서 알고 있는 해당 멤버사의 문제를 숨기려는 의도가 있으면 투자자도 모를 것 아니냐는 의견이 있을 수 있다. 하나의 멤버사를 위해 알고 있는 사실을 알리지 않을 수 있다. 하지만 시간이 조금만 지나면 투자받을 때 제시했던 사업 계획을 달성할 수 없음이 알려지고, 생태계 자체에 대한 평가가 나빠지게 된다. 이는 바로 시장에서 K-스타트업 생태계에 대한 불신감을 만들 수 있다. 생태계 자체에 대한 불신감은 생태계에 참가하고 있는 다른 멤버사들에 대한 시장의 평가를 나쁘게 해서, 민간 투자 성공 가능성을 급격히 떨어뜨리게 된다. 생태계 전체를 볼 때 누가 이런 의사 결정을 할 수 있겠는가? 결국 생태계 내에서 알게 되는 모든 정보는 공개되게 되어 있다. 인생에는 정답과 비밀이 없다고 했다. 사업에서도 정답과 비밀은 없다. 필자가 멤버사들을 디스하는 것도 아니다. 하지만 멤버사들이 완벽하지 않다는 것을 겸손히 인정하고 이에 대한 솔루션을 찾고자 하는 것이 K-스타트업 생태계이다.

멤버사 중 하나인 한소닉이 투자 PT를 할 때 재미있는 질문이 하나 있었다. "왜 규모가 있는 회계법인에서 감사보고서를 받고 있나요?" 한소닉은 소규모 회사이지만 한국에서 다섯 번째 규모의 회계법인에서 회계감사를 받고 있었다. 벤처 캐피털의 심사 역에게도 한소닉이 왜 심리실이 엄격하게 회계 기준을 적용하고 있는 회계법인에게, 그것도 높은 감사 비용을 지불하면서 감사를 받고 있는가가 궁금했던 것이다. 이 질문에는 스타트업 회사들의 재무제표에 대해서는 많은 확인이 필요하다는 뜻이 숨어 있는지도 모른다.

그래도 K-스타트업 생태계에 들어오려면…

창업을 지원하는 오픈 이노베이션 관련 일을 하는 책임연구원과 어떤 회사와 대표가 눈에 띄는가에 대해 이야기를 나눈 적이 있다. 책임연구원은 'Born to Be' 대표가 있다고 한다. 타고난 대표가 있다는 의미이다. 한두 번 만나 보면 '아! 이 대표는 다르구나'라는 대표가 있다는 것이다.

10명 만나 보면 한 2명 정도가 무언가 다르다는 것이다.

　가수의 꿈을 안고서 15살에 슈퍼스타 K에서 'B-71'이라는 이름표를 달고 참가했지만, 긴장을 너무 해서 카메라도 제대로 쳐다보지 못한 소년이 있었다. 당연히 탈락했다. 그러나 이 소년은 오디션 장소에 있었던 7명의 캐스팅 매니저들에게 명함을 받았다. 이 소년은 BTS의 막내 정국이다. 부산 출신으로 소심하고 수줍음이 많은 정국의 아티스트로서의 재능을 알아본 7명의 캐스터들의 눈이 놀랍다. 흙 속의 진주를 발견한 것이다. 7명의 캐스터는 좋은 아티스트를 발굴해 내는 선구안이 매우 좋았던 것이다. 그러나 더 놀라운 것은 정국의 선택이다. JYP와 같은 대형 기획사를 선택하지 않고 정국은 가장 신생 회사인 빅히트를 선택했다. 그리고 나중에 정국은 BTS의 멤버가 되었다. 2025년 6월 13일은 BTS가 12주년이 되는 날이다.

　특히 BTS는 한국의 대중문화예술의 가치와 관점을 바꾸어 놓았다. 영웅적인 스타에 대한 우상적 팬덤을 기반으로 유명 작곡가의 곡을 받아 활동하는 것이 BTS 이전의 아티스트의 가치와 관점이었다. 그러나 BTS는 이러한 아티스트에 대한 가치 기준과 관점을 바꾸었다. 먼저 수동적인 팬이 아니다. ARMY는 BTS와 함께 만들어 가는 후원자와 친구가 되었다. 완성체인 BTS가 아니라 가능성을 가지고 시작하여 완성체가 되어 가는 BTS이고, 이 과정에 ARMY가 있는 것이다. 아티스트들도 외부에서 곡을 받는 것에 멈추지 않고 스스로 작사와 작곡을 한다. 아티스트 스스로 즐기면서 창조적 활동을 한다. BTS는 안무도 뛰어나고 노래 안에 좋은 메시지를 담고 있다. 특히 한국어 가사와 한국적 콘텐츠로 빌보드 정상을 차지했다.

BTS 콘서트 1회의 경제적 가치는 1.2조 원으로 평가된다. 영화 〈타이타닉〉이 벌어들인 영화 수익이 1.36조 원 수준이었다. 〈타이타닉〉과 비교해서 BTS는 1회 공연으로 그만큼의 경제적 가치를 가지는 것이다.

그리고 정국은 2022 국제축구연맹(FIFA) 카타르 월드컵 개막식에서 축가를 불렀다. 개막식 출연료가 13~15억 원이라는 이야기가 나왔는데, 이는 팝 음악의 황제로 불리는 로드 스튜어트(Rod Stewart)가 개막식 출연료로 13억 원을 제안받았다는 것과 비교해도 어마어마한 금액이다. 이런 가수가 2011년 카메라도 쳐다보지 못했던 정국이다.

야구에서 어떤 선수를 스카우트해야 하는지 결정을 해야 하는 경우를 수치를 가지고 이야기해 보자. 홈 베이스에서 1루 베이스까지 거리는 24.431m이다. 한국 야구의 경우, 타자가 홈 베이스에서 1루 베이스까지 가는 데 걸리는 시간은 평균적으로 우타자 4.3초, 좌타자 4.2초라고 한다. 이러한 숫자를 기준으로 고등학교 야구 타자들을 바라보면 프로에 가서 성공할 수 있는 선수가 구분이 된다고 한다. 스카우터가 될 만한 선

수를 선택할 때도 이러한 기록을 바탕으로 평가하고 있는 것이다.[10]

한국에서 아버지와 아들이 둘 다 유명한 야구 선수인 가족이 있다. '바람의 아들'로 불리는 이종범과 그의 아들 이정후이다. 원래 이정후는 오른손잡이였다고 한다. 그래서 이정후 선수가 야구를 시작했을 때에는 오른손 타자였다고 한다. 그런데 이종범 선수가 보니 이정후 선수는 홈런 타자가 아닌 것을 알게 되었다고 한다. 그래서 내야 안타로 1루에 살아 나가기 위해서는 단 0.1초라도 적게 걸리는 왼손 타자가 되는 것이 맞는 방향이라는 것을 알고 아들 이정후에게 이야기했다는 것이다. 그래서 2025년 현재 샌프란시스코 자이언츠에서 활약하고 있는 왼손 타자 이정후 선수가 된 것이다.

생태계에 참여를 원하는 회사를 만나는 것은 필자에게는 '어떤 설렘'이 있다. 아웃바운딩이나 인바운딩을 통해 참가를 원하는 멤버사를 만난다. 매번 필자는 참여를 원하는 대표가 어떤 달란트를 가지고 있는지, 어떤 스타일의 사람인지 궁금하다. 필자는 누군가 이런 미래를 실현할 것이라는 설렘을 가지고 매번 미팅에 간다. 물론 필자도 정국과 같은 가수를 찾을 수 있는 눈을 키우고자 노력한다.

---

10) 미국 메이저리그(MLB)의 경우 2022년 홈에서 1루 베이스까지 가장 빠르게 간 선수의 기록은 4.12초였다고 한다. 배지환 선수는 4.05초로 2023년 MLB에서 가장 빠른 속도를 기록하였다. 2024년 9월 MLB 최초로 50 홈런과 50 도루를 성공시킨 오타니 선수는 4.07초를 기록했다. 더욱 놀라운 것은 오타니의 도루 성공률이 2024년 9월 현재 93.2%를 기록하고 있다는 것이다.

처음 이야기를 나누게 되면 다들 비전 있는 대표에 투자 가능성이 높은 BM을 가지고 있다는 느낌이 든다. 그러나 처음의 좋은 느낌만으로 멤버사를 선택하는 것은 아니다. 확인이 필요하다. 확인은 의심이 아니다. 의심이 아닌 확인이 필요하다. 확신을 가지기 위한 확인이다. 나중에 협업을 하면 알 수 있지만, 처음 만나서는 알 수 없는 것들도 많다. 하지만 최소한이라도 확인한다.

생태계에 참가할 수 있는 기업에는 제약이 없다. 현재는 업종이나 업력, 매출이나 핵심 기술 등에 있어 제약을 두지 않는다. 멤버사들이 네트워크로 연결되어 생태계를 통한 기술 개발, 공동 제작, 판매 연계, 투자 유치 등을 목표로 한다.

대표가 제일 중요해!

대표가 폐업의 경험을 가졌냐의 유무를 떠나서, 현장에서 K-스타트업 생태계의 멤버사를 선정하는 경우 중요한 기준에 대해 결론적으로 말하면 대표에 대한 판단이 가장 중요하다. 대표는 반품이 안 되기 때문이다. 대표가 본업을 구체적으로 이해하고 있고 똑똑한 시장에서 학습 능력이 있어야 한다. 내부 조직을 잘 활용하지 못해 대표만이 고객을 만나러 다니고, 바쁘다 보니 관련 내용을 정리하지 못하는 회사는 성공 가능성이 낮다. 대표는 씩씩해야 한다. 특허를 중요시하고 이를 회사 전략으로 연결시켜야 한다. 매월 고정비에 대한 숫자를 기억하고 원금 상환 시점을 기억해야 한다. 규모가 커짐에 따라 개인과 법인 자금을 구분해야 한다.

완벽을 요구하지 않지만, 실수를 반복하지 않는 대표가 필요하다. 남들보다 더 노력을 하는 대표가 필요하다. 남보다 더 노력을 한다는 것은 남보다 1분이라도, 5분이라도 더 노력을 한다는 것을 의미한다.

대표의 전문성은 회사가 처한 모든 순간 선택에 중요한 역할을 한다. 매 순간 대표는 최선이라고 생각해서 결정하고 행동한다. 그러나 시장의 결과는 생각했던 것과 다를 수 있다. 그러면 대표는 본인의 전문성을 바탕으로 판단을 하게 된 가정들과 결과를 되새겨 보아야 한다. 갭(Gap) 분석이다. 분석이 되고 나면 더 많은 노력을 갈아 넣어야 한다. 이러한 지속적인 피드백이 이루어지면 본업에 더 집중하게 하는 과정이 된다. 그리고 이러한 과정이 눈앞에 기회가 나타나면 덥석 낚아챌 준비를 하게 한다. 피보팅은 기존의 사업 전략을 완전히 포기하라는 것은 아니다. 이 세상에서 기회라는 것은 그리 오래 머물지 않기 때문에 민감하게 변화시키면서 잡아내자는 것이다.

때로는 자신이 한 말을 번복할 수 있는 용기가 대표에게 필요하다. 너무 옹고집이면 자신의 논리에 집착한다. 앞뒤 생각이 바뀌면 안 된다고 생각할 수 있다. 드라마에서 교활하게 금방 한 말을 바꾸는 사람을 보면 나는 그런 사람이 되지 말아야 할 수 있다. 그러나 학습이 교활하라고 가르치는 것은 아니다. 본인이 바꾸기에 부끄러우면 멤버사들이 부끄럽지 않게 협업을 통해 바꾸어 줄 수 있다. 대표는 못 이기는 척하며 따라오기만 하면 된다. 옆에 있으면 도움이 되는 행복스러운 동행이다.

대표와 이야기하면서 필자가 중요하게 생각하는 것이 학습 능력이다. 역사적으로 가장 훌륭한 학습 방법은 피드백이다. 대기업에서 주어지는 인력이나 자금, 그리고 대기업이라는 네트워크에서 너무 당연히 제공받을 수 있는 많은 정보가, 소규모 기업 대표들은 접근하기도 활용하기도 어려운 것이 사실이다. 그래서 경험하지 못했어도 새로운 환경에 노출될 때 새로운 경험을 할 때마다 학습을 통해 내공을 키워 갈 수 있는 능력이 있는가를 살펴보는 것이다. 완성형이 아니라 성장형 대표인지를 보는 것이다. 학습 과정에서 노력과 시간을 들여 경험이 만들어진다.

현재의 능력이 아니라 미래의 능력이 학습 능력이다. 대표의 능력에는 현재 대표가 하는 말이 중요한 것이 아니라, 과거의 대표의 결정과 실적이 필요하다. 생존을 위한 동물적인 반사신경이 필요하다. 하지만 피드백이란 가끔은 본인이 실수한 것, 아름답지 못한 추억들을 감당해야 하는 고통이 뒤따른다. 얼굴이 화끈화끈거리고 쪽팔린다. 소 잃고 외양간 고친다는 속담이 있다. 늦었다고 말하는 비아냥이다. 그래도 외양간은 고쳐야 한다. 고쳐야 다시 소를 키울 수 있다. 실패에 솔직하고 내일을 볼 수 있어야 한다. 아름답지 못하고 창피한 기억을 다시 생각해 내고 고치는 것도 대표가 감당해야 하는 몫이다.

학습과 관련한 대표적인 사례가 KTX 도입이다. 한국을 대표하는 초고속 열차 KTX는 1992년 6월 30일에 착공을 시작해서 2004년 4월 1일부터 영업 운행이 시작되었다. 열차 설계의 기본 개념은 프랑스에서 운행 중인 TGV 시스템으로, 한국에 맞게 개선한 초고속 열차이다. 여기서 개선이란 다른 말로 피보팅하였다는 것이다. 현재 한국은 세계에서 네 번째로 고속열차를 자체 제작한 나라로서, 순수 국내 기술로 제작된 KTX가 현재 운용 중이다.

여기서 필자가 관심을 가지는 것이 어떤 기준으로 TGV가 선정되었고, TGV는 왜 그런 제안을 했느냐는 것이다. 당시 한국은 프랑스, 일본, 독일에게 견적을 요청했다. 세계 최초의 고속열차인 신칸센을 가진 일본은 기술 이전을 거부했다. 독일도 좋은 조건을 제시하였지만, 프랑스는 기술 이전과 라이선스 제작이라는 조건을 제안했다. 결국 프랑스가 선택되었다. 프랑스의 고속열차인 테제베(TGV)는 프랑스에서 1981년 개통되었다. 시속 270~320km대로 파리를 중심으로 프랑스 주요 도시들이 테제베 노선으로 잘 연결되어 있다. 일본 고속열차인 신칸센은 1964년 도쿄 올림픽의 개최에 맞춰 운행을 시작한 세계 최초의 고속열차이다.

당시 프랑스는 한국이 스스로 고속열차를 제작하는 것은 불가능하다고 판단했다고 한다. 그래서 기술 이전 등을 제안했다는 것이다. 물론 지하철 전동차와는 달리, KTX와 같은 고속열차는 빠른 속도와 그에 따른 안전성 확보 등 개발 및 제작의 난이도가 매우 높은 것이 사실이다. 프랑스가 판단하기에 자체 기술 개발이 불가능할 것이라는 예상과는 달리, 한국은 프랑스로부터 이전받은 기술을 학습하여 자체 기술로 고속열차를 개발했다. 초기 한국 고속열차의 롤 모델은 프랑스 TGV였으나 한국은 TGV를 뛰어넘는 한국만의 고속열차를 개발한 것이다. 이것이 학습 능력이다.

너무 많은 부담이 대표에게 주어진다. 20kg의 배낭을 지고 지리산을 오른다고 하자. 다시 내려올 지리산을 오르고 있다. 포기하고 싶다. 배낭이 너무 무거워 버리고 싶다. 그러나 참고 견디어 결국 정상에 오른다. 그리고 버리고 싶었던 배낭을 연다. 그러면 배낭이 나에게 먹을 것과 마실 것을 준다. 그래서 함부로 인생의 무거운 짐을 포기하면 안 된다. 가끔 필자는 인생의 짐이 너무 무겁다고 느낄 때, 대표에게 펑펑 울라고 이야기한다. 중간중간 펑펑 울고 나면 보이지 않았던 목표가 확실히 보인다. 희로애락은 사람들이 삶에서 경험하는 기쁨, 분노, 슬픔, 즐거움을 말하는 표현이다. 슬픔이 오면 다음은 즐거움이 온다. 운다는 것이 성인의 프라이버시일 수 있다. 하지만 울면 즐거움이 오고 대표의 위치로 다시 돌아오게 된다. 돌아와서 배낭을 열면 매출, 자금, 투자 가능성이 대표를 기다리고 있을 것이다.

적정한 기술과 너무 앞선 기술

2016년 3월에 알파고와 이세돌 9단의 대결이 있었다. 3연패를 당한 뒤에도 어쩌면 이상하리만큼 편안하고 비장하게 대국장으로 들어서는 이세돌 9단. 흰 돌을 잡은 이 9단은 처음에는 안정적인 패를 둔다. 그러나 흑을 잡은 알파고가 여전히 유리하게 형세를 이끌어 간다. 전투를 좋아하는 이세돌 9단이 7분이 넘은 장고 끝에 움직이기 시작한다. 78번 수를 알파고의 두 흑 사이에 끼우는 '신의 한 수', 이세돌 매직이 선보여졌다. 순간 알파고의 승률이 8%p 급락했다.

이후 10~20수 동안 알파고는 이상한 행마를 하였다. "아, 이건 뭐지?" 중계하는 현장에서 웃는 목소리가 나온다. 알파고의 엉뚱한 수를 보고도 이세돌 9단은 웃지 않고 오히려 당황해한다. 이세돌 9단도 알파고의 수가 이해가 되지 않는다는 표정이다. 알파고가 자신의 실수를 알고 다른 방식으로 대국을 평가하기 시작한 것이라고도 전문가들은 현장에서 이야기한다. 곧 알파고의 승률이 45%까지 떨어진다. 끼운 수에 알파고가 놀라고, 중앙 싸움에서 반전이 생긴 것이다. 이세돌 9단이 인공지능이 정확하게 판단할 수 없을 정도로 판을 복잡하게 이끌어 낸 것이다. 최종 승률 18.2%에서 알파고는 기권한다. 알파고가 현역 바둑기사로서 겨룬 74경기 중 유일한 패배이다. 반대로 이세돌 9단은 인공지능을 이긴 유일한 인류가 된다.

다들 하이 파이브와 박수를 보냈다. 3연패로 인구 종말이 온 것 같은 무력감에서 인간이 '그래도 지켜냈다'라고 느낀 순간이었다. 인류의 마지막 자존심. "한 판을 이겼는데 이렇게 축하를 받아 본 것은 처음입니다." 이세돌 9단의 이 한마디가 모든 것을 설명한다. 세상이 AI를 잘 모르던 시절에 첫 판을 지고 이세돌 9단은 "나는 컴퓨터가 창의적일 줄 몰랐어요"라고 인터뷰했다. 실제 알파고와의 대국을 제안받고 이세돌 9단은 재미있을 것 같았고 진다는 생각은 하지 않았다고 한다. 5 대 0 또는 4 대 1로 이기느냐의 게임이라고도 이야기했다. 그러나 첫 대국에서 이세돌 9단은 너무나도 쉽게 졌다. 다들 "아~"라는 한숨을 쉴 정도였다. 하지만 알파고를 개발한 구글 엔지니어들은 환호성을 질렀다. 창의적인 바둑을 두는 이세돌 9단에게 컴퓨터가 얼마나 창의적인 바둑을 둘 수 있는지를 보여 준 결과라고 생각한 것이다.

이후 이세돌 9단은 3년 뒤 2019년 11월 '이제는 사람이 컴퓨터에게 바둑을 배워야 한다. 인간 바둑기사가 자기만의 대국을 만들었던 시대는 알파고가 오고 나서는 없어졌다'는 생각을 하며 은퇴한다. 창의적인 바둑기사보다 알파고를 만드는 사람이 필요한 시대가 되었다고도 이야기했다. 알파고의 등장은 컴퓨터가 AI 기술을 활용하여 인간의 창의성까지 따라잡을 수 있고, 인간의 여러 생활에서 AI 기술이 더욱 가깝게 다가올 것이라는 사실을 확인하게 했다. 현재 이세돌 9단은 수 싸움이 치열한 보드게임 작가로 활동하고 있다.

그런데 아이러니하게도 알파고도 은퇴한다. 구글 딥마인드가 알파고의 개발 여정을 종료한 것이다. 알파고는 놀라운 능력을 가진 프로기사이지만, 큰돈을 벌기는 어려웠다. 알파고는 바둑에 특화된 AI이다. 그래서 바둑의 연산을 위한 연관 컴퓨터 투자와 막대한 전기 사용으로 유지 비용이 매우 많이 필요했다. 단기적인 이벤트로는 좋은 결과를 가져왔지만, 장기적으로 운용하기에는 비효율적인 AI였다. 안정적인 시장에서의 매출이 실현된다면 매우 좋은 회사이다. 특히 매출의 기본이 기술에 근거하고 있다면 더욱 좋다. 그래서 필자는 매출에 연결될 수 있는 기술 수준을 강조한다.

기술은 팔려서 매출에 연계되어야 상용화된 기술력으로 인정을 받을 수 있다. 투자 입장에서 기술은, 너무 좋은 기술과 매출로 연계되는 적정 기술이 있다. 기술과 매출의 최적 조합을 선택하는 것은 매우 어렵다. 하지만 실질적으로는 매출에 연계되는 적정 기술을 우선시하고, 한 단계 앞선 기술은 정부 지원 등을 통해 개발해 나가는 것이 살아남는 방법이다. 가령 엑셀로 할 수 있는 일을 AI 서비스를 통해 하는 것은 적정 기술을 이용하는 것은 아니다. 기술이 시장의 크기를 이길 수 없다. 일반적으로 미국과 중국을 비교할 때 기술과 시장을 기준으로 경쟁력을 분석한다. 시장의 규모를 가진 중국은 앞선 기술을 가진 미국으로서도 무시할 수 없고, 잠재성에 긴장하게 된다. 14억 명의 인구를 가지고 데이터를 구축한 중국의 딥시크가 AI 패권을 지키고 싶어 하는 미국에게 보인 AI 'R1'이 좋은 적정 기술의 사례가 될 수 있다. 물론 딥시크가 미국 OpenAI의 기술을 훔쳤다는 의혹을 무시하면 말이다.

스타트업 회사는 다양한 사회적 문제를 해결하기 위해 창업을 한다. 하지만, 기술로 새로운 문제를 해결하고자 도전하는 스타트업 회사가 적다. 그래서 대다수 스타트업 회사들은 차별성을 확보하지 못한다. 기술을 활용한 사업 안정성과 확장 가능성이 투자자들에게 가장 매력적으로 다가간다. 모방은 기술이 없이도 가능하지만, 창조와 창의는 기술이 있어야 가능하다. 기술 기반의 모방도 성공할 수 있다. 그러나 기술 기반이 아닌 스타트업 회사의 생존은 국경과 시간을 넘어 불확실성이 매우 높다.

투자에 대해 POC(Proof of Concept, 개념 증명)가 끝나면 당연히 투자를 해 주어야 한다는 말을 많이 듣는다. 심지어 액셀러레이터 회사의 대표도 POC가 마무리되었으니 300억 원 정도로 회사 가치를 인정해 달라고 한다. POC는 기존 시장에 없었던 신기술을 도입하기 전에 이를 검증하기 위해 타당성을 증명하는 것이다. 개념만을 증명하는 것이지, 이 개념이 시장에서 상용기술화 되어 매출이 실현되는지는 아직 모르는 것이다. 그런데 아이디어의 POC가 마무리되었으니 투자를 해 주는 것이 투자자의 기본 의무이며 역할이 아니냐고 이야기한다. 그러나 모르는 이야기이다. 그래서 투자시장에 대한 이해가 필요하다.

회사의 시각으로 시장을 바라보며 만든 전략은 실질적인 전략이 아니다. 전략이란 소비자가 시장에서 회사와 제품 또는 서비스를 바라보는 판단에 근거하여 회사가 이를 어떻게 매출로 연계할 것인가를 실천 계획으로 만든 것이다. 매출 전략이 구체적이어야 한다는 것이다. "내 제품이 우월하니 시장에 팔릴 것이다"라고 하는 기대감은 전략이 아니다. 시장이나 고객이 내 제품에 대해 평가한 사실을 바탕으로 구체적인 실행 계획을 세우는 것이 전략이다. 그래서 필자는 회사가 가지고 있는 전략이 누구 입장에서 구체적으로 마련되고 있는지 잘 살펴본다.

회삿돈과 내 돈은 구분하기

소규모 회사의 대표들은 회사의 자금과 개인 자금을 혼용해서는 안 된다. 사업 초기 회사 운영을 위해 대주주들이 개인 자금을 회사에 넣었다. 그러다 보니 회사 통장과 개인 통장의 개념이 흐려질 수 있다. 하지만 어느 시점이 되면 대표는 반드시 회사 자금을 개인 자금에서 분리하여 관리하여야 한다.

투자를 받게 되면 투자 목적에 맞게 투자받은 돈을 사용해야 한다. 일반적으로는 투자받은 돈은 별도의 계좌로 구분해서 관리된다. 이는 투자를 받기 전에 반드시 대표가 알아야 한다. 그런데 투자받은 돈마저 개인 돈처럼 사용하게 되면 이는 법적인 책임을 져야 할 상황까지 올 수 있다.

16

K-스타트업 생태계, You raise me up

임팩트란 사회적으로 문제적 이슈를 해결하여 사회가 긍정적인 방향으로 변화하는 것을 말한다. 이러한 임팩트라는 개념이 스타트업 생태계에도 적용이 될 수 있다. 청년 창업과 창업된 기업의 성장이라는 사회적 문제를 임팩트로 정의하고 이를 해결하는 살아 있는 모델이 필요하다.

K-스타트업 생태계는 청년 창업과 창업된 기업의 성장이라는 사회적 문제를 임팩트로 정의한다. 우리의 세금인 정부 예산이 스타트업 회사와 소규모 회사에 적극적으로 활용되고 있다. 그런데 양질의 일자리도, 민간 투자를 통한 성공도 아직은 부족하다. 청년에게 좋은 일자리를 제공하고자 하는데 좋은 일자리에 필요한 민간 투자는 멀게만 느껴진다. 이 또한 사회 문제로 정의될 수 있다. 그러면 이런 사회 문제를 해결해야 한다.

임팩트와 명확한 구분은 어렵지만 유사한 개념을 가진 것이 ESG이다. ESG 경영은 환경(Environment), 사회(Social), 지배구조(Governance)의 세 가지 요소를 기업 경영 전략과 실행에 포함시킨다. 이는 기업의 비재무적 측면을 고려하여 지속 가능한 발전을 지향한다.

그래서 K-스타트업 생태계는 ESG 경영 중에 S(Social)에 가장 가깝다. 일반적으로 S에는 인권 및 성평등, 산업보전, 지역사회 연계 등이 포함되고, 노동법 준수 등과 같은 소극적인 사회적 책임이 주로 강조된다. 한국형 YC 생태계가 말하는 ESG는 거대 담론으로서 S를 이야기하고자 하는 것은 아니다. 노동법을 지키느냐와 같은 소극적인 대응이 아니라 사회적 이슈에 대해 적극적으로 회사의 정책에 반영해야 한다고 말하고 있다.

중소벤처기업진흥공단에서 대출을 받기 위해 필요한 절차 중에 ESG 관련 내용이 있다. 그래서 중소벤처기업진흥공단 홈페이지에 있는 ESG 자가진단을 한다. ESG 자가진단 질문 중에도 청년 창업과 성장과 관련된 질문이 있다. S 관련 항목으로, '사회적 주요 이슈가 기업의 전략 수립에 반영되고 있느냐'이다. 자가진단 질문 중에서 가장 먼저 물어보고 있다. 이 질문을 해석해 보면 적극적인 의미의 S이다. 어쩌면 중소기업이 실천하고 있는 ESG 항목이라고 보기에는 현실적이지 않다. 스타트업 회사와 중소기업은 대기업과는 다르며, 이는 ESG 활동에서도 차이가 있다.

퓨처플레이의 류중희 대표는 10년 뒤 미래 인류 삶을 바꿀 정도의 임팩트가 있는 스타트업 회사에 투자했다. 퓨처플레이와 아모레퍼시픽 경우처럼 K-스타트업 생태계도 다른 중견, 대기업과 협업을 할 수 있다. 그런데 K-스타트업 생태계에서는 중견, 대기업이 일정한 육성 비용을 부담하지 않으면서도 중견, 대기업의 성장 동력에 도움이 되는 멤버사에 투자할 수 있다. 비용을 부담하지 않으면서 기술을 가진 K-스타트업 생태계 멤버사를 선택해서 투자할 수 있는 것이다.

또한, 생태계에 포함된 멤버사들도 중견, 대기업과의 협업이 가능해진다. 이때 멤버사들은 생태계 내의 협업을 통해 중견 대기업의 운영 방식에 익숙하게 학습된 모습으로 피보팅되어 간다. 정부는 건전한 스타트업 회사와 소규모 회사의 지원을 계속하고 있다. 이러한 정부의 지원이 투자로 이어지는 건전한 시장 경제를 만드는 것이다. 그래서 ESG의 S가 실현되는 것이다.

〈You raise me up〉은 북아일랜드 민요를 기반으로 작곡된 노래로, 미국 9.11 테러 추모곡으로 사용되면서 더 알려지게 된다. 마음에 위안이 되고 용기를 주는 노랫말이 인상적이다. 특히 외로움이 몰려올 때, 당신(you)이 나를 일으켜 주어서 나는 산 위에 서 있을 수 있다고 한다. 여기서 당신은 한국형 YC 모형의 멤버사들이다. 절실함이 느껴질 때 옆에서 배신하지 않는 파트너가 K-스타트업 생태계의 멤버사들이다.

16.1

판이 바뀐 오픈 이노베이션

매 분기 중소벤처기업부는 '중소기업 간 협업 지원 사업'을 추진한다. 두 개 이상의 중소기업들이 생산·연구개발·마케팅 목적으로 네트워킹, 즉 협업을 하도록 구체적으로 지원하는 프로그램이다. 이 프로그램은 중소기업들이 각각 전문적 역할을 분담하여 상호 보완적으로 혁신적 경영을 추진하게 한다. 중소기업이 각자 전문적 역할을 분담하여 상호 보완적으로 제품을 개발·생산·판매하는 과정에서 협업한다. 프로그램의 내용을 보면, 크게 협업을 통한 제품/서비스 고도화 및 시장 개척을 지원한다. 즉, 중소기업들이 만나서 기존 시제품이나 서비스를 개선하여 시장성을 강화하고, 이를 특허로 보호하도록 지원한다. 그리고 나면, 이렇게 만들어지고 보호된 제품/서비스가 매출로 연결되도록 시험 및 인증을 지원하고 국내외 온라인 쇼핑몰 입점과 조달청 등록을 지원한다. 물론 협업 계획이 승인이 되면 필요한 시설자금이나 운전자금도 대출을 받도록 지원한다. 큰 자금이 필요하지만 반드시 필요한 투자자금을 만들어 주는 것이다.

K-스타트업 생태계의 2024년 현재의 구체적인 모습은 스타트업 회사와 매출이 100억 원 수준인 소기업의 협업이다. 오픈 이노베이션은 대기업을 중심으로 중소기업 및 스타트업 회사를 지원하는 네트워킹이 있고, 중소벤처기업부의 '중소기업 간 협업 지원 사업'이라는 중소기업 간 네트워킹도 있다. 그러나 K-스타트업 생태계는 시장에서 투자를 중심으로 자연스럽게 만들어지고 있는 생태계이다. 정부의 지원이 민간 시장에 스며들도록 하는 생태계이다.

〈베테랑 2〉가 2024년 추석에 개봉했다. 나쁜 놈은 끝까지 잡는 베테랑 서도철 형사가 강력범죄수사대에 막내 형사로 합류하면서 나쁜 놈 박선우를 결국은 살려서 잡아내는 액션범죄수사 영화이다. 〈베테랑 2〉 마지막 장면에서 서도철 형사는 아들 서우진이 박선우의 계획으로 복싱장에 묶인 채, 몸이 기름에 젖고 아들 우진이에게 일진 친구들이 당장이라도 불을 붙이려는 영상을 확인한다. 박선우는 위치를 보내 주며 아들을 구하기 위해 혼자 오라고 한다. 그 장소는 어느 터널이었는데, 그곳에서는 다른 두 명이 죽임을 당할 상황에 처해 있었다. 서도철 형사는 이때 아들 우진이를 구해야 할지, 아니면 아들이 아닌 다른 두 명을 구해야 할지를 결정해야 한다. 영화 〈모스트〉에서 아버지가 느꼈던 갈등이다. 하지만 서도철 형사는 〈모스트〉에서의 아버지와는 다른 방법을 선택한다. 서도철 형사는 강력범죄수사대의 다른 형사들에게 아들 우진이 있는 장소를 알려 주고 이들이 아들 우진이를 구해 낸다. 본인은 본인의 본업을 하면서도 팀워크를 통해 내 생명과도 같은 아들을 살려낸다. 그리고 아들이 안전하다는 것을 확인한 서도철 형사는 박선우와 싸우다가 외친다.

"지금부터 판이 바뀌었어." 〈베테랑 1〉의 외침과 같다. 속이 다 시원하다. 살아남아야 한다. 살려내야 한다. 살아남기 위해, 살려내기 위해 팀워크가 필요하다. 영화처럼 스타트업 회사도 고정비 부담 없이 살아남기 위해 네트워크와 생태계에 참가해야 한다.

생태계를 만들어 가고 있는 한 사람으로서, 새로운 멤버사를 만나게 되는 매 순간 느끼고 있는 설렘과 내 마음가짐은 아마도 캐나다 출신 세계적인 여가수 셀린 디온의 명곡 〈Power of Love〉의 몇 줄 가사와도 같은 느낌이다.

Whenever you reach for me
I'll do all that I can
We're heading for something
Somewhere I've never been

16.2
딥시크가 보여 준 완전히 새로운 판

미국의 베타웍스(Betaworks)는 2007년에 Time Warner 출신인 존 보스윅(John Borthwick)이 설립한 컴퍼니 빌더이다. 이들은 내부에서 회사를 직접 창업하는 'Build', 자신들의 역량을 통해 회사를 피보팅시킬 수 있다고 판단한 경우 창업하는 'Acquire', 그리고 네트워크를 활용해 외부의 회사에 투자를 집행하는 'Seed Stage Investing'의 모든 활동을 하고 있다. 이러한 "Build, Acquire, Investing"이라는 활동은 민간의 자생적인 생태계에서 생존하고 투자받고 성공하기 위해 움직이는 자연스러운 활동과 같다.

K-스타트업 생태계 내에서 협업하다 보면 생태계를 지원하거나 협업하는 데 추가로 필요한 사업이 있다는 것을 알게 된다. 그러면 필요한 사업을 외부의 프로젝트로 비용을 부담해야 할 것인가를 고민하게 된다. 그러다가 외부 비용이 일정 금액 이상이 되면 이를 직접 사업화하는 것이 맞다는 생각이 들게 된다. 이는 사업을 내가 직접 하는 'Build' 형태와 같은 생각이다. 이제는 틈새시장이 보이기 시작한다. 직접 'Build'하지 않

는다면 외부의 회사에 생태계의 멤버사로 합류할 것을 제안하기도 한다. 이는 'Acquire' 활동이 된다. 이러한 활동의 구분은 문서적인 정의이며, K-스타트업 생태계의 필요성을 바탕으로 멤버사와의 협의를 통해 합리적인 방안을 선택하면 된다.

생태계 내에서 'Build'한 경우가 최근 AI 분야에서 일어났다. 2025년 1월 말 BBC 뉴스에서 중국의 딥시크에 대한 기사가 나왔다. 중국의 딥시크가 개발한 인공지능 모델이 애플 앱스토어 다운로드 순위 1위를 차지했다는 것이다. 다운로드 순위 1위를 차지했다는 것은 '딥시크 R1' 모델이 오픈 소스로 글로벌 시장에 풀리면서 전 세계 AI 개발자들이 적극적으로 사용하기 시작했다는 것을 의미한다. 기존에도 오픈 소스로 시장에 AI 서비스를 공개하기는 했지만 AI가 사용한 함수까지도 오픈했다고 한다. 자신감의 표현인지 궁금하기도 하다. 그러면서 이들 사이에서 R1 모델의 성능과 추론 능력이 기존의 AI 모델에 비해 그다지 떨어지지 않는다는 호평이 나오기 시작한 것이다. 이는 기존 요리 레시피를 가지고 새로운 요리를 만드는 과정과 유사하다. 기존 요리 레시피를 알게 되면 적은 시간 내에 일정한 맛을 보장받을 수 있는 새로운 요리 개발이 가능한 것이다. 오픈 소스를 이용하면, 수많은 개발 인력과 비용을 들여 AI 구동에 필요한 모든 코드를 개발할 필요가 없다. 그래서 이미 검증된 코드를 사용하여 짧은 기간과 적은 비용으로 고성능 AI 개발이 가능해진 것이다.

딥시크는 설립된 지 2년도 되지 않아 2025년 1월 20일 AI 모델 '딥시크 R1'을 선보였다. 뉴욕타임스(NYT)에 따르면 '딥시크 R1'은 추론에 강한 장점을 가진 서비스 엔진이라고 한다. 질문에 답하고 논리 문제를 푸는 것을 넘어, 자체 컴퓨터 프로그램을 코딩하는 능력은 기존 시장에 출시된 AI 못지않게 우수했다고 전했다. 지금까지 수년간 미국은 국가 안보를 이유로 고성능 AI 칩의 중국 공급을 제한해 왔다. 그런데 1대당 수천만 원에 달하는 엔비디아의 첨단 AI 칩 없이도, 중국산 칩을 대거 사용하고 있다는 딥시크는 OpenAI와 메타를 능가하는 AI로 떠오르면서 단숨에 AI 시장을 주도해 온 미국의 위상을 흔들고 있다.

딥시크는 중국 화웨이의 칩을 대거 이용해 왔다고 주장한다. 중국 정부의 보조금까지 고려하면, 화웨이 칩을 이용해 엔비디아 수퍼칩의 매우 낮은 수준까지 비용을 낮출 수 있었다는 것이다. 이 외에도 딥시크가 원가를 낮출 수 있는 여러 방법 중의 하나가 학습하는 데이터 범위를 선택적으로 사용하였다는 것이다. 미국의 범용 AI 모델과 달리 딥시크는 AI가 학습해야 할 내용을 금융, 제조 등 일부 분야로 좁혔다. 이는 마치 고3 입시생이 과목별 전문 교사들에게 족집게 과외를 받아 성적을 끌어올리는 것과 같다. 이러한 차별적인 접근 방법을 적용하여 딥시크는 기존의 OpenAI가 개발한 업계 선도 모델과 비교하여 훨씬 저렴한 비용으로 성능이 비슷한 AI 모델을 개발해 온 것이다. 여기서 저렴하다는 말은 제작비 이외에도 모델을 운영할 때 필요한 운영비조차도 매우 저렴하다는 것이다.

물론 가성비 AI에 대한 논쟁이 있다. 하지만 AI 모델 개발 분야에 게임 체인저가 나타난 것은 분명하다. 무서운 것은 딥시크의 AI 생태계에서의 확장성이다. 딥시크는 자사 AI 모델을 오픈 소스에 공개했다. 이는 전 세계 소프트웨어 개발자들이 딥시크 AI를 시험하고 개선할 수 있는 길을 연 것이다. 오픈 소스를 이용한 개방형 인공지능 개발의 흐름 속에서 딥시크의 AI 모델은, 소형화 및 전문화 등 개별 기업의 각기 다른 필요에 따른 맞춤형 AI 서비스를 더욱 가속화할 것으로 보인다.

좀 더 시각을 넓히면 AI 시장은 반도체 생태계와 연계되어 있다. 지금까지는 엔비디아가 AI 하드웨어 시장에서 독점적 위치를 가지고 있었다. 하지만 딥시크의 등장으로 화웨이의 시장 침투가 가시화될 수 있을지도 관심사가 되었다. 방대한 데이터를 다량의 고성능 칩으로 학습시키는 '훈련'이 대세였던 지금까지의 레거시적인 생태계에서, 이제는 보다 '추론'을 더 강조한 AI 모델이 부각되기 시작했다.

'저전력, 저비용, 고효율' AI 칩에 대한 시장 니즈가 화웨이를 넘어 반도체 시장의 변화를 가져올 수 있다. 전기자동차도 자율 주행 등 AI와 직간접으로 연결되어 있다. 중국의 BYD는 국내에서는 '워런 버핏이 투자한 중국 회사' 혹은 '전기 버스 회사'로 알려져 있다. 하지만 시작은 휴대폰 배터리 회사였다. 1995년 창립한 BYD는 휴대폰 배터리 사업 경험을 바탕으로 전기차 사업에 진출해 고속 성장을 이루었다. 이런 BYD가 가장 많이 전기자동차를 수출하는 회사가 브라질, 태국 등이다. 결국 BYD의 전기자동차 시장에서 화웨이의 반도체 칩의 수출이 더욱 힘을 얻을 수 있다. 중국의 AI 실크로드가 미국과의 AI 패권 다툼과 연결되어 구체화될 가능성도 높아진 것이다.

이에 투자자들은 관심을 넘어 놀라움을 숨기지 못했고, 엔비디아의 주가는 급락했다. 향후 엔비디아 GPU에 대한 수요가 감소할 것이라는 예상으로 엔비디아 주가는 하루 만에 약 17%가 하락했는데, 이는 총시가로 5,888억 달러(약 850조 원)가 감소한 수준이었다. 이 같은 하락은 미국 역사상 단일 기업 최대 하루 손실이다.

딥시크의 등장에 대해 도널드 트럼프 미국 대통령은 "미국 기업들에게 있어 경쟁에서 승리하기 위해 원가 등에 집중해야 한다는 경종"이라고 말했다. 그리고 샘 알트만 OpenAI 대표는 딥시크의 R1 모델에 대해 "새로운 경쟁자가 나타나 고무적이다"라고 말하며, "딥시크의 R1 모델은 가격 대비 성능에서 인상적"이라고 가성비 있는 모델 개발을 인정했다.

그러면 딥시크는 어떤 회사인가? 2025년 1월 27일(현지 시간) 미 일간 월스트리트저널(WSJ)과 매사추세츠공대(MIT)의 정보기술매체 테크놀로지 리뷰 등에 따르면 딥시크는 2023년 중국 항저우에서 설립되었다고 한다. 딥시크는 인공지능 일반화(AGI, Artificial General Intelligence)[11]를 목표로 상업적 응용보다는 기초 기술 개발에 집중한다. 1985년생인 량원펑이 설립했으며, 량원펑은 공학 분야에서 특히 명문대인 저장대에서 컴퓨터 공학을 전공했다고 한다. 중국 국내파로서 그는 대학을 졸업

---

11) AGI는 언어 이해, 문제 해결, 창의적 사고 등 사람의 학습 능력과 지능을 학습하여 다양한 분야에서 지적 작업을 수행할 수 있는 인간과 동일한 수준의 인공지능을 의미한다. 가장 쉽게 떠오르는 사례가 〈아이언맨〉에 나오는 자비스이다. 자비스는 토니의 연구를 많이 도와줬던 개인 비서였다. 현재 대부분의 인공지능은 인공특화지능(ASI, Artificial Specific Intelligence)으로 검색 등 작업에만 집중하는 생성형 AI를 말한다.

한 뒤 2015년 대학 친구 2명과 함께 '하이-플라이어(High-Flyer)'라는 헤지펀드를 설립했다. 그리고 컴퓨터 트레이딩에 딥러닝 기법을 선구적으로 적용해 펀드들을 만들어 갔다.

이 펀드의 자산은 약 11.5조 수준까지 늘어났다. 하지만 량원펑은 트레이더보다는 엔지니어로 인식되기를 더 선호했다. 그래서 결국 그는 AI 개발에 대한 신선한 시각을 가진 고도로 숙련된 팀을 구성하여 딥시크를 창업했다. 팀은 순수한 중국 국내파로 200명 수준이라고 한다. '선입견 없이 세상을 바꾸자'라는 사명감을 량원펑은 많이 강조하고 있다고 한다. 결국 딥시크는 딥러닝을 기반으로 한 투자 펀드 생태계에서 직접 AI 모델 개발이라는 신사업을 시작한 경우이다. 량원펑은 최근 "엔비디아의 독주는 단순히 한 회사가 노력한 결과물이 아닌, 전체 서방국의 기술 커뮤니티와 산업의 공동 노력에 따른 결과이다. 중국의 AI 발전 역시 이 같은 생태계가 필요하다"라고 이야기했다. 생태계의 발전이 전제가 된 기술 개발, 그리고 서비스와 제품 출시, 이를 뒷받침하는 좋은 인력이 새로운 사업을 만들어 갈 수 있는 기반이 된다.

16.3
AI로 바꾸는 K-스타트업 생태계 판

K-스타트업 생태계에서도 'Build'를 시도한다. 2024년 2월 과학기술정보통신부는 AI를 적용하고자 하는 중소, 중견기업들이 단기간 내에 최적의 AI를 도입할 수 있도록 지원하는 정부 과제를 발표하였다. 이는 AI가 필요하지만 회사 내부에서 AI 프로젝트를 진행하기에는 자금이나 인력 면에서 어려운 기업에게는 매우 좋은 정부 지원 사업이다. 그리고 인공지능 솔루션을 개발한 국내의 AI 솔루션 회사에게는 새로운 시장의 기회이며, 2024년 기준으로 작지만 2억 원이 넘는 매출을 실현할 수 있는 기회이기도 하다.

한국에서는 회사의 R&D 자금이나 특허, 시장조사, AI나 회계 시스템 구축 등은 정부 지원 사업을 통해 구축할 수 있다. 회사는 필요한 전체 금액의 10% 내외에서 자금을 부담하면서 회사 내에 필요한 시스템이나 기능을 마련할 수 있다. 그래서 많은 스타트업 대표들이 이러한 정부 지원 사업이 언제 신청이 가능한지, 신청하려면 필요한 지원서를 언제까지 작성해야 하는지에 대해 알아보느라 많은 시간과 에너지를 사용하고 있다.

필자는 스타트업 회사의 대표들이 본연의 제품 개발과 사업 전략을 구체화하는 데 에너지를 사용하기보다, 정부 지원 사업 신청에 시간과 에너지를 많이 사용하는 것을 매우 아쉽게 생각한다. 그래서 우리 생태계에 있는 AI 전문가와 AI를 통한 문서 제작 서비스의 새로운 사업을 준비하고 있다. 생태계 내에서 '문서 작업 AI 서비스' 상품을 출시하면, 대표들이 보다 많은 에너지와 시간을 본업에 집중할 수 있을 것이라고 생각한다. 물론 이미 시장에서는 플로우와 같은 제품들이 있다. 하지만 스타트업 회사와 소규모 회사를 틈새시장으로 정의하고, 이들에 맞는 문서 작업을 AI를 통해 하고자 한다. 특히 정부 지원 신청서와 투자 유치 IR 보고서를 구체적으로 제공하고자 한다. 이 서비스를 통해 스타트업 회사나 소규모 회사들이 진짜 중요한 일을 하였으면 하는 바람이 있다.

정부 지원 신청서라는 것이 대부분 신청 기업 현황, 정부 지원 사업의 취지 및 추진 목적, 시장 동향, 세부 추진 계획 및 일정, 효과, 사업비 소요 명세 등으로 구성된다. 그리고 프로젝트팀에 대해 누가, 어떤 역할을 하는지 기술한다. 신청서 중에서 신청 기업 현황은 대부분 일부 업데이트 부분을 제외하고는 내용이 거의 같다. 정부 지원 사업의 취지 및 목적은 신청서를 보면 알 수 있다. 그리고 시장 동향 및 효과는 정부 지원 사업의 취지에 맞추어 AI를 통해 준비하면 된다. 특히 시장 동향은 AI가 학습을 하게 될 데이터를 미리 지정하면, 이후 업데이트할 데이터만 AI에게 제공하면 된다. AI를 통해 모든 신청서가 만들어진다는 것은 아니다. 정부 지원 사업에 들어갈 보고서의 골격만이라도 만들어 참가 기업들에게 제공하겠다는 것이다. 그러면 참가 기업의 지원 신청이 매우 짧은 시간과 에너지로 가능해진다.

투자 유치를 위한 IR 보고서도 회사와 시장, 그리고 회사가 투자를 받아야 하는 목적과 금액, 목표 시장 및 주요 기술 분석, 주요 제품, 관련 법규, 실적 등으로 구성된다. 그리고 주요 임직원에 대한 설명이 뒤에 이어진다. 투자 IR PPT 보고서도 AI를 통해 정부 지원 신청서의 기본 골격을 만들어 보자는 취지와 같은 맥락이다. 정부 지원 신청서에서 학습된 데이터를 바탕으로 목표 시장과 기술, 법률적 변화에 대한 학습이 추가적으로 이루어지면 투자 유치 IR 보고서도 골격은 무난히 준비될 수 있다. 정부 지원 신청서의 데이터가 투자 유치 IR 보고서에도 공통적으로 이용된다.

필자가 생각하고 있는 AI 보고서의 내용은 보고서 골격을 준비하자는 것에 초점을 두고 있다. 예를 들어서 같이 일하는 팀원에게 "자료 좀 만들어 보세요"라고 하면 기본적으로 기대하는 것은 자료의 뼈대이다. 그 팀원에게 무언가 차별성이 있거나 뭔가 좀 독특한 큐레이션까지 요구하지는 않는다. 그래서 필자는 AI를 통한 보고서는 스타트업 회사와 소규모 회사 대표들의 업무를 많이 덜어 줄 것으로 생각한다. AI 보고서를 통해 골격이 만들어지면, 그것을 바탕으로 대표와 회사 내에서 좀 더 많은 콘텐츠를 넣고 거기에 뭔가 자기의 메시지를 넣는 것이 가능해진다.

한국에서 청년의 창업과 민간 투자와의 연계를 사회적 문제로 인식하고 임팩트 사업으로 진행하듯이, 이 과정에서 필요한 일을 AI를 통해 지원받도록 하자는 것이다. AI를 통해 반복되는 부분을 지원받을 수 있다면, 한국의 청년들은 본인이 바꾸고자 하는 사회의 모습에 집중하여 사업을 할 수 있다. hospitality를 구현하자는 것이다.

스타트업 회사의 대표가 본업보다 관련된 업무에 에너지를 소모하는 것에 안타까움을 느낀다. 관련된 업무라는 것은 앞에서 이야기한 정부 지원 사업 신청과 투자를 받을 수 있는 IM을 만드는 일 등이다. 이 외에도 크라우드 펀딩을 받는 방법, 나라장터에 등록하는 방법, 쿠팡 등에 등록하는 방법 등도 처음 해 보는 대표들에게는 매우 어려운 일이다. 점심도 못 먹으면서 이런 일을 대표들이 직접 한다. 대기업에서는 이러한 업무를 전문적으로 하는 직원이 있다. 그래서 자회사에 이런 업무가 필요하면 도움을 받으면 된다. 그러나 개별 멤버사에게는 그런 직원도 네트워크도 없다. 그런데 K-스타트업 생태계에서도 멤버사 누군가는 이런 경험을 가지고 있다. 그래서 이런 경험을 멤버사로서 다른 멤버사와 나눌 수 있다. 공유하면서 협업 기회를 찾아 나간다.

K-스타트업 생태계를 성장시키면서 느끼는 것 중의 하나가 너무 많은 비즈니스 기회가 보인다는 것이다. 보인다는 것은 그만큼 멤버사와 많은 고민을 같이 하고 있다는 것이다. 보이는데 그냥 지나가기가 아깝고 안타깝다. 그래서 우리가 이제는 시작하기로 결정했다. 이제는 수동적으로 회사를 찾아 나서는 것에서 벗어나 내가 먼저 투자가 될 가능성이 높은 회사를 3년 내에 만들기로 결정한 것이다.

Sorry Seems to Be the Hardest Words

〈Sorry Seems to Be the Hardest Word〉는 엘튼 존이 1976년에 발표한 곡이다. '어떻게 해야 당신이 나를 사랑할까요? 어떻게 내가 당신을 보호할 수 있을까요? 나에겐 미안하다고 말하는 것이 정말 어려운 일이에요'라고 노래한다. 그리고 2002년에는 영국의 R&B 그룹 블루가 엘튼 존과 함께 원곡보다는 조금 빠른 템포의 곡으로 녹음하였다. 블루의 멤버들은 모두 엘튼 존의 열성 팬이었다. 처음에는 엘튼 존이 블루에게 곡을 부르도록 허락하지 않을 것이라고 걱정을 했다고 한다. 그런데 엘튼 존은 피아노 연주까지 해 주면서 블루와 함께 노래를 불렀다.

필자는 생태계의 에피소드를 소개하면서 이 노래를 선택했다. 그리고 원래 제목인 'Sorry Seems to Be the Hardest Word'에서 Word를 복수로 바꾸어 소제목으로 하였다. 그래서 Words가 되었다. 필자는 멤버사에게 더 많은 혜택이 돌아가기를 원한다. 그러나 그렇게 못 해 주는 미안함이 많다. 그래서 Words로 대신 표현한다.

운영자금 지원은 조금만 미루어야 할 것 같아요

필자는 생태계에 참가한 멤버사에게 인력과 자금에 대해서 필요한 것들을 지원하면 좋겠다고 생각한다. 생태계에 참가한 거의 모든 회사는 만나서부터 운전자금을 도와 달라고 이야기한다. 심지어 돈이 얼마나 많아서 이런 생태계를 만들었는지 궁금하다고도 한다. 그러면서 돈이 많을 것이니 운전자금을 도와달라고 한다. 도와달라고 하는데, 듣고 나서 이를 거절하는 것은 너무 힘들다. 모든 멤버사의 대표들은 각자 스토리가 있다. 가까운 미래에 유니콘 기업이 된다고 믿는다. 하지만 현재는 개인적으로 어려움도 있다. 자존심을 살려 주면서 함께하고 싶다. 이때 가장 좋은 방법이 필요한 운전자금을 도와주는 것이다. 고기 잡는 방법보다 고기를 잡아서 주는 것이다.

대기업의 지주회사는 계열사들이 신규 사업을 할 때 필요한 자원인 인력과 자금을 도와주면서 그룹을 키워 나간다. 그래서 인력에 대해서는 레이어 2의 전문 서비스나 멤버사들이 보유하고 있는 인력을 활용하는 방법이 이용되고 있다.

그러나 운용자금 지원에 대해서는 결국 나중으로 추진 일정을 연기하게 되었다. 갑자기 결제를 해야 하는데 단돈 500만 원이 부족해서 입이 마르는 대표를 도와주는 방법으로 생각한 것이 운전자금 지원이다. 그것도 담보 없이 운용자금의 대출을 지원하는 것이다. 대기업처럼 매출이 있어서 신규 사업이나 자회사가 필요한 자금을 지원할 수 있는 구조가 있다면 운전자금 지원은 가능하다. 그러나 K-스타트업 생태계는 지금 시작했다. 그래서 내부에서 자금을 마련하기까지는 지원을 할 수 있는 자금을 마련하는 방법이 필요하다. 그래서 생각해 낸 것이 조합과 같은 기금을 마련하는 것이었다.

각 기업이 매달 몇십만 원을 내서 기금을 마련한다. 그리고 이를 운용위원회의 간단한 결정을 통해 지원하게 된다. 만일 사금융을 이용한다면 먼저 수수료로만 10%를 내야 한다. 금리를 부담하는 조건이라면 15% 가까운 부담이 있다. 모두 너무 큰 부담이다. 카드 한도론이나 현금서비스를 받을 수 있다. 하지만 그러면 바로 대표의 신용도가 떨어지고 나중에 받을 수 있는 정부 지원 대출에 제약이 될 수 있다. 그래서 생태계에서 운용자금을 지원하자는 것이었다.

그런데 운전자금 지원은 당장 시행하기에는 어렵다고 생각했다. 그 이유는 생태계에 참가하는 소규모 회사들이 지금도 자금이 부족한데 매월 소액이지만 계속해서 돈을 내야 하는 것에 대한 부담을 느끼기 때문이다. 즉, 무담보로 대표가 당장의 대금 결제를 위해 필요한 자금을 지원해 주는 효익에는 모두가 좋아하지만, 본인이 매월 자금을 내야 하는 것에는 많이 부담을 느낀다는 것을 알게 되었기 때문이다.

나무에게 가뭄이 약이 될 수 있다고 한다. 가뭄이 오면 나무의 뿌리가 일을 많이 해서 뿌리가 멀리 가고 더 탄탄해진다고 한다. 인간이 운동을 해서 근육을 키우는 것과 같다. 멤버사의 개별적인 자금 어려움은 비공식적으로 해결해 주고 있다. 하지만 생태계 멤버사들에 대한 공식적인 지원 시스템으로는 잠시 미루는 것이다.

필자가 멤버사들이 필요한 운영자금에 대한 이야기를 하면서 마음속에 가지는 소망이 있다. 'We can face tomorrow'이다. 해석을 하면 내일을 바라볼 수 있는 '소망'이다. 생태계가 조금만 더 성장을 하면 운전자금을 지원할 수 있는 힘이 생긴다는 소망이다.

가수 변진섭의 〈너에게로 또다시〉라는 노래에 다음과 같은 내용이 있다. '때로는 아무런 말 없이, 때로는 모진 말로 상처를 주며 사랑하는 사람을 보낸다. 하지만 사랑하는 그녀는 부족한 나 자신의 방황과 어려움을 변함없는 따뜻한 눈으로 지켜봐 주었다. 이제 다시 사랑하는 그녀에게 나는 돌아왔다. 하지만 사랑하는 이에게 돌아오기까지 너무나 많은 시간이 지났다. 이제 나는 사랑하는 그녀와 죽을 때까지 함께할 것이다.' 사랑하는 그녀가 운전자금 지원이다. 회사가 전부인 대표가 운전자금을 조금만 도와달라고 하는데, 형평성과 부족한 자금으로 이유 여부를 떠나 거절했다. 대표를 너무나 외롭게 하는 상황이다. 하지만 생태계를 지키며 시간이 지나서 기금을 마련하게 되면 공식적으로 다시 운전자금 지원을 시작할 것이다.

골든타임은 죽음에 이르는 것을 방지하기 위해 생사의 갈림길에 선 환자의 목숨을 구할 수 있는 제한된 시간을 뜻한다. 골든타임 내에 다시금 운전자금 지원이 시작될 것이다. 운전자금 지원을 위해서는 생태계의 성장과 협업이 절대적으로 필요하다. 그리고 웃으면서 공식적으로 생태계의 운전자금의 어려움을 해결할 수 있는 날을 기대한다.

Joyful EPIC을 기대하며

영화 〈모스트〉는 30분 정도 되는 체코 단편영화이다. 영화의 제목인 'MOST'의 의미는 영어로는 '대부분'의 의미이지만 체코어로는 '다리'라는 뜻이다. 내용은 이렇다. 한 아버지와 아들이 나온다. 아버지는 다리에서 배나 기차가 지나갈 때 문제가 없도록 다리를 올려 주거나 다시 내려 주는 일을 한다. 하루는 아들이 아빠가 일하는 모습을 보고 싶다고 해서 아빠와 함께 일터로 오게 된다. 함께 오면서 "1시간 후 기차가 오면 다리를 내리기 위해 같이 레버를 당기자"라고 구체적으로도 이야기했다.

기차가 오기 전에 배가 지나간다는 연락을 받은 아버지는 다리를 올린다. 그러고는 기계를 수리한다. 이때 저 멀리서 빨리 기차가 달려온다. 기차 운전사가 멈추라는 신호를 보지 못했던 것이다. 그런데 다리 옆에서 낚시를 하던 아들은 달려오는 기차를 발견한다. 아버지를 불러 보지만 답변이 없다. 그래서 아들 본인이 다리로 달려가서 기차가 사고 없이 지나가도록 손으로 레버를 당기려 한다. 그런데 레버를 올리려 하지만 몸과 팔이 짧아서 레버가 있는 아래 공간으로 떨어진다. 이제야 아버지는 기차가 오는 것과 아들이 빠진 것을 알게 된다. 가혹한 운명 앞에 아버지의 결정이 이루어진다. 아들인가 기차 안 사람인가? 결국 아버지는 내 품 안의 아들을 포기하고 기차 안에 있는 모르는 사람들을 선택한다. 그래서 다리를 내리게 되고 아들은 죽게 된다.

영화는 묻는다. "당신이라면 아들을 살릴 것인지, 아니면 모르는 기차 안 사람을 살릴 것인지?" 아버지로서 고민해야 하는 갈등이다. 하나님과 같은 이 아버지는 아들의 죽음으로 많은 사람들을 살렸다. 영화 속에서 아버지는 지나가는 기차를 보며 절규한다. 이 아버지는 어린 아들을 포기하면서 기차 안 사람들이 새로운 삶을 살아가기를 바란다. 가령 마약에 빠져 있던 여자가 기차에서 내려서는, 마약을 끊고 건강한 가정을 꾸리고 살아가는 것처럼 말이다. 그러나 필자가 이 아버지의 입장이라면 아마도 내 품 안에서 웃던 아들을 살릴 것이다. 내가 비록 공적인 업무를 하다 많은 사람들이 죽고 내가 그 책임으로 감옥에 가더라도 나는 내 아들을 살렸을 것이다. 나는 하나님이 아니다.

얼마 전 MBC의 〈질문들〉이라는 시사 프로그램에서 백종원 대표와 손석희 아나운서 사이에 백종원 프랜차이즈 가맹점이 제기한 프랜차이즈 본사의 가맹점에 대한 매출 보장이라는 이슈에 대한 대담이 있었다. 이때 백종원 대표가 한 이야기가 생각이 난다.

"명동과 강릉에 있는 분식집에서 라면을 팔아요. 그리고 라면 봉투 뒷면에 레시피와 조리 방법이 나와 있어요. 그런데 분식집마다 라면 맛은 동일하지 않지요. 넣은 물의 양이 다를 수 있고, 온도가 다를 수 있어요. 그래서 모든 가맹점에게 본사가 이야기하는 맛을 보장하라는, 매출을 보장하라는 말은 너무 힘든 이야기예요."

동일한 라면을 사서 프랜차이즈 분식집을 해도 맛은 다를 수 있다. 프랜차이징 본사에서 제공한 레시피와 조리 방법 그대로 음식을 만들었는데 매출이 떨어졌다는 결과가 나왔다고 한다. 필자가 여기서 프랜차이징 본사와 가맹점 입장을 평가하려는 것은 아니다. 다만 이러한 플랫폼을 운영하는 입장과 가맹한 점주 사이에는 갈등이 언제나 존재할 수밖에 없다는 현실을 이야기하고 싶다. 원인 분석을 통해 상처를 주지 않으면서 해결책을 찾고자 하는 것은 방법론으로 맞다. 하지만 현실에서는 갈등의 조정을 부드럽게 해야 하는 것이 해결 방법이라고 생각한다.

생태계에 있는 참가 기업들은 본인의 회사가 생태계를 통해 도움을 받기를 원한다. 하지만 내가 남들보다 조금 더 받기를 원하는 것이 맞는 말 같다. 시너지 효과가 크고 멤버사의 내부 자금 사정이 어려워지면 조금 더 받기를 원하게 된다. 그런데 '조금 더'라는 작은 생각 차이가 생태계의 갈등을 만들 수 있다. 생태계에 있으면서 내 회사의 이익을 일부 나누는 것은 윈윈하는 방향에서 받아들일 수는 있다. 하지만 단기적이지만 손해까지 부담하면서 생태계에 있는 다른 파트너에게 요구하는 것은 너무 나간 것이라 생각한다. 생태계 내의 활동을 활성화하려는 필자 입장에서는 매우 안타까운 상황이다. 필자에게 K-스타트업 생태계는 내가 낳은 아들과 같다. 지금 시점에는 참가 기업을 더 늘리고 생태계를 활성화하는 것이 중요하다. 그렇지만 멤버사들에게는 자신의 아들인 자신의 회사가 더 중요하다.

가난했던 어린 시절을 보낸 사업가가 있다. 이 사업가는 어린 시절 살림이 어려워서 3남매가 한방에서 생활을 했다. 그런데 고3이 되면서 혼자 공부할 수 있는 방이 있었으면 하는 소망이 있었다. 공부를 좀 더 하고 싶은데 다른 형제자매 때문에 할 수가 없었던 것이다. 그런데 갑자기 방이 3개인 연립주택으로 이사를 하게 되었다. 고3 수험생에게 마음껏 공부할 수 있는 방이 생긴 것이다. 얼마나 Joyful 했을까? 아마도 이를 마련해 준 부모님도 고3 수험생의 기쁨을 보고 more Joyful 했을 것이다. 광야와 같은 삶의 궤적을 가지고 살아온 삶의 기적을 경험한 세대의 대표

이야기다.

그런데 이러한 이야기를 본인의 회사 내 젊은 직원에게 이야기한 적이 있었다. 젊은 세대의 대부분은 냉장고 안에 부족함이 없는 시대를 살고 있다. 여행을 가면 맛집을 검색하는 그런 세대이다. 이런 젊은 직원에게 마지막에 느낀 것이 있냐고 질문을 했다고 한다. 그러자 이 젊은 직원이 이런 말을 했다고 한다. "공부를 하려면 독서실에 가면 되지 않나요?" 돈이 있으면 독서실을 가겠지만 돈이 없어서 살기가 어려웠던 시절을 살아왔던 사람과, 풍족에 적응하고 있는 젊은이들 사이에는 의도하지 않지만 다른 점들이 많다. 그리고 이런 삶의 다른 배경이 원하지 않는 갈등의 원인이 될 수 있다. 서로 다른 경험을 가진 사람들이 만나면 문제의식과 솔루션을 찾아가는 데 어려움이 있을 수밖에 없다.

갈등은 소통으로 해결한다는 말이 있다. 너무 당연한 이야기지만 너무 중요한 이야기이다. 멤버사들의 이해관계를 조율한다는 것은 누군가는 공감 능력을 가지고 끝까지 겸손과 긍휼로 기다려 주어야 한다. 경제적 이해관계에 있어서는 참가 기업 각자가 물러나기 어려운 것이 사실이다. 윈윈한다고 하지만 이제는 생태계 내에서 서로가 조금씩 자신의 역할을 하면서 서로를 도울 수 있음을 기본으로 해야 한다. '나는 내가 부족한 것을 안다. 하지만 많은 은혜 속에 현재까지 살아남았다. 그래서 이제는 우연이 아닌 내가 부족한 것을 보완해 줄 파트너, 이미 성공했다는 삼겹줄을 잡기를 원한다'라는 생각의 전환, 피보팅이 필요하다. 설득과 소통으로 우상향하는 협업 모델이 필요하다.

레거시적인 방법이지만 효과적인 소통의 방법이 있다. 만나서 밥을 먹거나 폭탄주를 3잔 마시면 보약을 먹는 것처럼 바로 문제에 대한 해결 방안을 찾을 수 있다. 오해와 갈등이 접점을 찾기 위함이다.

만일 손흥민 선수가 뛰는 경기를 당일에 보지 못하고 다음 날에야 녹화된 경기를 본다고 해 보자. 경기 중 아나운서는 경기를 뛰는 선수에 대해 논평을 한다. 저걸 못 넣느냐, 몸이 무거워 보인다, 수준이 너무 형편없다 등등. 보면서도 아나운서의 비판적인 멘트에 속이 상하게 된다. 그러나 뉴스를 통해 손흥민 선수가 골을 넣어 팀이 승리했다는 것을 미리 알고 재방송을 본다면 어떨까? 승리한 것을 알고 있기 때문에 조그마한 실수는 담대하게 넘어갈 수 있다. 이런 믿음이 우리에게는 필요하다.

고난과 갈등은 거인처럼 언제나 나를 둘러싸고 다시 또 올 것이다. 오늘의 갈등과 고난은 늘 있다고 인정해야 한다. 우리는 K-스타트업 생태계의 멤버이다. 그래서 우리는 'Joyful EPIC'을 만들 수 있다. 역사를 만들기 위해서는 투자에 성공을 해야 한다. 투자를 받기 위해서는 생태계 내에서 많은 협업을 통해 매출을 일으키고 BM을 피보팅해야 한다. 지겹도록 많이 참가 기업들과 만나야 한다. "실패는 복수할 수 있지만 성공은 복수할 수 없다"는 말이 있다. 우리는 실패를 투자받지 못하는 것으로 정의하였다. 갈등을 넘어야 믿음을 가지고 Joyful EPIC을 만들 수 있다.

16.4
K-스타트업 멤버사들, 다음 주자는?

케이스스타디라는 협업 생태계에 있는 주요 멤버사에 대한 이야기이다. 이론이 아닌 살아 있는 생태계가 존재한다. 스타트업 기업은 민간 투자를 받는 회사로 피보팅되기 위해 현장에서 성장을 해야 한다. 성장을 하면서도 매출이나 비용을 더 줄일 수 있어야 한다. 이러한 목적에 부합하는 것이 멤버사 사이의 협업이다. 협업을 위해 스타트업 회사와 소규모 기업을 멤버사로 초대하였다. 현재의 안정된 매출 이외에 새로운 사업을 하고 싶은 소규모 기업이, 신규 사업의 위험을 줄이면서도 매출 실현까지 가능한 것이 협업이다. 그래서 스타트업 회사끼리만으로는 협업의 영역이 부족하여서, 소규모 회사가 협업을 하기 위해 초대된 것이다. 여기서는 현재 10개 멤버사 중에서 한소닉 멤버사를 대상으로 하여, 한소닉에 대한 소개와 더불어 K-스타트업 생태계 내에서 이루어지고 있는 협업 내용도 함께 소개한다.

한소닉, 산업용 식기세척기 회사의 AI 피보팅 사례

협업 생태계에는 한소닉이라는 기업이 있다. 한소닉은 2004년 설립된 산업용 식기세척기 제조/도매 업체이다. 하지만 이 한소닉이라는 회사의 뿌리는 1979년 설립된 한국 최초 식기세척기 기업인 한일초음파이다. 한일초음파는 자동 식기세척기를 국내 최초로 표준화시킨 기업이기도 하다. 그래서 한소닉은 식기세척기 및 주방 설비 업계에서는 한일초음파의 적자로서, 상업용 식기세척기 전문기업으로의 정통성을 가지고 있다.

한소닉은 상업용 식기세척기의 제조·판매를 주요 사업으로 하고 있다. 식기세척기는 크게 가정용과 상업용으로 나뉘는데, 가정용 식기세척기는 일반적인 가정 등에서 사용할 수 있는 소형 전자제품 형태의 제품이다. 이에 비해 상업용 식기세척기는 초중고, 공공기관, 병원, 기업체 등 단체 급식시설에서 많은 양의 식판, 식기 등을 세척하는 데 사용하는 대형 자동화 복합식 세척기이다. 다음 그림이 한소닉이 제작 판매하는 세척기 제품이다.

한소닉은 외주 가공 없이 자체적으로 직접 생산이 가능한 첨단 설비를 보유하고 있고, 전국적으로 11개 서비스센터 네트워크를 구축하고 있다. 특히 제품의 설계에서 설비 제작에까지 필요한 연구 인력 및 해외 벤치마킹 체계도 가지고 있다. 그래서 한소닉은 한국의 상업용 세척기 시장에서 기술력 기준으로 보면, 매우 강력한 시장지배력과 소비자의 재구매력을 가지고 있다.

아직 한소닉은 투자를 받고 있지 않다. 그리고 같은 업종의 '뽀득'이라는 회사가 있다. 2023년 9월에는 투자가 매운 시기였다. 그런데 뽀득은 180억 원의 시리즈 B의 추가 투자를 완료했다. 이로써 창업 6년 만에 555억 원의 투자를 유치하였다. 과연 두 기업의 차이는 무엇일까?

뽀득은 2021년 1월 식기 렌털 및 세척 스타트업 회사로 시작하여 시리즈 A 35억 원의 투자를 유치하였다. 당시 뽀득은 식기세척기가 없는 주방을 위한 식기 렌털과 세척 서비스를 주요한 메시지로 선언하였다. 사업장에서 뽀득의 식기를 사용한 후 뽀득의 수거 박스에 넣어 두면 뽀득은 약속된 시간에 이를 수거해 세척한 후 다시 깨끗한 식기를 매일 제공하는 것이다.

2023년 9월 현재 뽀득은 2,000여 개 기업과 사업장에 하루 35만 개 이상의 식기를 공급하고 있다. 지금까지 7,000만 개가 넘는 식기를 세척했다. 경기 광명과 화성, 파주의 5,400평 규모 스마트 팩토리에서 식기를 세척해 각 사업장으로 공급하는 방식이다. 이러한 생태계에서 유치원과 어린이집, 학교, 병원, 공공기관 등의 고객에 대한 데이터를 확보할 수 있다. 이러한 점 덕분에 세척기 시장에서 다른 업체와의 차별화에 성공한 것으로 판단된다.

한소닉은 세척기 시장을 바탕으로 안정적인 영업 현금 흐름을 보이고 있다. 하지만 이제 피보팅하고 있다. 환경 사업을 추진하고 있다. 이를 통해 투자 유치를 하려고 한다. 투자를 받으면 환경 분야의 개발과 더불어 세척기 시장에서의 친환경 제품 개발을 할 수 있다. 현재 한소닉은 세척기 시장에서 기술과 개발 능력에 있어 국내의 대형 경쟁사에 비교하여 단연 우위에 있다. 이제 환경 관련 투자를 성공시켜 2023년 이후 진행하고 있는 환경 및 저탄소 제품들을 완성하고자 한다. 이를 통해 최소한의 세제를 사용하게 하고 전기 사용량을 30% 이상 절감하는 제품을 개발할 것이다. 환경기술형 ESG 기업으로 한소닉은 피보팅하고 있다.

아래 그림은 한소닉의 피보팅 전략을 보여 주고 있다.

한소닉은 고객 분석과 더불어 자체 생산 및 AS 현장을 연결하는 AI 플랫폼 개발을 지속적으로 해 오고 있다. 가령, 삼성 및 LG가 전자제품에 인공지능이나 IoT 기술을 접목한 사례라든지, 바디프랜드처럼 IoT 및 인공지능을 접목하여 체형에 맞게끔 마사지를 해 주는 사례 등과 같은 전략이다.

한소닉도 세척기에 대해 여러 고민을 가지고 있다. 그중 한 예가 고장 관련 문제이다. 조리실에 있는 조리사분들이 본인들이 세척기 작동을 잘못해 놓고 고장이 아니냐고 묻는 경우가 있다. 기계 결함이 아닌 경우가 많아서, 그런 경우에 사진을 찍어서 보내게 하거나 핸드폰 영상으로 한번 보여 달라고 부탁을 한다. 그러다 보면 그냥 전화로 대응해서 할 수 있는 것이 대부분이고, 사용 방법을 다시 한번 알려 주는 형태로 마무리한다. 그리고 작동을 할 수 있는 상황에서도 작동 방법을 잘 몰라서 질의한 경우도 많다. 당장 식사를 준비해야 하는 조리사 입장을 생각해서 한소닉 입장에서는 불필요하더라도 현장까지 방문한다. 결과적으로는 조리 종사원들이 고맙다고 하고 마무리되지만, 이를 네트워크 마케팅 정도로 생각하기에는 한소닉 입장에서는 시간이나 비용에서 부담이 크다.

그래서 이런 고객들의 불편함을 원격으로 해결할 수 있을까를 늘 고민해 오고 있다. 고객이 불편한 것들에 대한 유형 분석을 해서 체크리스트를 알려 주는 방식 등이다. 그래서 체크리스트 확인이 되면, 방문이 필요 없게 되기도 하고 고장이 확실해지면 고장에 대해 어떻게 대처하면 되는지에 대해 필요한 절차나 연락처 등을 바로 전달해 준다.

세척기도 내부에 부품들이 있고, 이런 부품들은 설치 이후 본연의 기능이 점차 떨어지는 것이 일반적이기 때문에 소모품 교체 주기를 알려 주어야 한다. 그리고 세척기는 어찌 되었건 간에 위생 제품이기 때문에 청소 주기를 알려 주어야 하고, 물 온도나 세제량 등에 대한 센싱(sensing)을 조절할 수 있어야 한다.

한소닉의 고객은 학교나 군부대, 병원이다. 가장 중요한 것이 학생이나, 군인, 환자들에게 제공된 식기가 잘 세척되어 다음 식사 시간 이전에 깨끗이 준비되어야 한다는 것이다. 그런데 만일 설치된 세척기가 잘 작동이 되지 않으면 조리장에 있는 분들은 매우 불편하게 되고, 만일 고장이 나면 다음 번 식사 제공을 위해 식기 세척을 수작업으로 해야 한다. 이러면 안 된다.

2024년 2월 현재 한국에서 급식 시설에 AI를 접목한 회사는 많지 않다. 로봇 조리기 정도이다. 그러니 세척기에 AI를 접목한 회사는 아직 없다. 현재 한국에는 10개 정도의 회사가 식기세척기를 공급하고 있다. 그래서 한소닉이 가장 먼저 AI 기술을 접목하고 싶어 한다.

2024년 2월 과학기술정보통신부는 AI를 적용하고자 하는 기업들에게 AI를 도입할 수 있도록 하는 바우처 사업을 발표하였다. 그래서 한소닉은 이번 정부 지원 과제에 지원했다. 지원 준비를 하면서 생태계에 참여하고 있는 AI 관련 레이어 2 전문가들과 협의를 하였다. 이때 공유되었던 의견들은 한소닉이 진행하고자 하는 정부 지원 사업뿐만 아니라 한소닉의 피보팅을 위한 중요한 의견이 되었다.

- 정부 지원을 신청하는 경우 한소닉만의 효과를 강조하는 것 이외에도 사회적인 임팩트를 추가로 기술함으로써 다른 정부 지원 사업과의 연계 및 효과 제고를 강조할 수 있음.
- AI를 가지고 활용도를 확산할 수 있는 측면에서 한소닉뿐만 아니라 관련 업계에도 좋은 결과를 얻을 수 있다는 부분이 강조되는 것이 바람직함.
- 조리 종사원의 수가 매우 부족한 상황에서 부족한 인원을 AI가 대체할 수 있는 영역임.
- 제조업 공장들을 보면 스마트 팩토리를 적용하면서 공장 자동화를 추진하고 있고 이제는 병원들도 모든 프로세스를 자동화하고 있으니, 급식의 자동화에 맞추어 자동 식기세척기에 AI 기술을 접목할 필요가 강해짐. 이를 위해서는 다른 설비나 시설과의 연관된 데이터의 구축도 필요함.
- 한소닉은 기존에 제조, 판매되고 있는 자동 식기세척기에 AI 기반의 스마트 고장 진단 및 알림 시스템을 플러그 인 시킴. 이를 통해 고장 가능성이 AI에 의해 인지되면, 사전에 현장에서 일하는 조리 종사원들에게 알려 주는 서비스를 이번에 도입하고자 함.
- 현장 이외에도 11개 전국 AS 센터에서 관리하고 있는 자동 식기세척기에도 Early warning을 AI 솔루션으로 구현. 인공지능 솔루션으로 자동 식기세척기에 자가 진단 프로토콜을 도입하고, 시각적 및 음성 안내 메커니즘을 자동 식기세척기에 적용.

그동안 한소닉이 고장 관련 데이터 및 사례를 축적하고 있었기 때문에 아마도 이런 AI 서비스를 갖추게 되면 한소닉은 회사 경영을 보다 효율적으로 할 수 있을 것으로 보인다. 가령 매출액 대비 3% 수준인 고장 수리 비용을 AI 솔루션을 도입한 2025년에는 2.5%로 관리하고자 한다. 이는 자동 식기세척기에 설치된 센서 노후화 및 부품 고장으로 현장에 방문하여 수리하는 관련 비용을 사전에 줄일 수 있기 때문이다.

세척기 분야에 있어 독일, 이탈리아, 일본 등은 한국보다 앞서 제품을 개발하여 세계 시장을 선점하고 있다. 하지만 고객의 입장에서 손쉽게 대응할 수 있도록 원격으로 원인 분석 및 해결책을 찾아낼 수 있는 시스템을 구축하게 되면 한소닉도 글로벌 세척기 시장을 선점할 수 있는 절호의 기회가 올 것으로 판단한다.

17

우리에게 아직 남아 있는 것들

17.1
방송국 선배 PD의 그리움

필자가 방송국에서 30년 가까이 근무한 분을 만났다. 그분을 통해 방송국이 30여 년 동안 어떻게 변화해 왔는지에 대해 들을 수 있었다. IMF 사태 이전에는 야근도 많이 했다고 했다. 더 열심히 했던 이유는 월급 때문만이 아니었다. 내가 열심히 한 것에 대한 결과물 때문에 뭔가 윗사람들이 계속 나에 대해서 좋은 평가를 하게 되고, 이러한 기대가 더 열심히 하게 하는 분위기가 있었다고 한다.

그러면서 선배 PD의 그리움을 다음과 같이 이야기해 주었다.

"제가 드라마로 입사했는데, 일반적으로는 드라마국에서 5~6년 일을 하게 되면 이제 AD(Assistant Director, 조연출)를 끝내고 주말 연속극을 하든지 해요. 차례가 돌아가면서 이런 과정을 하는데, 한 2명 정도가 프로그램을 안 하는 거예요. PD(Producer, 방송연출가)인데 아무 일을 안 하고 있는 거예요. 근데 나중에 보니까 방송국에서 이 사람은 그걸 할 능력이 안 되는 사람이라고 평가가 끝났던 거예요. 그런데도 당시에는 그런 선배들도 계속 같은 부서에서 일을 하는 분위기가 있었어요. 그런데 그 선배가 의외로 그 부서에서 역할을 하는 경우가 있더라고요. 왜 그런가 봤지요. 뭘 하냐 하면 체육대회를 하게 됐는데, 이 선배가 프로덕션이나 연기학원 이런 데 전화해서 협찬을 받아 오는 거예요. 누구도 하기 어려운 일인데 이 선배는 그게 가능한 거예요. 물론 지금 보면 하면 안 되는 일이지만 말이지요."

'프로그램도 못하는 섭외부장은 월급 도둑이 아니냐?'라고 생각하는 사람들이 있었지만 그럼에도 불구하고 그때는 그 사람을 방송국에서 지켜 줬다고 한다. 부서마다 한 두세 명 정도였다고 한다. '월급 도둑이라고 하더라도 너는 우리 식구니까. 넌 좀 모자라지만 식구니까 같이 가는 거야'라고 다들 당연하게 생각했다는 것이다. 그리고 심지어는 가끔 프로그램도 만들도록 하기도 했다고 한다.

그러나 요즘은 그런 게 없다고 한다. "얄짤없죠"라고 이야기했다. 그러니까 결국은 조직이 사람을 지켜 주지 않는 것을 보고, 다들 나도 그럴 수 있겠다고 현실을 알게 된 것이다. 심지어 이제는 내가 잘해도 어느 순간 삐끗하면 나도 아웃될 수 있다는 긴장감을 가지고 있다는 것이다. 과거에는 사명감이 강했는데 이제는 모든 것이 돈 받고 계약으로 묶여 있다고 강하게 느낀다는 것이다.

공공의 영역과 자본주의 영역에서 공공의 서비스를 극대화할 것이냐, 주주가치를 극대화할 것이냐는 필자가 교과서에서 공부했던 내용이다.

그런데 한국 사회가 급격하게 자본주의 시스템을 추구하면서 방송국과 같은 공공 영역에도 자본주의의 적용이 큰 화두가 되었다. 그래서 공공 영역에서도 경영을 어떻게 해야 되느냐에 대해 많은 시도가 일어났다. "삼성이 유명하네. 삼성은 인사 관리를 어떻게 하는데 그렇게 잘하는 거야?" 그래서 방송국의 경영층이나 노무나 인사 측 사람들이 삼성처럼 뭔가 직원을 관리해야 되겠구나 하고 삼성 시스템을 방송국에도 적용하기 시작한 것이라고 한다. 이러한 경영 방식의 변화가 방송국에서 인간다움을 그나마 지킨 선배 PD 문화를 사라지게 했다는 것이다. 경영의 효율성을 나쁘다고 하는 것은 아니었다. 하지만 가끔 과거의 인간적인 선배가 그리워진다고 한다. 낭만적인 레거시에 대한 그리움이 있는 것이다.

17.2
욜로(YOLO) 인생과 공무원

사기업은 그나마 성과 관리가 명확하다. 그러나 공무원들의 인사 발령은 반드시 성과에 연계되어 있다고 볼 수 없는 면이 있다고 한다. 그래서인지 성과 평가와 함께 이루어지는 인사 발령에서 발탁 인사가 과연 맞는 것인가에 대한 공무원 내부적인 논쟁이 있다고 들었다. 필자는 《굿바이 레거시》에 대한 이야기를 공무원들과 나누다가 각기 다른 두 가지 이야기를 듣게 되어 이를 소개한다.

먼저 한 분의 공무원과 나눈 이야기이다. 해당 공무원이 일하고 있는 지방 정부에는 베이비 부머들이 은퇴하면서 매년 10명씩 승진하던 것이 최근 들어 40명씩 승진해야 하는 상황이 되었다고 한다. 그러면서 발탁 인사라는 기회가 넓어지게 되었다. 승진을 많이 할 수 있다는 것은 승진을 기다리는 내부 공무원 입장에서는 좋다. 하지만 가끔 외부 인력이 높은 지위로 공무원이 된다. 외부 인력 발탁은 기존의 방식대로 승진해 온 사람 입장에서 보면 황당한 것이 된다.

선거직 시장님이 새로 오셨다. 그리고 시장님은 본인 생각으로 대선의 꿈이 있다. 그러면 시를 위해서이기도 하지만 대선을 위해서는 여러 정책을 개발하고 준비해야 한다. 예를 들어 해당 지자체의 경제를 어떻게 활성화할 것인지에 대해서도 정책을 만들지만, 저출산에 대해 어떻게 해야 하는지에 대한 국가적인 정책도 만들고 싶어 한다. 물론 지자체를 위해 경기를 살리고 인구 소멸과 저출산은 당연히 준비되어야 한다. 그런데 지자체의 범위를 벗어난 정책도 자연스럽게 준비가 진행된다.

이때 정책을 준비를 하는 과정에서 발탁 형식으로 외부 인력을 채용하게 된다. 그러면 기존 공무원 사회에 작은 파장이 일어날 수 있다. 이를 바라보는 공무원들은 '아니, 이건 아니지. 지금까지 묵묵히 일을 해 온 우리들처럼 발탁이 아닌 공개 경쟁 형식이 맞는 것 아닌가?'라고 의구심을 갖게 된다. 물론 공개적으로 이야기할 분위기는 아니다. 시간이 지나 시장님이 떠나면 발탁된 사람들도 지자체를 떠날 것이다. 어쩌면 이러한 외부 발탁은 '먹튀'일 수도 있다.

모든 일이 이해가 되면 같이 일하는 사람은 좋은 사람이고, 이해 안 되면 나쁜 사람이 된다. 시장님은 본인의 시정에 대한 뜻을 모든 사람이 이해할 거라고 생각하고 외부 인사 발탁을 할 것이다. 그런데 만일 공무원들이 이것을 이해를 못 하고 구시렁거리는 것을 시장님이 알게 된다면 시장님은 불쾌할 것이다. 그래서 힘이 없는 공무원들은 불쾌하고 자존심이 상하지만 말은 못 한다. 특히 어쩌면 비선 라인이라고 할까, 이런 라인을 통해 외부 발탁이 되는 것이 불쾌할 뿐이다. 재미있는 것은 이때 정무적 감각이 있는 고위 공무원들은 시장님의 생각을 읽고 눈치껏 갈아타기를 한다는 것이다.

다른 지방 정부의 공무원을 만났다. 최근 승진했는데 이제는 이야기하면서 시장님을 사장님이라고 부르는 것을 보았다. 이것을 보고 회사의 임원과 같다는 생각이 들었다. 조직의 보호라고 할까, 무언가 로열티가 있다는 생각이 들었다. 외부에서 만나서 이야기하는데 시장님이라는 단어를 쓰면 주위 사람들이 그가 공무원이라는 것을 금방 알 수 있기 때문이다. 사적인 자리에서 공무원 신분을 드러내는 단어를 사용하면서 공무원 사회를 보호한다는 것은 매우 어렵다. 일반적으로 부정적인 이야기가 나오게 마련이다. 그래서 원천적으로 회사의 용어로 바꾸어 이야기하는 것이다. 경험이 만든 작은 지혜라고 생각했다.

욜로(YOLO)라는 말이 있다. 욜로는 'you only live once'라는 말이다. 한 번 사는 인생이니 하고 싶은 것은 다 하자는 의미로 젊은이들 사이에 많이 이야기되는 삶의 방식 중의 하나이다. 욜로는 인생을 최대한 누리고 살자는 의미를 가지기 때문에 그러한 삶의 방식에서 오는 위험까지도 받아들일 수 있다는 것이다. 실제로 욜로는 최근 자주 언급되지만 실제로는 18세기 괴테도 자신의 문학 작품에서 "사람은 인생을 딱 한 번만 살 수 있다"라고 표현할 정도로 오래전부터 있었던 것으로 보인다.

하지만 젊은이들의 욜로에 대한 비판도 있다. 미래를 위한 계획이 부족하다는 것이다. 아무리 현재의 삶이 중요하다고 해도 어느 정도는 미래를 준비해야 한다는 것이다. 현재의 순간과 감정을 위해, 저축 대신 맛집 탐방과 해외 여행에 모든 돈을 소비하던 40대 욜로족인 솔로의 글이 최근 화제이다. 그녀는 30대에 열심히 돈을 모으고 결혼을 했던 친구들의 삶이 이제는 부럽다는 것이다. 현재의 삶을 중요시하면서 미래를 준비한다는 것이 어쩌면 같이 갈 수 없는 것처럼 보인다 해도, 현재와 미래를 같이 추구하는 것이 지혜 있는 방법이다.

50대 공무원들은 "젊어서 고생은 사서도 한다", "알을 깨고 나와서 세상을 훨훨 날아가라"라는 말을 많이 들었다. 무조건 고생이라고 생각하지 말고 젊을 때는 다 배운다고 생각해야 한다고 배웠다. 내 이름을 걸고 공무원으로서 사명감을 가지고 일을 한다고 생각했었다. 내가 쓴 보고서라는 생각에 가슴이 뿌듯했었다. 그런데 이들이 바라보는 젊은 공무원들은 욜로의 문화에 젖어서 워라밸 위에서 편하게만 일하려고 하는 것이 아닌가 하는 의심을 하게 된다. 악동뮤지션의 〈후라이의 꿈〉이라는 노래 속에 '고민 하나 없이 퍼져 있는 계란 fry같이 나른하게'라는 가사가 있다. 따뜻한 밥 위에 있고 누워 있고 싶어 하는 계란 후라이.

그러니까 중간에 끼인 간부 공무원들만 미치겠다는 것이다. 정년을 앞둔 자족하는 선배 공무원의 입장과 젊은 공무원의 자신의 삶을 중시하는 입장은 이해는 하는데, 동의하지는 않는다. 앞 세대와 젊은 세대를 이해하는 것은 이해하지만, 담당 과장 공무원 입장에서는 동의하지는 않는다. 당장 보고를 해야 하는데, 올라온 보고서를 보면 보고서로서는 별로인 것이다. 그러니까 담당 과장 입장에서는 새벽 3시부터 직원들이 올리는 보고서를 다시 봐야 하는 것이다. 팀원들이 올린 보고서를 믿고 그대로 보고했다가는 바보 되기 딱 좋은 상황이 되는 것이다. 그런데 재미있는 것은 당연히 올라온 보고서를 확인해야 하는데, 확인한다 하면 갑질이라고 이야기한다는 것이다. 수정하라고 이야기할 수 없으니, 더 재미있는 것은 어느 순간부터 실력이 없지만 공무원 사회에서 당당할 수 있는 문화가 만들어져 있다는 것이다. 승진만 포기하면 공무원으로서 너무 편하고 당당할 수 있는 문화가 만들어졌다는 것이다.

"저 자식은 안 잘린다"라고 공무원은 말한다. 잘리지 않고 일하는 것은 인정하겠는데, 최악은 '저 공무원은 진짜 아닌데'라고 생각하면서도 그 공무원과 계속 같이 일해야 하는 것이다. 그래서 공무원들 중에서 양심이 바르거나 이런 것을 못 견디는 사람은 일찍 사표를 낸다. 그런데 이를 바라보는 공무원이 더 속상한 것은 일찍 집에 가야 되는 공무원은 끝까지 버티고 있다는 것이다. 끝까지 버티고 있는 공무원은 현재가 너무 좋기 때문에 정년까지 공무원으로 남고 싶어 한다. 그런데 그 공무원이 잘못하는 것까지 다른 공무원들이 일을 더 해야 하는 것이 공무원의 현실이다. 그래서 일을 하고자 하는 일반 공무원이 힘들어 병나서 일찍 사표를 낸다는 것이다.

너무 갑질갑질 하니까 갑질을 없애겠다고 한 것은 맞다. 그렇다고 내가 할 것은 하고 이렇게 요구할 건 요구해야 되는데, 내가 해야 될 책임 부분에 대해서는 언급을 안 하고 내 권리나 자유 등 이런 것만 이야기하고 있는 것은 아닌가 싶다.

17.3
입시 교육에서의 레거시

초등학교 학부모들은 모두들 우리 아이가 서울대에 들어갈 수 있고, 최소한 SKY에는 입학할 거라 생각한다. 인서울(In Seoul), 즉 서울에 있는 다른 대학교는 쳐다보지도 않는다. 인서울에 있는 대학교가 대략 42개라고 한다. 1년에 92,000명이 입학할 수 있는 대학이 인서울 대학이다. 그러다가 고3이 되면 인서울이 그렇게나 높게 느껴지게 된다. 2호선을 타면 갈 수 있는 대학만이라도 갈 수 있다면 바랄 것이 없다는 현타, 즉 현실을 깨닫는 시간을 갖게 된다.

대입을 6개월 앞두고 부모님이 대치동 학원에 가서 내 아이의 입학에 대해 면담을 하면, 대부분 SKY 대학은 거의 갈 것 같다는 말을 듣게 된다. SKY는 대략 11,000명이 입학이 가능하다. 그래서 조금 부족한 과목만 조금만 더 노력을 하면 좋겠다는 제안을 받는다. 어쩌면 공포 마케팅의 일종일 수도 있다. 그래서 결국 특별 과외를 추천받는다. 그 비용은 한 과목에 몇백만 원 이상이다. 돈이 부담스럽지만, 수능이 6개월밖에 남지 않은 부모로서는 견딜 수 없는 SKY에 대한 유혹이다. 그래서 결국 과외를 시키게 된다. 부모가 학생 시절에 할아버지와 할머니의 지원으로 대학에 간 경험도 있고, 경제적 여력을 가진 지금의 할아버지와 할머니가 손주를 사랑하는 마음에 손주의 입시에 참여하게 된다.

물론 운이 좋게도 중학교 때 내 애가 한국의 입시제도에 맞지 않는다는 것을 알게 된다면 사교육의 비용 낭비 없이 바로 본인의 길을 선택할 수 있다. 그런데 어중간하게 따라가는 애가 고3이 되면 이때부터 학부모의 고민은 깊어지게 된다.

대학이 우리나라에서 계층을 이동하고 지켜 주는 사다리라면, 사교육은 공교육의 그림자와 같다. 사교육은 학력(學力)과 학력(學歷) 사이에서 부모가 자녀를 당당하게 키우려는 열정에서 살아남고 있다. 대치동 "돼지엄마"라고 불리는 사람까지 등장한다. 대치동 "돼지엄마"는 대치동 학부모 사이에서 막강한 정보력과 인맥을 통해 입시에서 큰 영향력을 행사하는 극소수의 학부모이다.

2024년 8월 27일 한국은행이 서울대 국가미래전략원과 공동으로 개최한 심포지엄에서 아이의 잠재력보다 부모의 경제력이나 거주 지역이 서울대 진학을 좌우한다는 결과가 나왔다. 서울대 19학번 입학생 중 강남·서초·송파구 등 강남3구 출신 학생 비중은 12%였다. 일반계 고등학교 졸업생 비중이 4%에 불과한 것을 비교해 보면 이는 세 배에 가까운 결과이다.

수능을 앞둔 부모 입장에서는 내 아이의 인생 행복은 어느 대학에 입학하느냐부터 시작한다고 생각한다. 그래서 수험생 학부모의 입장에서 지금 중요한 것은 내 아이의 인생 방향이기 때문에, 비용을 써서라도 성공의 지름길로 아이를 보내 주고 싶어 한다. OECD는 2024년 7월 '2024년 한국경제보고서'를 통해, 한국의 대학생 10명 중 8명이 고등학교를 상위권 대학 입학을 위한 '생사의 전쟁터'로 인식하고 있다고 밝혔다.

나비효과(butterfly effect)는 아마존의 정글에서 나비가 날개를 파닥거리면 몇 개월 후 미국 텍사스주에서는 폭풍우가 일어날 수 있다는 말이다. 하나의 조그마한 변화를 통해 예측할 수도 없는 변화가 일어날 수 있다는 이야기이다. 시작은 작았지만 결과는 엄청난 차이의 변화를 가져올 수 있다는 것이다. 많은 부모들은 나비효과를 바라고 높은 비용에도 과외를 하기로 결정하는 것이다.

그러나 결과는 그렇게 쉽게 성적이 오르지 않는다. 6개월 동안 내 아이만 과외를 받는 것이 아니고, 다른 집 아이들도 똑같이 과외를 받는다. 그러나 부모들은 누가 옆에서 "조금만 더 하면 될 텐데"라고 하는 말을 들으면 따라갈 수밖에 없다. '노력이란 남들이 하는 것보다 더 해야 노력이다'라는 말이 정답이다.

입시생에게 과외를 시키는 것은 부모가 가지고 있는 레거시적인 생각일 수 있다. 나도 내 부모가 과외를 시켜 주어서 대학을 갔다. 그래서 내 아이도 과외를 시키면 대학을 갈 수 있다는 막연한 믿음이 있다. 레거시이다. 아이의 머리가 아주 뛰어나거나 아이의 엉덩이가 아주 무거웠다면 성적이 우수할 것이다. 그랬으면 학부모의 과외에 대한 고민도, 학부모의 레거시도 없어질 것이다.

과외라고 하는 부모의 레거시적인 결정이 그나마 최악을 막을 수는 있다. 하지만 궁극적으로 과외를 하는 것이 아이들의 미래에 본인이 좋아하는 일을 하면서 살 수 있게 해 줄지는 아무도 모르는 일이다. 아이가 좋아하는 일을 할 수 있게 하기 위해서는, 어쩌면 과외 비용을 줄여 돈 있는 부모가 돼서, 나중에 아이가 하고 싶은 일을 할 수 있도록 재정적으로 도와주는 것이 더 효과적일 수 있다. 과외보다 돈 많은 부모가 아이의 행복에 더 도움이 될 수 있다는 웃을 수 없는 농담이다.

아이가 성장해서도 부모가 자식의 삶을 대신 살아 줄 수는 없다. 이제는 아이가 성장하면서 도움을 받는 만남의 축복을 기원하는 것이, 아이의 성공 가능성을 더 높일 수 있을 것이다. 현명한 부모가 되는 것은 참 어렵다.

17.4
영화 〈위시〉를 통해 깨달은 것

2024년 디즈니가 100주년을 기념하여 〈위시〉라는 뮤지컬 애니메이션 영화를 선보였다. 연초 박스오피스 1위를 차지할 정도로 많은 관객이 극장을 찾았다.

내용은 이렇다. 소원이 실제로 이루어지는 마법의 왕국 로사스에서 천진난만하고 꿈 많은 소녀 아샤는 매그니피코 왕을 만나게 된다. 매그니피코 왕은 로사스 왕국에서 모든 사람들의 존경을 받고 있다. 백성들의 소원을 왕이 만들어 주고 있기 때문이다. 그런 매그니피코 왕을 드디어 아샤가 만나게 된 것이다.

그러나 실제로 왕은 본인이 지금까지 이루어 놓은 왕국과 그 왕국에서의 본인의 절대적 위치를 유지할 수 있는 정도에서만 사람들의 소원을 들어주고 있었다. 왕은 소망을 만들어 주는 현장을 사람들 앞에서 보여 주면서 왕 자신의 존재감만을 부각하고 있었다는 것이다. 슬프게도 아샤는 왕을 만나 이러한 나쁜 욕망을 알게 된다.

혼란에 빠진 아샤는 절망하게 된다. 이때 무한한 에너지를 지닌 별이 아샤를 찾아온다. 별과의 교감을 통해 아샤는 진심 어린 소원과 용기로 악한 매그니피코 왕에 맞서기로 결심한다.

심지어 어둠의 힘까지 얻어 더 강해진 매그니피코 왕의 위협에도 불구하고, 아샤는 7명의 친구들과 함께 매그니피코 왕을 작은 공간에 가두어 버린다. 그러고는 소원을 바라는 사람들에게 자신의 소망을 자신 스스로 이룰 수 있다는 용기를 갖게 한다. 이때 '커넥티드(connected)'라는 단어가 많이 인용된다. 서로가 연결되어 희망을 만들어 가는 힘이라는 의미이다.

그런데 이 영화에서 더욱 재미있다고 느낀 것이 바로 매그니피코 왕이 사람들에게 절망을 느끼게 하는 상황을 묘사한 장면이다. 사람들의 두 팔은 바닥에 매여져 있고 힘이 빠져 어찌할 바를 모르는 모습으로 그려져 있다. 아마도 이는 기존에 소망을 왕에게 맡기고 자신은 그저 기다리는 레거시와 같은 삶을 부각한 모습이 아닌가 싶다.

그리고 매그니피코 왕이 사라지고 모두가 자신의 소망을 자신이 만들어 가는 모습에서는 기존의 지쳐 있던 모습에서 벗어나 밝은 모습만이 보인다. 무엇이 이러한 변화와 혁신을 만들 수 있었을까? 아샤 한 명이 아닌 모두가 함께 커넥티드됨으로써 가능했다고 생각한다.

18

레거시가 만드는 레전드

결혼을 앞둔 커플이 있다. 남자가 "난 당신을 이 세상 끝까지 사랑할 거야"라고 말한다. 이 말을 들은 여자는 "너무 낭만적이야. 고마워"라고 이야기한다. 그런데 이를 듣고 있던 한 중년 부부가 갑자기 얼굴에 웃음을 보였다. 무엇이 이 부부가 웃음을 짓게 했을까? 정답은 '너도 10년만 살아 봐라. 살다 보면 이 말이 얼마나 현실성이 없는지 알게 될 거야'라는 생각 때문일 것이다.

한국 축구에서 왼쪽 풀백의 레전드인 이영표 전 국가대표가 재능과 노력에 대해 이야기했다. 결론은 노력을 하지 않아서 노력이 재능을 이긴다는 것을 스스로 경험하지 못하고 멈춘다는 것이다. 그래서 노력해서 재능을 이길 성과를 보일 수 있음을 스스로 경험하라는 것이다.

피아노를 전혀 치지 못하는 아이가 매일 8시간을 3개월 동안 연습한다고 하자. 3개월이 지나면 웬만한 곡은 연주가 가능하게 된다. 이때 이 아이를 본 친구는 "너 피아노에 재능 있네"라고 이야기할 것이다. 그런데 10

년간 매일 8시간씩 연습을 한 피아니스트는 이 아이를 보면 우스울 것이다. 이 아이는 3개월만 연습했기 때문이다. 그래서 재능은 무시할 수 있는 것이다. 10시간이 필요한 동작이 있는데, 어떤 친구는 3시간 만에 가능해지는 경우가 있다. 이때 3시간 만에 해낸 친구에게 재능이 있다고 이야기한다. 하지만 10시간 노력한 친구가 더 노력하면 나중에는 3시간 만에 한 동작이 가능했던 친구보다 더 축구를 잘할 수 있게 된다. 노력은 재능을 이긴다. 그런데 이 말을 다들 믿지 않는다. 그래서 노력하지 않는다. 노력하지 않아서 노력이 재능을 이긴다는 것을 알지 못한다.

신인 투수가 상대 팀 4번 타자를 만났을 때 류현진 같은 한국의 레전드 투수가 되기 위한 시작은 적극적으로 상대방과 겨루어 보는 것이다. 그리고 재능을 넘어 노력을 해야 한다.

18.1

과거의 레전드가 현재의 레거시

 첼로의 대중화에 힘쓰며 첼로댁이라고 불리는 첼리스트 조윤경 씨가 프로그램 중 트로트를 연주해 달라는 요청을 받았다. 조윤경 씨가 연주한 노래는 〈돌아와요 부산항에〉이다. 그런데 연주가 시작되자 1980년대의 한국 트로트가 오래된 이탈리아 영화 음악으로 바뀌었다. 색다른 트로트의 변신이다. 참고로 조윤경 씨는 서울대 음대를 졸업하고, 서양 음악을 더 깊이 공부하기 위해 미국 뉴욕 줄리어드 음악대학원 석사와 영국 런던 왕립음악대학 최고 연주자 과정을 마쳤다.

 최근 들어 경륜보다는 젊은 느낌의 변화가 일어나는 분야가 트로트가 아닌가 싶다. 전통 가요인 트로트는 인생과 사랑을 이야기하기 때문에, 젊은 가수가 트로트를 부르는 것에는 다소 회의적이었다. 그런데 지금 현실은 젊은 가수가 트로트를 부르고 있다. 그리고 청중은 트로트를 부르는 젊은 가수들에게 열광하고 있다. 심지어는 영어로 부르는 트로트까지 나왔고, 기존에 발라드를 부르던 가수들도 이제는 과감하게 트로트를 부르고 있다.

최근 래퍼 이영지가 가수 김연자와 함께 〈아모르 파티〉를 불렀다. 43살의 나이 차이를 초월하여 부른 완벽한 듀엣 무대였다. 이것이 트로트를 통한 굿바이 레거시의 메시지이다. 세대를 넘어 공감하고 함께 존경할 수 있는 레거시와 레전드의 만남이다. 이영지는 저음의 래퍼이다. 2019년 개최된 고등래퍼 3의 우승자이다. 역대 여성 최초이며 최연소라는 타이틀을 가지게 되었다. 김연자는 16세 때인 1974년에 데뷔하여 한국과 일본에서 활약하고 있는 대표적인 한국의 트로트 가수이다.

레거시란 무엇인가? 필자는 레거시를 현재까지도 사용되고 있는 낡은 기술이나 방법론, 그리고 생각으로 정의한다. 내 몸에 배어 있어서 새로운 변화는 잊게 되고 기존의 방식대로 하려는 것이 레거시이다. 과거에는 성과를 내고 '레전드'로서 당연히 인정받고 모두가 필요하다고 받아들였지만, 시간이 지난 지금에는 그 자리를 내주어야 함에도 불구하고 과거의 레전드는 그대로 자리를 차지하고 있다. 자리를 차지하고 있으면서도 과거에 받았던 존경을 지금도 요구한다. 존경은 본인이 요구한다고 받는 것이 아니다. 과거에 인정받던 레전드와 현재의 낡은 레전드는 완전히 다르다. 낡은 레전드는 레전드가 아니라 레거시이다. 장기 집권하면 레전드가 자신의 장점과 색을 잃게 된다. 그래서 필자는 과거의 '레전드'가 현재의 '레거시'가 되었다고 생각한다.

어제의 성공 요인이 오늘의 실패 요인이 될 수 있다는 것을 기억하자. 이러한 레거시는 매너리즘, 꼰대, 습관, 관행, 중독, 기득권, 카르텔, 고인물, 똥고집과 같은 단어들로 이야기되고 있다. 시장이 변화하고 있고, 변화된 시장은 변화를 요구한다. 그러나 레거시는 이런 시장의 똑똑함을 알지 못하고 그냥 머물러 있고자 한다. 그래서 레거시도 본인이 가치를 인정받기 위해서는 변해야 한다. 피보팅이 필요한 것이다.

습관이나 루틴을 무조건 레거시라고 이야기하는 것은 아니다. 1954년생, 그러니까 2025년 기준 한국 나이로 70세인 가수 김창완이 있다. 1977년 산울림이라는 그룹으로 데뷔하였고 지금도 열정의 공연을 하고 있다. 아침 방송을 23년 했다. 더구나 술을 좋아하는 김창완이 아침 방송을 23년 한 것이다. 그런 김창완이 꼭 지키는 루틴이 있다. 바로 라디오 오프닝을 직접 쓴다는 것이다. 라디오 작가가 써 준 것을 읽지 않는다. 김창완 본인이 오늘 만난 아침을 청취자에게 들려주기 위해 직접 쓴다. 23년의 습관과 루틴이 70세인 김창완이 무대에서 노래하게 하고 이에 MZ 세대들이 열광하고 있다. 아무리 시간이 흘러도 현장을 지키는 루틴은 나이와 무관하게 젊음을 지키게 한다. 현장에서 활동하는 레전드는 레거시일 수가 없다.

배우 정우성이 있다. 잘생겼다. 유재석 MC가 정우성에게 "본인 잘생긴 것 알지요?"라고 질문하면서, 1990년대와 2020년대의 답변을 요구했다. 정우성 배우는 1990년이라면 "부끄럽습니다"라고 대답했을 것이고, 2020년대라면 "예"라고 잘생긴 것을 당당하게 이야기했을 거라고 말했다. 시대에 맞추어 예능도 변화한다.

배우 황정민은 배우라는 단어에 몇 년 차 배우라는 수식어가 일반적으로 붙는 것에 이의를 제기하였다. 10년 차 배우가 20년 차 배우에 비해 연기를 못한다는 것인지 궁금하다는 것이다. 그는 배우라는 직업은 늘 새로운 사람과 새로운 작품을 한다는 특징을 가지고 있다는 것에 초점을 맞추었다. 10년, 20년 연기하였다는 것이 중요한 것이 아니라 새로운 작품을 늘 새로운 사람들과 함께 한다는 것이 중요하다는 것이다. 그래서 그는 배우로서 늘 배우는 입장을 가지고 있다고 이야기한다. 그렇게 흥행에 성공한 배우가 지금도 배우고 있다는 말이 필자에게 좋은 기운을 받게 했다.

비즈니스 시장의 기회는 매우 빠르게 문을 닫는다. 그러므로 대표가 오래된 생각에 묶여 있으면 새로운 사업 기회를 놓칠 수 있다. 스타트업 회사나 소규모 회사의 대표는 본인이 일을 해야 하고 본인이 모든 결정을 해야 한다. 이러한 루틴에 젖어 있다. 그래서 새로운 기회를 사업화하는 데 본인의 결정에 의존한다. 이런 레거시에 대한 이해를 돕기 위해 아이폰의 출시 당시 달렸던 레거시적인 댓글과 주 5일 제도 도입과 관련된 사회적 반대를 사례로 이야기하고자 한다.

2008년 당시 '휴대폰은 적어도 이렇게 바뀌어야 한다'라는 글이 올라와 논쟁이 있었다. "핸드폰은 초슬림화되어야 휴대하기가 편하고, 카메라 화질이 좋아야 한다. 각종 멀티미디어 자료를 담을 수 있게 내장 메모리를 가지고 있어야 한다. 좋은 사운드의 스피커와 MP3 기능이 있어야 한다. 전자사전이 가능해야 하고 세계 지도를 볼 수 있어야 한다. 철도, 지하철, 비행기 노선이 추가되어야 한다. 내비게이션 기능이 탑재되어야 한다. 액정에 터치 스크린을 추가해야 한다." 등등 이런 글이었다. 2025년 지금 보면 당연히 핸드폰이라면 가지고 있어야 하는 기능이다. 그런데 2008년 당시 이 글에 대한 댓글을 보면 이 글이 얼마나 앞선 생각이었는지 알 수 있다. 주요 댓글은 "왜, 노트북에다 핸드폰을 넣지 그래?" "영화나 만화 그만 보기를" 등등이다. 댓글을 적었던 당시에는 당연히 이런 기능은 불가능하다고 생각하고 있었을 것이다.

아이폰이 출시된 것은 2007년 1월 9일이다. 한국 시간으로는 1월 10일이다. 이후 GPS 센서가 탑재된 아이폰은 2008년 출시되었다. 갤럭시는 2009년 4월 27일에 처음 출시되었다. 2025년 현재를 기준으로 2008년의 핸드폰의 제품 기능에 대한 생각은 "Make today EPIC"의 전형적인 예가 된다. 누가 무어라 해도 기술이 가지는 기능을 믿어야 회사의 성공을 가져올 수 있는 기회를 잡을 수 있다.

또 다른 사례는 주 5일제에 대한 이야기이다. 2024년에는 주 4일제 도입에 대해 다시 이야기가 시작되었다. 일주일에 며칠을 일해야 하느냐의 논쟁은 과거에도 있었다. 20년 전 2004년 7월 한국에서도 주 5일제가 시행되었다. 주 5일제가 처음으로 이슈화된 2001년에는 우리나라가 IMF로부터 경제 관리를 받고 있었던 시기이어서, 일주일에 5일을 근무하는 것이 맞는지에 대한 논쟁이 많았다. 대기업과 중소기업 모두 회사가 제대로 돌아가지 않을 것이고, 노동 시간이 줄면 수입이 줄고 수입이 줄면 소비가 줄어 나라가 망할 것이라는 비관적 전망을 내놓았다. 시위와 데모는 물론 불까지 지르며 반대했다. 그러나 예상과는 달리 국민의 삶의 질이 바뀌었다. 많은 국민들은 여가 시간이 늘어나면서 취미 활동이 늘어나고 외식을 즐기었다. 이러한 변화는 소비 증가를 이끌었고 결과적으로는 경제 성장에 긍정적인 효과를 거두었다. 지금 생각해 보면, 2000년대 초반의 주 5일제에 대한 논쟁은 레거시의 전형적인 예가 된다. 세상이 바뀔 수 있다는 시각을 가졌다면 2004년의 주 5일제 대한 논쟁에서 성공시킬 사업을 시작했을 것이다.

한국에서 많은 스타트업 회사들은 창업 후 7년까지 정부의 많은 지원을 받고 성장한다. 회사를 만들 때 필요한 절차나 정관 등을 준비하는 것을 배우고, 회사가 목표 시장을 선정하고 제품과 서비스를 개발하는 데 필요한 지원을 받는다. 많은 스타트업 대표들이 연간 억대의 정부 지원 사업을 신청하여 회사의 모양을 만들어 간다. 그래서 창업을 하고자 하는 청년들에게 이러한 정부 지원은 사업을 시작하고 성장할 수 있는 매우 좋은 환경이다.

그런데, 필자가 여러 스타트업 대표들을 만나다 보면 이들 대표들이 정부의 지원이라는 단꿀에 너무 매몰되어 있다는 생각도 많이 하게 된다. 매년 받을 수 있는 정부 지원을 통해 회사에 필요한 R&D나 AI 엔진을 도입할 수 있다. 그리고 이를 통해 구체적인 발전 로드맵을 하나씩 준비해야 민간 투자를 받을 수 있다. 그런데 이들 대부분이 민간 투자를 받기에는 비즈니스 모델이나 매출 실현 등이 부족한 상태에 머물고 있다. 그러다 보니 정부 지원이라는 것에 매몰되어 레거시화되어 가는 것이 아닌가 하는 걱정이 되기도 한다.

톨스토이의 〈참회록〉에는 아주 유명한 우화가 있다. 어떤 나그네가 광야를 지나다가 사자에 쫓기게 된다. 그래서 살아남기 위해 주위를 살펴보니 우물이 있었다. 우물 안을 보니 다행히 물이 없었다. 그래서 주저함 없이 살기 위해 물 없는 우물 속으로 들어갔다. 그런데 내려가다 보니 우물 속에서 큰 뱀이 큰 입을 벌리고 내려오는 나그네를 기다리고 있었다. 결국 나그네는 우물 밑바닥으로도 내려갈 수 없고, 우물 밖으로 나올 수도 없는 처지가 되었다.

이때 나그네는 우물 안의 돌 틈에서 자라난 조그만 나뭇가지를 발견한다. 그래서 살기 위해 나뭇가지에 매달린다. 그런데 나뭇가지에 연결된 나무를 자세히 쳐다보니, 두 마리의 쥐가 나뭇가지를 쏠고 있었다. 그러니 조만간 나뭇가지가 부러져 나그네는 우물 바닥에 있는 큰 뱀의 밥이 될 것이다. 그런데 매우 재미있는 일이 벌어진다. 나그네가 절망에 빠져 있으면서도 주위를 보니 나뭇잎 끝에 흐르고 있는 몇 방울의 꿀을 발견한 것이다. 그러자 나그네는 자기를 쫓고 있는 사자, 우물 안 뱀, 두 마리의 쥐 등 모든 것을 잊고, 혀로 꿀을 핥아먹기 시작했다. 나그네는 잠시라도 죽을 것 같은 현실을 잊을 수 있었을 것이다.

톨스토이는 이 우화가 인간이 세상에서 살아가는 방식과 똑같다고 말한다. 발전적인 대안을 찾지 못하고 그냥 현실이 주는 달콤함에 취해 있는 우리의 모습을 풍자한 이야기이다. 필자는 이 우화가 전체 위험을 보지 않고 순간순간 눈앞에 있는 상황만을 보고 문제를 회피하는 스타트업 대표의 모습이기도 하다는 생각이 든다. 거래업체의 부도를 알게 되면서도 '내 회사는 현금도 매출도 모두 잘될 거야'라는 막연한 기대감을 갖는 것이 이 우화와 같다. 대표가 너무 힘들어서 직원들과 맥주를 마시면서 넋두리를 할 때, 시원한 맥주 한 잔이 톨스토이가 말하는 나뭇잎에 있는 꿀일 수 있다.

석기 시대가 망한 것은 돌이 없어져서도 아니고 철기 시대가 왔기 때문이다. 즉 AI가 예상보다 빠르게 우리 삶의 문제들을 해결해 가고 있는 현실에서, 새로운 기술과 새로운 환경에 적응하지 못하면 망할 수밖에 없다. 기존의 기술과 방식으로 원가를 절감하는 방식만으로는 변화하는 환경에서 살아남을 수가 없다. 금융과 IT가 빠르게 변화하듯이, 사업을 시작한 지 7년 미만의 스타트업 회사이건 창업한 지 오래된 소규모 회사이건 변화하는 환경에서는 모두가 금방 레거시가 될 수 있다.

물론 사람이나 회사에 대해 당신, 또는 당신 회사가 레거시라고 이야기하는 것은 매우 어려운 일이다. 더욱이 내부에서 "우리는 레거시가 아니야"라고 서로에게 위로의 말을 당연시하는 문화가 있다면, 회사의 앞날은 매우 어려워질 것이다. 선언적인 좋은 말과 희망은 실천 가능한 방안은 아니다. 특히 여러 가지 해결해야 하는 문제들로 지쳐 있고 민감하게 반응할 수 있는 대표에게는 순간적인 말로는 본질적인 해결 방안을 찾을 수 없다.

민간 투자를 받고 성공과 성장이라는 목표를 달성하기 위해서는 레거시라는 조금은 불편한 진실을 받아들여야 한다. 그리고 레거시를 극복하기 위한 근육을 키우는 과정에서 발생하는 노이즈나 저항을 극복해야 한다. 한번은 내홍을 겪더라도 레거시는 계속적으로 극복되어야 한다. 혁신은 받아들이는 것이 아니다. 극복해야 한다. 극복하기 위해서는 현명한 시장의 존재를 인정하고 이를 분석하는 정상적인 조직을 가지고 있어야 한다. 단순한 물갈이를 혁신으로 받아들여서는 안 된다. 일을 '썸'으로 하는 사람이 아닌 진심으로 일을 하는 사람이 있는 조직이 있어야 하고, 문제 해결을 할 수 있는 머리가 있는 팀원이 필요하다.

필자가 레거시의 개념을 정립하는 데 참고한 책이 로버트 프리츠의 〈정체성 수업(Identity)〉이라는 책이다. 프리츠는 세계적인 경영 컨설턴트이자 교수이다. 〈포춘〉 500대 기업을 포함하여 지난 25년 동안 27개국 8만 명 이상의 사람들이 프리츠가 개발한 교육 프로그램을 이수했다고 한다. 그는 개인과 조직이 지속적인 효율성을 창출하는 혁명적 변화에 대해 이야기하고 있다. 필자는 프리츠가 말하는 '최소 저항의 법칙'에서 많은 시사점을 찾았다. 강물을 위에서 보면 원하는 방향이 아닐 수 있다. 그래서 물의 방향을 바꾸기 위해 여러 방법을 시도한다. 그러나 실패한다. 본질적으로 강물이 흐르는 방향을 바꾸기 위해서는 강물 바닥 형태를 바꾸어야 한다. 이 방법만이 위에서 보이는 물의 경로를 실질적으로 바꿀 수 있다. 이를 보면서 필자는 '레거시의 정체됨(Being Stagnant)'을 본질적으로 수정해야만 '조직의 정체성(Identity)'의 혁신 및 성과 제고가 가능하다는 것을 알게 되었다.

우리 생태계에서도 본질적인 변화, 즉 피보팅을 하려면 지향점을 향해 집행력을 부가해야 한다. 그러려면 대표의 추진 의지가 매우 중요하다. 이때 부족한 내부 인력의 능력을 보완하기 위해 《굿바이 레거시 1》에서 제시한 것처럼 경험 있고 문제를 다루는 자세와 능력 있는 CSO가 필요하다. 조직의 대표와 시너지를 발현할 수 있는 CSO가 과감히 함께해야 한다. 조직 내 CSO와 함께 일을 하면서 대표는 본인의 의사결정에 대해 피드백을 하고 이를 CSO에게 확인하는 루틴이 필요하다. 이런 발전 과정이 필요하다. 그리고 젊은 대표와 나이가 있는 CSO가 함께 일을 하게 될 때는 시간이 지남에 따라 보이게 되는 상대방의 허물을 덮어 줄 수 있는 여유가 필요하다. 상대방의 약점이나 허물이 보이게 되면 이제는 친해졌구나 생각을 하고 이를 받아주고 더 함께할 수 있도록 말조심을 해야 한다. 상대방의 허물을 남들이 있는 곳에서는 이야기하면 안 된다. 상대방을 남 앞에서 씹으면 안 된다. 상대방의 잘못을 지적하는 것도 문자 등을 이용하고, 반드시 발전적인 대안을 제시하는 지혜가 필요하다.

18.2
레거시를 어떻게 알 수 있을까?

C.S. 루이스가 쓴 《순전한 기독교(Mere Christianity)》라는 책이 있다. 이 책에 이런 말이 있다. "만일 인간에게 직선의 개념이 없다면 굽은 선이라는 개념도 없을 것이다." 다시 말하면 레거시가 불편하다는 생각이 강하게 있기 때문에 레거시를 개선하고자 하는 생각이 강하게 생긴다는 것이다. 그리고 과거의 레거시가 있기 때문에 현재의 개선된 모습이 가능한 것이다. 위기는 기회가 될 수 있다.

스타트업 회사와 소규모 회사가 매일 사느냐 죽느냐의 문제를 고민하고 있는데 레거시라는 추상적인 문제를 고민할 여유가 없다고 할 수 있다. 하지만 성공과 성장을 위한 피보팅을 하기 위해서는 조직이 유연해야 하고 기술의 변화를 받아들여야 한다. 자신도 모르게 레거시로 바뀌는 것을 알고 매일매일 자신을 뒤돌아보는 자신만의 루틴이 필요하다. 그래서 중간에 팀원 전원을 내보내는 일이 발생하지 않도록, 지금부터 신발 끈을 매고 레거시 문화를 해결해야 한다. 'Just Do It, 그냥 해'가 맞는 말이다. 딱 맞는 말이다.

필자가 생각하고 있는 레거시의 판단 기준을 소개하고자 한다. 레거시 인지 여부를 크게 세 가지의 기준으로 판단할 수 있다. 먼저 조직의 성과와 기능이 목표한 대로 달성되고 있는지를 살펴보아야 한다. 그리고 조직의 성과와 만족도가 떨어지는 경우 이를 해결할 수 있는 방법을 자체적으로 가지고 있는가를 살펴보아야 한다. 자정 능력을 가지고 있냐에 대한 것이다. 그리고 레거시와 관련된 비용을 측정해 보아야 한다. 만일 기능과 성과가 하락하고 조직이 자체적으로 해결 방안을 가지고 있지 않지만 이와 관련하여 회사에 미치는 비용이 과다하지 않다면 레거시라고 야단법석을 떨 필요는 없다고 생각한다. 그래서 필자는 성과의 정체성, 해결 방안 보유 여부, 관련 총비용의 과다 여부를 레거시의 판단 기준으로 제시한다.

레거시 판단기준	레거시 속성
성과와 기능이 저하되고 있는가? (being stagnant) → 문제 인식	▶ 본질: 조직의 [성과 & 만족도] 연속 하락 지속 & 현황에 대해 확인(feedback), 자정(Gap 분석)하지 않음 ※ 레거시는 유산(자산)을 성과(손익)보다 강조, 자만 속에 사실 확인하지 않는 관행, 논리보다 감정 ▶ 조직: 규정과 감사실, internal [audit or controller]가 존재하면 레거시 가능성 상존
시장 변화에 민감하게 혁신적으로 해결방법을 가지고 있는가? → 해결방안	▶ 신속, 절박, 구체적 해결방안 마련이 소수 개인에게 의존 ※ 제왕적 존재 떠오르는 조직, 짬짬이 의사결정 조직 → 전화 한 통으로 해결 ▶ [과거 자체 경험(정확한 역사) & 외부 유사사례]에 대한 분석 가능한 조직, 데이터베이스 가지고 있지 않음
비용이 과다하게 소요되고 있는가? → 수익과 비용 심각성	▶ 매출 감소 및 조직관리 비용 상대적 과다 → 복잡한 구조를 단순화하고 구조적 긴장 마련 ▶ 기회비용 포함: Plan B 마련 시 추가 비용

성과와 기능이 저하되고 있는가?

회사와 회사 내 조직이 본연의 목표인 성과, 가령 매출이나 수익성이 목표한 대로 달성되고 있는지 정기적으로 파악해야 한다. 그래서 매월, 아니면 분기별이라도 목표했던 성과와 만족도에 대해 실적을 분석하고, 목표 대비 실적의 차이에 대한 원인을 알아보아야 한다. 그런데 이에 대한 분석을 뒤로하고 오늘의 급한 일만을 처리하는 회사와 조직이 있다면 이는 레거시로 판단해야 한다. 물론 한 번의 분석만으로 레거시를 판단하지는 않는다. 연속으로 2회 이상 하락하고 있고 추세가 하락하는 것이 보인다면 이는 레거시이다.

그리고 과거에는 많은 성과가 있었다 하더라도 현재 성과가 좋지 않은 상황이 지속된다면 레거시로 판단해야 한다. 과거부터의 성과가 모여 만든 자산이 중요한 것이 아니라, 현재의 성과인 손익이 중요하다. 과거에 대한 자만 속에서 현재의 사실을 확인하지 않는 관행, 논리보다는 가족과 같은 분위기로 모든 것을 합리화하려는 문화가 있다면 빨리 레거시 여부를 판단해 봐야 한다.

중견 및 대기업에는 감사실이 있고, 많은 규정이 있다. 이는 내부 감사를 하는 기준인 규정이 있는 것이고 감사를 하는 인력이 있다는 것이다. 그런데 이를 해석하면 중견 및 대기업은 이미 레거시의 속성이 존재한다는 것을 인정하고 이를 조직적으로 해결하는 체계를 갖추고 있다는 것을 말해 주는 것이다.

물론 가족과 같은 문화에 대해서는 필자가 가지고 있는 두 가지 생각이 있다. 필자가 몸담았던 회사가 재무적으로 어려웠다. 이자 관련 비용만으로 1조 원 이상 쓰였다. 신문에서도 자금적으로 어렵다는 기사가 많이 나왔었다. 당시 대기업으로 재무적 문제를 가진 5개 기업이 급하게 정부로부터 지원을 받았다. 결론적으로 이 중에서 2개 회사만 다시 건실한 기업으로 돌아왔다. 필자가 10년 넘게 재무적 어려움을 겪으면서 느낀 것은 어떠한 상황에서도 흔들리지 않는 조직 문화가 회사를 다시 살릴 수 있는 가장 중요한 자산 중의 하나라는 것이다. 같이 일하는 임직원이 회사에 대해 가지는 로열티는 오랫동안 회사가 임직원에게 보여 주었던 배려에 대한 보답일 것이다. 이러한 문화가 없으면 아무리 회사의 자산을 팔아서 현금을 마련해도 회사를 살리기는 매우 어려웠을 것이다.

또 다른 가족 같은 회사의 단점은 일에 영혼이 없다는 것이다. 대표와 임원은 서로 보완이 되는 능력과 경력이 있어야 한다. 그런데 대표의 후배이고 친하다는 분위기 속에서 임원이 된다. 그렇게 되면 아무리 관리직원이 다른 기준으로 회사의 발전에 필요한 의견을 내려고 해도 대표와 임원은 받아들이지 않는다. 그러면 '어차피 월급 받고 일하는 건데 뭐 하러 혼나면서까지 불편한 이야기를 해?'라고 생각하고 해야 할 일을 포기하고 시키는 일만 한다. 이렇듯 관리직원도 대표와 임원에 동조하는 정무적 행동을 하는 것이다. 그리고 대표가 한마디를 하면 임원과 관리직원은 한 발 더 앞서서 이상한 규칙을 만들기도 한다. 이러한 행태를 필자는 가족과 같은 소규모 회사에서 생길 수 있는 부정적인 레거시라고 이야기한다.

문제를 해결할 능력을 아직도 가지고 있는가?

만일 성과와 기능이 저하되어 있다면 이를 해결할 수 있는 방안을 마련해야 한다. 이런 해결 방안은 신속하고 절박한 마음에서 구체적으로 마련되어야 한다. 그런데 문제 해결 방안이 소수 개인을 통해서만 가능하다면 이는 모든 정보가 소수에게 집중되어 있다는 것을 의미한다. 그런 조직에서는 직급을 떠나서 업무에 있어서 제왕적 존재가 있기 마련이고 짬짬이 의사결정이 이루어지는 조직일 가능성이 높다. 가령 전화 한 통으로 회사 내 문제가 해결되었다면 이는 극단적으로 소수에게 문제 해결을 위한 정보와 권한이 집중되어 있다는 것이다. 이러한 조직은 레거시일 가능성이 매우 높다.

회사와 조직에서 해결 방안을 만들 수 있다는 것은 데이터베이스와 유사 사례에 대한 자료, 그리고 이를 분석할 수 있는 조직이 있다는 것이다. 만일 이러한 데이터베이스나 관련 자료, 조직의 능력이 부족하다면 이런 조직은 레거시일 가능성이 매우 높다. 관련 자료에는 회의록, 거래처 연락처 및 특이사항, 고정비 및 손익분기점, 자금 계획 등이 포함된다.

스타트업 회사이건 소규모 회사이건, 창업 멤버가 있다. 그러나 창업 멤버는 창업 멤버로 참여했다는 사실 자체만으로 자칫 레거시로 은연중에 바뀔 수 있는 위험에 노출되어 있다. 내가 함께 만든 회사이고 일해 온 팀원들과 많은 어려움을 이기고 왔기 때문에, 회사에 문제가 발생하면 바로 문제를 해결할 수 있는 위치에 있는 팀원이 창업 멤버이다. 그러나 창업 멤버들은 회사의 발전과 전략의 피보팅에 맞추어 스스로 자기개발하여 회사에 필요한 새로운 역할을 감당해야 한다. 그렇지 않으면 회사 성장에 있어 내부의 레거시가 될 수도 있다. 나는 회사에서 자신의 위치를 지키고 싶은데, 회사는 발전을 해 나가고 있다. 나도 계속 회사 내에서 존경받고 싶은데 내 능력으로는 감당할 수 없다는 불안감이 있다. 그러면 내가 아는 한도 내에서만 새로운 전략을 받아들이고 싶어 한다.

레거시를 가져가는 비용이 심각한가?

성과와 기능이 저하되고 이를 해결할 수 있는 방안과 조직이 없다는 판단이 섰다. 그러면 바로 레거시로 결론을 내려야 하는가? 그렇지 않다. 추가적으로 매출 감소 및 조직관리 비용 등 관련된 총비용을 계산해서 이 비용이 얼마나 과다한지를 살펴보아야 한다. 이러한 비용 안에는 기회비용과 현재의 방법이 작동하지 않았을 경우 이를 해결하는 Plan B와 관련된 비용도 포함하여야 한다.

Plan B란 기존의 계획이 실패할 경우 대안으로 마련한 계획을 말한다. 만일 이러한 비용이 과다하다면 그때는 레거시로 판단해야 한다. 그리고 이러한 레거시를 과감히 바꿀 수 있는 방안을 마련해야 한다.

총비용의 과다 여부를 분석하다 보면, 레거시의 문제에 팀원이 있을 수 있다. 창업 멤버도 포함될 수 있다. 사업 초기, 일이 바빠지면서 대표는 직원이 한 명만 더 있었으면 좋겠다는 생각을 했다. 그런데 얼마 지나지 않아 대표는 이 직원 한 명만 없었으면 좋겠다는 생각을 하게 된다. 그래서 인간에 대한 근본적인 질문을 생각해 보아야 한다. 사람은 바뀌지 않는다는 말이 있다. 사람이 잘 바뀌지 않아 똑같은 잘못을 할 가능성이 매우 높다는 의미이기도 하다. 한 번 잘못을 할 수 있지만, 계속해서 같은 잘못을 똑같이 하는 것은 문제가 있다.

그리고 사람들은 머리 쓰는 것을 매우 싫어한다는 것도 기억해야 한다. 생각하기보다는 몸에 익숙한 방식대로 문제를 해결하고자 하는 것이다. 인간은 머리 쓰기를 싫어하고 익숙해지면 레거시가 된다. 인간은 뇌를 통해 판단을 하게 된다. 인간의 뇌는 평균적으로 1.4~1.6kg 정도로 인간의 몸무게의 2% 수준이다. 그러나 뇌는 인간이 필요한 산소 소비량의 20%를 사용한다. 이는 뇌가 에너지 소비가 높은 신경세포 활동을 지속적으로 유지해야 하기 때문이다. 20% 정도의 산소가 있어야 뇌가 손상 없이 정상적으로 기능할 수 있게 된다.

인간의 뇌에 비교되는 적절한 예가 멍게의 뇌이다. 멍게와 관련하여 재미있는 이야기가 있다. 멍게에 뇌가 없다는 것이다. 멍게는 어릴 때에는 뇌가 있다고 한다. 성장과 생존을 위해 멍게는 바위에 붙거나 해저 바닥에 파묻혀야 한다. 그래서 유생 멍게는 적당한 곳을 찾아다니게 되고, 찾게 되면 식물처럼 정착 생활을 하게 된다. 이동을 위해서 멍게는 생각을 해야 하고, 생각을 하기 위해 뇌가 필요하다. 이동이라는 것이 주변 정보를 받아서 분석하고 정착할지를 결정하는 과정을 수반한다. 일단 정착한다고 해도 그 장소에서 멍게가 더 이상 이동이 필요 없는지도 판단을 해야 한다. 그런데 더 이상 이동할 필요를 느끼지 않게 되면 더 이상 움직일 필요가 없게 된다. 그곳에서 완전히 정착하여 성체가 된다. 성체가 되면 멍게는 이제는 더 이상 뇌의 필요성을 느끼지 못하게 되고 스스로 뇌를 소화시킨다고 한다. 그래서 우리가 먹는 성게에는 뇌가 없다는 것이다. 필요가 없게 되면 스스로 뇌를 소화시켜 없앤다는 것이다.

여기에서 멍게와 레거시에 대해 생각해 보자. 멍게는 유생일 때는 살아남기 위해 뇌를 활용하고 열심히 움직이지만 정착한 성체가 되면 에너지원으로 뇌를 사용해 버린다는 것이다. 뇌는 멍게에게 환경에 적응하고 살아가기 위한 의사결정을 하는 핵심 역할을 한다. 그러나 본인이 환경에 적응하게 되면 뇌의 기능은 둔화되고, 안주하게 되면 나도 모르게 서서히 퇴보하게 된다는 것이다. 그래서 우리에게는 새로운 목표, 피보팅이라는 오픈 전략이 필요한 것이다.

세종대왕은 한글이라는 문명의 문을 열었다. 새로운 문자라는 문명의 바닥에는 사람에 대한 배려가 있다. 사람에 대한 배려가 있어야 지속적인 성장이 가능하다. 가령, 히틀러 같은 사람은 개인적으로 똑똑했다. 그런데 히틀러의 가장 큰 약점은 사람에 대한 배려가 없었다는 것이다. 가슴이 없었다. 그래서 5천만 명을 죽이고 본인도 자살했다.

사람에 대한 배려 없이 단지 사업을 통해 돈을 벌겠다고 하자. 단기적인 성과에 몰입되어 팀원에 대한 몰인정을 당연하게 여길 수 있다. 물론 단기적으로는 성공할 수 있지만 팀원에 대한 애정이 없다면 지속적으로 성장하기가 힘들다. 왜냐하면 결국 팀원을 통해 회사를 성장시켜야 하는데, 팀원에 대한 배려 없이는 대표가 생각하는 목표를 이룰 수 없다. 가족과 같은 회사가 가지는 장점을 어떻게든 살려야 한다.

18.3
AI 시대의 공감 능력

4차 산업혁명이 끝나고 나면 사람 중심의 혁명이 온다고 한다. '사람답다'라고 하는 것은 머리가 있다고 사람이 아니라 가슴이 있는 사람이 사람답다고 하는 것이다. 그래서 사람을 움직이는 힘은 머리에서 나오는 것이 아니라 가슴에서 나오는 것이다. 가슴이 없는 사람은 잠시 성공할 것처럼 보이지만 지속적으로 성공하기 어렵다. 세종대왕은 어떻게 보면 그 당시에 명나라에서 정책의 방향을 받아서 조선을 운영해야 하는 환경에 있었을 것이다. 그때에 본인이 '조선에서 한글을 만들어야 되겠다'라는 이런 엄청난 도전을 한 것이다. 지금 중국 한자를 쓰고 있는데 한자를 쓰지 않고 한글을 만들어서 우리끼리 대화를 하겠다는 것이다. 그럼 중국이 가만히 있겠는가? 그러나 한글을 만들게 된 가장 큰 힘은 백성에 대한 배려와 절실함이었을 것이다. 그래서 견뎠을 것이다.

공감은 가슴에서 나오는 것이다. 그래서 제레미 리프킨[12]은 공감의 시대를 이야기한다. '인류는 공감할 때 협력이 일어나고 협력이 일어났을 때 진화할 수 있었다'라고 이야기한다.

레거시를 해결하기 위해 임직원을 혁신해야 하는 경우, 잘 혁신해야 한다. 혁신의 대상이 되는 임직원의 감정선을 건드리지 않고 상대방의 자존심을 지켜 주는 한도 내에서 물러나게 하고 협조하도록 해야 한다. 내가 귀한 만큼 남도 귀하다는 것을 알아야 한다.

이때 감정선이란 분노와 같은 의미를 갖게 된다. 분노의 발작 버튼이 감정선이다. 이러한 분노는 향후 내가 잃어버리게 될 편안함, 그리고 막막한 현실에 비례하게 된다. 어두워지면 그림자도 나를 떠난다는 말이 있다. 이렇듯 현업에서 물러나게 되면 매우 어려워진다는 것은 모두가 알고 있다. 그래서 있는 그대로 레거시를 인정하면서도 공감하고 헤어짐을 받아들이도록 설득해야 한다. 좋지 않은 감정이 누적되면 합리적 해결 방안조차 받아들이지 않는다. 그래서 나쁜 감정이 누적된 사람은 사전에 분리하거나 별도 관리를 한다. 사람에 대한 배려와 공감의식을 반드시 가지고 해결 방안을 실행해야 하는 것이다.

경영이라고 하는 것은 평범한 사람들이 모여서 비범한 성과를 내는 것

---

12) 제레미 리프킨(Jeremy Rifkin)은 1945년에 태어난 미국의 경제학자이자 사회 운동가(activist)이다. 워싱턴 경제동향연구재단(Foundation on Economic Trends, FOET)의 설립자이며 《엔트로피(Entropy)》의 저자이다.

이다. 평범한 사람들이 모여서 비범한 성과를 내려면 평범한 사람은 무엇을 해야 되고 리더는 어떻게 해야 되는지 알아야 한다. 좋은 리더는 사람으로 하여금 목표를 잘 설정하게 하는 역할을 할 수 있는 사람이다. 좋은 리더는 동료의 장점을 잘 활용해서 약점이 문제가 되지 않도록 한다.

갈등을 해결하는 것이 이번 우리 세대가 가지고 있는 가장 큰 명제일 것이다. 그렇다고 이런 문제가 과거에는 없었을까? 물론 있었다. 오랫동안 해결이 안 된 문제가 갈등이다. 그러면 어떻게 갈등을 해결할 수 있을까? 갈등을 해결을 하는 방법은 기존에 있던 기득권, 레거시가 물러나고 새로운 팀원이 새로운 철학으로 그 자리에서 역할을 하는 방법이 있다. 아니면 기득권, 레거시가 새로운 팀원과 협력하는 것도 가능하다. 즉 물러나는 것은 '하나가 하나가 되는' 방법이지만, 협력하는 것은 '하나가 2가 되지는 않을지라도 최소한 1.5는 될' 것이다. 그래서 협력하는 방법이 가장 효과적이다. 앞으로의 세상도 그렇게 흘러갈 것이다.

우리가 미래를 알고 있다면, 단지 하루만이라도 미래를 알 수 있다면, 그리고 다시 과거로 돌아올 수 있다면 더 나은 미래를 만들 수 있다. 5년 후 나의 모습을 알고 있다면 그리고 더 나은 나의 모습을 만들기 위해 다시 과거로 돌아와서 과거를 수정할 수 있다면 더 이상적인 나의 미래를 만들 수 있을 것이다.

《굿바이 레거시》의 세계관과 제안은 "오래된 레거시여, 떠나라"라는 것이 아니다. 오래된 레거시가 젊은 미래의 레전드를 만나 열매를 맺는 것이다. 그래야 우리의 미래가 더 좋을 수 있기 때문이다.

참고자료

- JPMorgan Chase & Co. (2024). Digital Transformation Update Q1 2024.
- JPMorgan Chase & Co. (2023). Technology Innovation Report 2023.
- JPMorgan Chase & Co. (2017). Annual Report 2017: Letter to Shareholders. pp. 23-25.
- JPMorgan Chase & Co. (2018). Technology at Our Firm. Corporate Technology Report.
- Son, H. (2017). "JPMorgan Software Does in Seconds What Took Lawyers 360,000 Hours." Bloomberg Technology.
- Marr, B. (2018). "The Amazing Ways JPMorgan Chase Uses Artificial Intelligence And Machine Learning In Financial Services." Forbes.
- JPMorgan Chase & Co. (2020). Digital Innovation in Banking Report.
- Financial Times (2019). "JPMorgan's COiN Contract Intelligence Software." Financial Innovation Series.
- American Banker (2021). "How JPMorgan Chase built its COiN platform." Banking Technology Review.
- Harvard Business Review (2019). Case Study: AI Implementation in Financial Services.
- DBS Bank Ltd. (2023). Annual Digital Transformation Report.
- DBS Innovation Report (2023). "AI in Banking: DBS Case Study."
- Singapore FinTech Association (2023). "Digital Banking Innovation Study."
- Asian Banking & Finance (2023). "DBS Intelligent Banking Analysis."
- The Asian Banker (2023). "Technology Implementation Awards."
- Journal of Digital Banking (2023). Vol. 7, Issue 4.
- McKinsey & Company (2023). "Digital Banking in Asia Report."
- 미국 핀테크 스타트업의 숨은 공신은? | NVIDIA Blog

- https://www.rollingstone.com/politics/politics-features/israel-hamas-misinformation-fueled-ai-images-1234863586/
- https://www.dw.com/en/fact-check-ai-fakes-in-israels-war-against-hamas/a-67367744
- https://apnews.com/article/artificial-intelligence-hamas-israel-misinformation-ai-gaza-a1bb303b637ffbbb9cbc3aa1e000db47
- https://www.latimes.com/world-nation/story/2023-11-29/israel-hamas-war-artificial-intelligence-deepfakes-disinformation
- https://fortune.com/2023/12/04/deepfakes-israel-hamas-war-ai-detection-tech-startups/

굿바이 레거시 ❷

ⓒ 배교식·김세현·문기식, 2025

초판 1쇄 발행 2025년 8월 13일

지은이	배교식·김세현·문기식
펴낸이	이기봉
편집	좋은땅 편집팀
펴낸곳	도서출판 좋은땅
주소	서울특별시 마포구 양화로12길 26 지월드빌딩 (서교동 395-7)
전화	02)374-8616~7
팩스	02)374-8614
이메일	gworldbook@naver.com
홈페이지	www.g-world.co.kr

ISBN 979-11-388-4588-5 (03320)

- 가격은 뒤표지에 있습니다.
- 이 책은 저작권법에 의하여 보호를 받는 저작물이므로 무단 전재와 복제를 금합니다.
- 파본은 구입하신 서점에서 교환해 드립니다.